庄人
子间

·

憨山德清
《庄子内篇注》
研究

郎宁 著

社会科学文献出版社
SOCIAL SCIENCES ACADEMIC PRESS (CHINA)

前　言

从中国哲学史、思想史的发展轨迹来看，学者大都以阐释经典大义来表达自身的学术观点、申明自身的价值立场，晚明时期佛学大师憨山德清即是这样一名学者。憨山德清除佛学著作之外，对儒道经典亦多有注疏，对儒家经典疏解有《中庸直解》《大学纲目决疑》《春秋左氏心法》；对道家经典著作有《观老庄影响论》《老子道德经解》《庄子内篇注》。本书以憨山德清《庄子内篇注》为研究对象，系统透彻分析出憨山德清解庄背后的思想义理体系，进而梳理其经典诠释背后的思想理论基础与解庄动机，希冀能够使憨山德清解庄之动机、理论基础、义理体系及解庄之价值贯通为一完全整体。

晚明佛学大师憨山德清采取以佛通庄、以佛化庄的方法理路疏解《庄子》，而著成《庄子内篇注》，此在庄学史解庄著作中亦是一较为理性且较为契合《庄子》的佳作。首先，理性的原因在于：憨山德清疏解《庄子》的动机之一在于借《庄子》厘清佛教，《庄子》即为憨山德清振兴佛教、弘扬佛法的文本工具之一。而在具体到对《庄子》文本的阐释过程中，佛学理论亦成为解读工具，因而，从佛庄二者互为工具的层面上讲，憨山德清必然不会过多地将佛庄思想混杂，而造成概念无法厘清的困境。其次，契合《庄子》的原因在于：憨山德清早年对儒道经典均有所涉及，且其亦秉持着儒释道三教会通的理论观点，因而其在解庄的过程中，能够更多地在尊重二者思想的前提下，以会通的角度去找寻佛庄的思想相契点，且由于憨山德清的佛学理论背景与其体悟功力，使得诠释更有益于贴近《庄子》大旨。因此从总体上说，憨山德清本着理性的解庄进路，加之其本身对《庄子》思想的重视，使得《庄子内篇注》不仅对憨山德清自身而言是一部潜心力作，且对庄子学的进一步发展、对晚明佛教的振兴亦有重要价值与推进作用。笔者以憨山德清注庄之三教理论基础作为本书写作切入点，进而梳理憨山德清注庄的义理阐释，最后通过对憨山德清注庄动机的考察确认其《庄子内篇注》著成的必然性与解读的合理性。通过对憨山德清《庄子内篇注》的考察与研究，笔者最终确证，《庄子内篇注》不仅仅是一部庄子学著作，更是倾注了憨山大师人生理想与生命价值之作，在此，《庄子内篇注》与憨山德清融为一体而血脉贯通。然而目前学界对憨山德清《庄子内篇注》少有专门而具体的研究，且部分研究者对此亦大都局限于单一佛教或与其他佛学大师相对比的研究进路，这使得学界对憨山德清《庄子内篇注》难以有一个全面而客观的了解，从而也就对晚明庄子学的发展以及晚明佛教整体态势缺乏深入的理解。然对任一历史时期庄子学发展的把握都必须建立在对此时期庄学文本研究的基础上，而憨山德清之《庄子内篇注》对佛庄关系的思考、对佛庄理论的阐释，都一定程度反映了晚明时期的学术状况与社会现实。所以我们有必要重新回顾与反思憨山德清在佛庄关系上所走的思想之路，并借此重新夯实庄子学的理论地基以继续庄子学的发展。

目　录

序

　　2012 年，郎宁从山东大学毕业，以优异的成绩考入中国人民大学攻读硕士学位，两年后，转入硕博连读，再三年后，博士毕业。以中国人民大学的学科设置，硕士研究生学制为 3 年，博士研究生学制为 4 年。郎宁在 5 年内顺利通过了硕士、博士阶段的学习，完成并通过了硕士论文和博士论文答辩，比正常学生足足少用了两年时间，且她的硕士论文、博士论文得到了评审专家的一致好评，这是非常难得的。如今，她的博士论文正式出版，作为她的硕士导师、博士导师，我真的为她高兴。

　　郎宁的博士论文，以憨山德清《庄子内篇注》为题。憨山德清为明末著名高僧，不仅对佛教典籍有深入的研究与阐释，著有《华严经纲要》八十卷、《法华击节》一卷、《金刚经决疑》一卷、《圆觉经直解》二卷、《般若心经直说》一卷、《大乘起信论疏略》四卷、《大乘起信论直解》二卷、《肇论略注》六卷、《观楞伽经记》八卷等，而且对儒家、道家之重要典籍也有深入的研究和解说，著有《大学纲目决疑》《中庸直指》《道德经解》《观老庄影响论》《庄子内篇注》等。他关于《大学》《中庸》《老子》《庄子》的注解，在儒学史、道学史上均具有重要的甚至可以说不可或缺的意义。憨山德清思想的最大特点是三教汇通，即以禅化儒，援佛入道。他虽身处山寺，但却对现实社会有深深的关切；他身为有道高僧，却不带有学术偏见，注儒，则能入乎其里，达其要旨；注道，则能深入其中，了然其趣。

　　如果一篇博士论文，仅对憨山德清之《庄子内篇注》作解说，那一定不能明了憨山德清之思想意涵，因为这样没有把憨山德清对于《庄子》的解说当成他全部思想的一个方面，并且无视于思想史、学术史发展的历史线索与历史事实。

郎宁的博士论文有两个重要的维度，一个是纵向的思想史、学术史的维度，一个是横向的、明末社会现实以及憨山德清思想世界的维度。就纵向的思想史、学术史的维度而言，郎宁将憨山德清的《庄子内篇注》放入到一部两千余年的庄学史中来考察，仔细考察辨析了庄学史重要注解的基本的思想倾向，认为一部庄学史，注庄之方法主要有三种：以儒解庄、以佛解庄、以道解庄。而憨山德清属于第二种，他以佛通庄、以佛化庄。就横向的、明末社会现实以及憨山德清思想世界的维度而言，郎宁对晚明时代的政治背景与佛教丛林现状以及儒释道整体的学术走向做了整体的考察，认为晚明时期思想界整体处于儒释道三教融合合一的发展态势，由此，憨山德清亦以三教合一为理论基石而注解三教。

《庄子》内篇的顺序是：《逍遥游》《齐物论》《养生主》《人间世》《德充符》《大宗师》《应帝王》，这个顺序是文本固有的顺序，也自有其内在逻辑，历代注家有不少人对其内在逻辑做出说明。憨山德清之《庄子内篇注》，既然是注，当然不能违背这样一个文本的顺序。而郎宁的《庄子内篇注》研究，却没有按照此顺序进行。因为既然是研究，就要研究、探寻其内在逻辑。郎宁的博士论文，主体部分分为三章。第二章"齐物与逍遥"，将《逍遥游》《齐物论》放在一起，认为庄子之"逍遥"与"齐物"的关键皆在于对心与己的消解以去除主观情意我的障蔽。憨山德清以佛家之假有肉身为问题切入点，认为只有忘己、忘我方能在根本上达到解脱，以通于庄子之逍遥与齐物境界。第三章"宗师与养生"，将《大宗师》《养生主》放在一起。《大宗师》的关键是真人与真知，而养生的关键是养性，养性重在放弃对功名利禄的追逐，以清净离欲养性，由此方可悟得真宰。所以，养生与真人、真知是关联的，是以真人、真知为基础和前提的。第四章"充德与应世"，将《人间世》《德充符》《应帝王》放在一起。《人间世》的重点是如何应对应世之难的问题，庄子于此而提出"心斋"以及"无用之用"。《德充符》的重点是德与形的关系问题，庄子认为"德有所长而形有所忘"，即通过德与形之间的反差而确证人之所以为人者。《应帝王》通过对至德之世圣帝明王之追忆而展开了对君王问题的思考，认为在上位者应因顺万物之本性而虚心无为。这三篇之间有着更密切的联系。这样一种对于《庄子》文本内在逻辑关系的把握与理解，是很有道理的。

　　憨山德清注庄，以佛通庄、以佛化庄。他以佛教之"无碍解脱"解释"逍遥"义，以"忘己"解释庄子之"无己"，以"忘我"解释庄子之"丧我"，认为"要齐物论，必以忘我为第一义"。庄子认为养生之关键是"缘督以为经"，憨山德清则认为"不必贪求以养形，但以清净离欲以养性"。在庄子，"德有所长而形有所忘"；而在憨山德清，德与形就是佛家内在真性与外在形骸之分立，"盖忘形骸、一心知，即佛说破分别我障也。能破分别我障，则成阿罗汉果，即得神通变化"。以佛解庄，是庄学史上一条解庄之道，憨山德清之可贵处，不是简单的、一般意义的比附，而是佛道两家思想上的会通。以《庄子内篇注》为文本，而阐释憨山德清佛道汇通的思想，郎宁的博士论文成功地做到了这一点，并且做得非常好。

罗安宪

2019 年 9 月 9 日

于中国人民大学

第一章　《庄子内篇注》的思想基石

纵观憨山德清《庄子内篇注》全书，是基于其佛学本位的立场之下，对《庄子》文本思想做出不失庄子精神的诠释，且在具体的文辞阐释过程中，憨山德清并没有以佛学思想过度牵强于其上的痕迹，反而在字句中升腾出了一种似庄子逍遥荡漾般的气脉。憨山德清在解庄的理路上并不过分地强调"解"的层面，而是更加注重不同思想的交会与融通，力图在思想精神上寻找和合与共生。因此，如欲更好地理解憨山德清《庄子内篇注》的精神内核，我们必须找寻憨山德清会通佛庄之理论背景与其思想基石。

憨山德清所处的晚明社会面临着社会经济的急剧转型，而社会经济的动态也必然传感于同时期的思想与文化。因此，晚明时代政治的状况及当时学术的发展势必在很大程度上影响佛教丛林的生态，此亦直接作用于憨山德清对于晚明儒释道之发展态势的总结与期望。憨山德清也正是基于早年间的为学经历与其所身处的社会政治、经济、文化背景，对儒释道三教发展做出了会通与融合的价值判断，此亦是憨山大师晚年《庄子内篇注》著成的内在思想基石。因此，考察憨山德清儒释道三教会通思想，为本章写作之重点所在。

第一节　憨山德清其人及其学术渊源

如欲深度考察憨山德清《庄子内篇注》的思想内核，首先必须从其人生路向入手，了解其一生中重要事件的发生及发展，而人的一生中几个重要事件的串联往往会决定一生的走向。因而，下文将从憨山德清的生平、学术著作、学脉关系及其学术特色入手，了解憨山其人和其学术渊源。

一 憨山德清生平

憨山德清，俗姓蔡，字澄印，号憨山，法号德清，谥号弘觉禅师。安徽全椒人，明朝佛教出家众，为临济宗门下。其与云栖祩宏、紫柏真可、蕅益智旭并称为明末四大高僧。

在《憨山大师自叙年谱》中，他自述，嘉靖二十五年（1546），其母在一夜中因梦见观世音菩萨抱送童子从而有孕，憨山大师周岁时因疾病几乎要死去，其母即向观音菩萨祈祷，改憨山乳名为"和尚"，这也似乎暗示了憨山大师不平凡的一生。

◇ **报恩寺时期**

憨山 7 岁时，由于其钟爱的叔父故去，对死去生来的问题有了疑惑而不能解于怀；9 岁时，读书于报恩寺中，潜读《观音经》，已能背诵；13 岁时，已经能够背诵《法华经》，至于 14 岁，所流通的诸经皆能背诵；至 17 岁，学习了儒家经典《四书》《易》，并古文辞诗赋，即能诗述文；19 岁时，跟从云谷大师读了《中峰广录》，于是决志做出世事，专心念佛，日夜不断；并跟从无极大师讲《华严玄谈》，并从受具戒，自命字曰澄印，且"离世之心，无刻忘矣"。

◇ **北游时期**

隆庆五年（1571），时年 26，憨山北游求学，至北京西山拜谒摩诃忠法师，听《妙宗钞》，并《法华》《唯识》，并参见了遍融、笑岩二位大师；万历元年（1573），游至五台山，见山中风景秀丽，自号憨山；万历二年他又离京行脚，游嵩山、洛阳，至山西蒲州会见妙峰，和他同上五台山，居北台之龙门，专事参禅。万历四年，莲池大师游五台山，与憨山叙谈数日，使其深受禅净兼修思想的影响；是年冬，庐山彻空禅师来，朝夕问道，为说《绪言》。万历九年，神宗慈圣太后派人至五台山设"祈储道场"并修造舍利塔，憨山和妙峰一力经营，应事不缺。第二年憨山讲《华严玄谈》，每日不下万众。

万历十一年（1583），憨山赴东海牢山那罗延窟结庐安居，开始用憨山为别号。万历十二年皇太后遣使送三千金为他建庵居住，当时山东遭灾荒，他即建议将此费全数施舍给灾民。万历十四年，神宗印刷大藏经十五部散施天下名山，慈圣太后特送一部与东海牢山，因无处安置，又施材修寺，称海印寺。同年，达观禅师与弟子道开为刻藏事特来访他，住了两旬而去；万历十七年，憨山为众讲《法华经》《起信论》；万历二十年，憨山访达观禅师于房山上方，同游石经山，巡礼隋静琬所刻石经。时静琬塔院为僧所卖，达观出资赎回，憨山撰《琬公塔院记》及《重藏舍利记》。

◇ **曹溪时期**

万历二十三年（1595），神宗不满意皇太后为佛事请用太烦，恰恰太后又派了个当时大臣所忌的使者送经到牢山，就迁罪于憨山德清。憨山从北京回来后，被捕下狱，以私创寺院罪名充军去广东雷州。他于十月间携侍者福善南行，至韶关，入曹溪南华寺礼六祖肉身，越三年三月到达雷州。万历二十五年憨山注《中庸直指》，时雷州旱荒，饥民死亡载道，他发动群众掩埋并建普济道场。八月间，镇府令他还广州，当地官民仰慕他的学德，经常有人去访问他。他即以罪犯服装登座为众说法，开创岭南的佛教风气。

万历二十八年，南韶长官请他入曹溪，南华此时衰落已久，他到寺后，开辟祖庭、选僧受戒、改风水道路、设库司清规，一年之间百废俱举，"自此曹溪山门，积垢一旦如洗"。万历三十一年，达观在京师因妖书之厄被捕入狱，祸及憨山，遂被遣还雷州。万历三十四年，八月，皇长孙生，明廷大赦，憨山于是再回曹溪。三十七年，他为复修南华寺大殿，自往端州采运大木。有一二不肖者挟嫌诬他私用净财，讼于按察院，他船居芙蓉江上二年待讯，大病几死。后来虽真相大白，他却坚决辞去曹溪的住持，至五羊长春庵，为众讲经。

◇ **庐山时期**

万历四十一年，他从广州至衡阳，居灵湖万圣寺。万历四十三年，他在衡阳写成了《楞严通议》《法华通议》《起信论略疏》，并自开讲。万历四十四年四月，他离湖南，至九江，登庐山。九江弟子为其建静室于五乳峰下，他爱其环境幽寂，有终老此地之意。后到径山，为达观举行荼毗佛事并撰写塔铭。万历四十五年正月，他又去杭州云栖寺为袾宏作《莲池大师塔铭》。时各地僧徒领袖在西湖集会欢迎他，盛况一时。归途经苏州、华严学者巢松、一雨请入华山游览。又被弟子洞闻、汉月及居士钱谦益迎至常熟虞山，说法于三峰清凉寺。同年五月回庐山。万历四十七年，这时九江众弟子为他在五乳峰下扩建道场，他即命名为法云寺，于此为众开讲《法华》《楞严》《金刚》《起信》《唯识》诸经论，并效远公六时礼念，专心净业。又为继续华严一宗的遗绪，据《清凉疏钞》撰成《华严经纲要》八十卷。

◇ **重返曹溪与圆寂**

天启二年，憨山德清应韶阳太守张公之请，再入曹溪，为众说戒讲经。天启三年十月示微疾，焚香示众曰：大众当念生死事大，无常迅速！一心端坐而逝。于时百鸟悲鸣，众哀号不已。星夜毫光烛天，隔山之人，咸疑寺中火也。憨山大师三日面色如生，发长唇红，鼻端微汗，手足如绵。憨山德清灵龛于天启四年正月二十一日归匡山。因匡山地多阴，不便安葬，经二十年后从匡山重返广东曹溪。大众开灵龛瞻视，见大师结双跏趺坐，面色鲜红，爪发犹生，衣服尚新，只是开龛以后立即见风零星飘碎。

二　憨山德清学术著作

憨山德清为明末四大高僧之一，处于儒释道合流的历史时期，其学术历程也贯彻儒释道三家，从憨山大师的求学历程可以看到，其初学儒，后入于老庄，最后归根于佛教。憨山德清一生著述甚丰，注疏类作品主要有《华严经纲要》八十卷、《法华击节》一卷、《金刚经决疑》一卷、《圆觉经直解》二卷、《般若心经直说》一卷、《大乘起信论疏略》四卷、《大乘起信论直解》二卷、《肇论略注》六卷、《观楞伽经记》八卷，还著有《性相通说》二卷、《憨山绪言》一卷；其对儒家作品也有研究注疏，如《大学纲目决疑》《中庸直指》等；对于道家，著有《道德经解》《观老庄影响论》，以及晚年所著的《庄子内篇注》，对于老庄道家哲学有着自己独到的阐释与把握，并其门人编有《憨山老人梦游集》行世。憨山德清由于自己特殊的学术轨迹，对儒释道三家学说的独特见解与把握对于晚明社会及晚明丛林的思潮走向及发展有重大意义。

笔者立足于晚明①这一特殊的历史时期，在本章中将以憨山大师的文本注疏为重点，研究憨山德清对儒释道，特别是侧重研究其对儒家经典、道家经典的文本解读，以掌握其对三教之间相互关系的思想。

三 憨山德清的学脉关系及学术特色

从憨山德清的生平自叙中，我们可以追溯其师承渊源。憨山德清于嘉靖三十六年（1577）到金陵大报恩寺，跟随无极大师，并听其讲习；到嘉靖四十三年的冬天，此时憨山19岁，跟随云古大师学习《中峰广录》，跟随无极大师讲《华严玄谈》，并受具戒，成为正式的僧人；直到隆庆六年，憨山27岁，离开大报恩寺，北行前往北京、五台山等地。从憨山到大报恩寺直至其离开北上，共计15年之久，其佛学的脉络也成就于此。

憨山德清到报恩寺之前，寺中住持为西林永宁，其在寺期间多聘请名师在寺中讲习。在《憨山大师自叙年谱》中，也可看到有关的记载，无极大师在义学方面对憨山进行了教导，并有云谷法会在禅法方面教其修习，在憨山于科举与出世间徘徊不定时给予其信心；同时，寺中也教导僧徒研习儒家学问，对经史子集皆有涉猎。在憨山的学脉关系中，其在《年谱》中也特别提到，"是年冬，本寺禅堂建道场，请无极大师讲《华严玄谈》，予即从受具戒"②，即清凉澄观的华严思想，经无极大师的讲习，启发了憨山德清对华严宗的兴趣，更坚定了其出世之决心，从受具戒。因而，憨山德清在《年谱》中写道，"自此行住冰雪之境，居然在目，矢志愿住其中。凡事无一可心者，离世之念，无刻忘之矣。"③

憨山德清出于特殊的学脉关系及学业背景，形成了以佛教为本位的学术特色。无论是注解儒家经典，如《大学纲目决疑》《中庸直指》，还是注解道家经典，如《道德经解》《庄子内篇注》，憨山都表现出强烈的佛学本位指向。然而由于其在报恩寺中对儒道思想均有所学习，在对儒道经典作注时又能够整体上保持原有精髓与内涵，因而其注释经典并非完全以佛法

---

① 据嵇文甫《晚明思想史论》的看法，晚明这一历史阶段的划定，"大体上断自隆（庆）万（历）以后，约略相当于西历16世纪的下半期以及17世纪的上半期。"在此期间，国运多艰，且又历经历史转型期。而所谓的晚明佛教，主要是指明神宗万历一朝（1573～1620）而言。嵇文甫：《晚明思想史论》，北京出版社，2016，第16页。

② 憨山德清：《憨山大师全集》，河北禅学研究所，2005，第1756页。

③ 憨山德清：《憨山大师全集》，第1900页。

附会，而是以禅化儒、援佛入道，进而会通三教。

除此，憨山大师的学术带有强烈的经世色彩，这也是源于晚明特定的时代政治背景及晚明丛林内部的需求。在时代背景与历史课题面前，憨山大师为广大百姓找寻处理出世与入世间的良方，一定程度上解决了儒家经世思想和在心灵上对佛家出世的渴求所存在的矛盾，因此，憨山大师在处理三教关系的问题上，又充分地注意到人道的价值。当然，解决晚明丛林流弊、缓解政治带来的佛教危机，也是憨山德清会通三教的原因之一。

第二节　《庄子内篇注》的理论背景

憨山德清以其佛学本位的立场，对儒、释、道三教都有较深详的理解与阐释，对晚明三教的发展有着重要的意义与价值。然而，在具体考察其《庄子内篇注》思想理论之前，我们亦要对其当时所处的晚明时代特点、学术环境等外部因素进行整体把握，以期从背景角度更全面而直观地展现憨山大师《庄子内篇注》成书的背景。

一　晚明时代政治背景及佛教丛林现状

晚明时期由于特殊的政治环境，佛教的发展也出现了一个危机时期而丛林凋敝。江灿腾在其《晚明佛教改革史》中，援引湛然圆澄的《慨古录》，对晚明丛林的诸多问题予以了分析总结①。其中主要分析了晚明佛教丛林内部的弊端。弊端的由来必然应有外在因素，因此，本部分将从晚明丛林的外部环境即晚明时代政治背景出发，来简要探讨晚明的丛林现状。

隆庆、万历两朝特别是万历朝的政治政策是崇佛与抑佛并存的时期，

---

① 江灿腾将湛然圆澄《慨古录》中所揭示的晚明丛林乱象归结为两大问题。一是关于朝廷佛教政策之不当者，这其中又分为以下几点：1. 官方久不开戒坛，僧品拣别无由；2. 官方以收银代替考试度僧，造成僧品芜杂泛滥；3. 官方禁讲经纶，使非法之徒得以惑众；4. 僧官制度受制于儒，而使僧官和住持人选不当；5. 官府违规课税、勒索；6. 寺产被侵占、僧人被辱，而官方未善尽保护之责。二是关于丛林本身之弊端者，这其中分为以下几点：1. 师徒之谊不洽；2. 新出家者，为自立门户不择手段；3. 出家众中龙蛇混杂；4. 师资水准低落，缺乏实学真悟，而冒作权威；5. 虽号称"宗师"，仍因无新意而遭讥；6. 为谋衣食，而行为失检；7. 对戒律无知，忽视戒律者；8. 徒弟凌辱师友者；9. 牵涉宫廷之是非者。

而佛教自身在这其中也有荣辱的更迭起伏。在隆庆、万历之前的嘉靖皇帝好鬼神事而十分地崇尚道教，其对于道教的推崇在一定程度上削弱了佛教的势力，使佛教在此时期陷入了低潮。在漫长的嘉靖朝之后，隆庆皇帝对道教的弊端在一定程度上进行了纠治。至明神宗万历朝时期，由于万历生母慈圣皇太后崇信佛教，皇家在情感上此时似乎也更倾向于佛教，使得佛教在宫廷内的地位已然不同于嘉靖时期。随着佛教的地位上升，其弊端也接踵而至，万历朝前期曾大修佛寺，随之而来的是庞大的财政支出与僧团势力的扩大，在一定程度上激化了社会流弊，使得朝廷对佛教又有了控制与限制。然而，朝廷此时对佛教政策的考量与变化已不再是简单的打击或扶植，而是在政治考量基础上的加以利用。当财政紧张时，朝廷对佛教的态度与政策就略微宽松，僧侣也随之增加，财政收入也相应增加；反之，就对佛教予以限制。

由于朝廷对佛教政治政策的起伏，晚明佛教丛林内部的流弊日益增多并逐渐显露出来①，丛林中人员庞杂，而由于寺庙资源的有限性，僧侣的生活环境也日益恶化，出家僧侣不得已而在出世与俗世间徘徊不绝，佛教禅学思想此时总体上也处于僵化不前的境地。

二 晚明儒道学术发展状况

朱子的理学与陆王的心学是明朝时期儒学发展的主要形态。清代著名学者纪晓岚将此二学在明朝的发展做了简洽的概括：

> 朱、陆二派，在宋已分。洎乎明代弘治以前，则朱胜陆。久而患朱学之拘。正德以后，则朱、陆争诟。隆庆以后，则陆竟胜朱。又久厌陆学之放，则仍申朱而绌陆。讲学之士亦各随风气，以投时好。②

朱陆之争在明代中期王阳明致良知心学思想提出后，发生了更鲜明的激荡与转向。王阳明植根于内在良知心性的学问理路对朱子理学发起了极大的话语权挑战并产生了思维的转换。内在良知的张扬、自我主体性的彰

---

① 江灿腾：《晚明佛教改革史》，广西师范大学出版社，2006，第20~32页中对晚明丛林流弊问题有深入的讨论。
② 纪晓岚：《四库全书总目》卷97，中华书局，1965，第368页。

显对明中叶以后的学术思想与士人社会产生了重要的影响。而晚明时期，王阳明的学说则在一定程度上产生了分化，黄宗羲在《明儒学案》中精辟地概括了这种学术思想的分歧：

> 阳明先生之学，有泰州、龙溪而风行天下，亦因泰州、龙溪而渐失其传。泰州、龙溪时时不满其师说，益启瞿昙之秘而归之师，盖跻阳明而为禅矣。①

因此，阳明之学在此已失去其"致吾心之良知于事事物物"② 的为学宗旨，而将致良知的主体性原则推至极端，使得"学者以任情为率性，以媚世为与物同体，以破戒为不好名，以不事检束为孔颜乐地，以虚见为超悟，以无所耻为不动心，以放其心而不求为，未尝致纤毫之力者多矣"③。晚明学界这一"任情率性、媚世于俗"的学风使得阳明之学已然沦为了空疏之学，只注重于对心性层面的高谈阔论，而没有实际切实的经世指向，对现实人生、社会文化、国家政治了无裨益，且在某些层面上忽视了社会的人伦与纲常。因而，晚明士人对阳明心性之学的空疏表达了强烈的不满，试图重归于切实而有经世指向的朱子之学。如此，晚明学术上呈现出阳明之学与朱子之学并行不悖的格局与现实，且学者对儒学的希求也表现出了强烈的、贯彻现实人生的经世指向。佛教作为出世之学，在晚明时代的学术背景下也相应地有了现实人生的发展趋向，这也是憨山德清以禅化儒的背景原因。

在中国哲学史中，中国道家学说主要分为两种，一种是作为哲学形态的老庄之学，一种是作为宗教形态的道教。这两种形态与晚明佛教都有着很大的关系，而本文所探讨的儒释道之"道"是作为哲学形态的老庄之学，因而对作为宗教形态的道教在此不多加讨论，而主要探讨老庄道家之学在晚明发展的基本情况。

晚明时期的道家学说主要在与佛教的对话和会通中发展延续，僧人多关注、重视佛学与老庄道家之学的思想异同且注重二者的沟通与联系，而

---

① 黄宗羲：《明儒学案》卷 32，中华书局，2008，第 709 页。
② 王守仁：《王阳明全集·答顾东桥书》卷二，上海古籍出版社，2015，第 46 页。
③ 黄宗羲：《明儒学案》卷 20，第 467 页。

对老庄之学的思想所指，"大都着眼于其虚无自然之说而归宗立论，这可说是'万历佛教'三大师对老庄道家之学的共同评判"①。且在晚明丛林中，包括憨山德清、紫柏真可、蕅益智旭在内的很多僧人都对老庄之学有过讨论或研究注疏，但是这些讨论、研究注疏虽多以佛学为本位，以佛学世间出世间来判分二者之间的关系，但亦多体现二者之间的合流；并本着万法一心的佛教本位立场对儒释道三者的会通与圆融做出了沟通上的努力，紫柏真可在此有论述：

> 宗儒者病佛老，宗老者病儒释，宗佛者病孔病李。既咸谓之并，知有病而不能治，非愚则妄也。或曰：敢请治病之方。曰：学儒而能得孔氏之心，学佛而能得释氏之心，学老而能得老氏之心，则病自愈。是方之良，蒙服之而有征者也。吾子能直下信而试之，始知蒙不欺吾子也。且儒也，释也，老也，皆名焉而已，非实也。实也者，心也。心也者，所以能儒能佛能老者也。噫！能儒能佛能老者，果儒释老各有之耶？共有之耶？又，已发未发，缘生无生，有名无名，同欤？不同欤？知此，乃可与言三家一道也。而有不同者，名也，非心也。②

在紫柏真可看来，站在任何一家的立场而贬斥另一家思想，都是一种不智且愚妄的做法。紫柏认为，儒释道三者互通的关键在于"心"，它是能够使儒释道互通的关键之所，也即通过"心"，儒释道三者是可融贯而会通的，且儒释道三者在实质上并没有差别，只有名称的不同。

因此，综上而言，晚明时期的儒佛二家无论是出于对外部环境的适应目的，还是出于解决自身问题的目的，都亟须充实自身理论以满足现实社会的需要来保存自身的发展，而儒佛道三者的圆融会通、理论的相互补充也就是时代历史之所趋。

三 憨山德清注解三教

晚明特殊的时代政治背景与其对佛教的政策，并佛教在这一背景下所

---

① 陈永革：《晚明佛教思想研究》，宗教文化出版社，2007，第396页。
② 紫柏大师：《紫柏老人集》卷九，北京图书馆出版社，2005，第852页。

存在的深刻危机，使得憨山德清能够出于对维护佛教、佛法的考量，在以佛法为本位的前提下，而将儒道有益的层面纳入佛教思想系统中，以为晚明丛林的发展寻求新的发展道路与空间。且憨山德清在求学过程中，对儒家经典、道家思想在基于其本有的佛教理论背景下，也有着自己独到的见解与把握，因而其注解三教、会通三教有着内在与外在目的的双向会同。

从另一个角度，在憨山大师探讨三教问题于实际沟通中是否可行的问题上，憨山德清对儒道二家思想学说的阐释与疏解，实际上也是憨山大师对中国儒道传统的天人之学与佛教世间出世间之关系学问的考察，亦是憨山大师探究儒释道三教关系的重点与精神所在。憨山德清对佛教思想与中国所固有文化传统之间关系问题的认识，较诸前人已然有所不同，在层面上亦有所提升，而并非单纯地批判与排斥，在其《观老庄影响论》的《论学问》一节中憨山对儒道的态度已有所展现，所以说憨山应当是非常重视对儒家经典的学习的。其对中国天人之学的关注，对与佛学思想之间的会通取向，也就不失为一可行的道路选择。

由此，憨山德清进一步展开对人道与佛法关系问题的讨论，其所著的《中庸直指》《大学纲目决疑》等儒家文献也表明了晚明时期的佛教丛林注重经世思想层面的需求；其晚年所注的《庄子内篇注》亦在基本立场上、在思想认识上一定程度地超越了以往学者对佛道二教的质疑与批评，并为晚明的学术对话、思想交流提供了有益的路径。

第三节　《庄子内篇注》的思想基础

憨山德清之《庄子内篇注》以以佛化庄、以佛通庄的方法理路对庄子思想进行了佛学化的诠释，然欲深入考察《庄子内篇注》精神内核，就必须对其方法理路背后的思想动因进行深入探析，以透析出憨山德清《庄子内篇注》著成的思想理论基础。因此，憨山德清以禅化儒、援佛入道的儒释道三教会通思想也成为本节讨论的重点。

憨山德清既注解三教，则其必然对儒释道三教有一基本观点。憨山大师在坚持以佛法为本位的基本立场前提下，认为儒释道三者本于一源而在根本上并不存在不可调和的矛盾，三者确乎是可沟通而相会通的。

一　以禅化儒

憨山德清注释儒家经典的过程中，其所内秉的首要观念即其所固有的以佛学化知识为背景的佛学思想。在中晚唐之后，特别是宋明时期，思想界发生了诸多变化，尤其是儒佛思想之间的交流与碰撞。梁启超有言："到了两宋……产出儒佛结婚的新学派。加以那时候的佛家，各派都衰，禅宗独盛。禅宗是打破佛家许多形式和理论，专用内观工夫，越发与当时新建设之道学相接近，所以道学和禅宗，可以说是宋元明思想全部的代表。"① 即在憨山所处的晚明历史时期，禅宗仍是思想界主要和重要的代表，因而憨山在阐释儒家主要概念时，必然会自然地运用作为佛学代表的禅学思想，即以禅化儒。

憨山德清注解儒家经典的著作主要有《大学纲目决疑》《中庸直指》，然在涉及儒家主要概念的诠释问题上（下文分别以"至善""诚"为例），则鲜明体现了憨山大师的佛学化的理论立场及其禅学化的阐释思维，即其将禅学思想巧妙运用于儒学概念，使得儒释二者在思想上得以会通。然而，憨山德清在注解儒家经典时，并非完全以佛法附会经典，而是在阐述自身立场的同时也吸纳了儒家的治学内涵，使得儒佛沟通而达到儒佛互显、儒佛双彰的思想效果，此亦体现了不同文化思想间的内在和合性。

◇　宋明儒者之　"至善"

宋明之际的儒学受佛学特别是禅宗思想的影响甚大，禅宗以心性论为核心，将心性论、本体论、成佛论结合起来成为禅宗的一大特色，对中国儒学自身的发展有所冲击并使其得以反省，正如韩愈所说：

> 周道衰，孔子没，火于秦，黄老于汉，佛于魏晋、梁、隋之间，其言道德仁义者，不入于杨，则入于墨，不入于老，则入于佛。②

这一定程度反映了佛教对儒家仁义道德与心性义理之学的冲击，然而

---

① 梁启超：《中国近三年学术史》，上海古籍出版社，2014，第 2 页。
② 韩愈：《韩愈文集汇校笺注》，中华书局，2011，第 57 页。

佛教的发展同时也在另一层面推动着儒学的自我革新①，使得宋明学者继而加大对儒家本来薄弱的心性之学与本体之学的理论建构。朱熹晚年的得意门生、南宋理学家陈淳对宋明儒者的心性说有一详尽的表述：

> 天所命于人以是理，本只善而无恶。故人所受以为性，亦本善而无恶。孟子道性善，是本就大本上说来，说得极亲切，只是不曾发出气禀一段，所以启后世纠纷之论。盖人之所以有万殊不齐，只缘气秉不同。……气虽不齐，而大本则一。故虽下愚，亦可变而为善，然工夫最难，非百倍其功者不能。②

陈淳又对自先秦孟子至宋明儒者的心性传统做了如下总结：

> 孟子不说到气禀，所以荀子便以性为恶，扬子便以性为善恶混，韩文公又以为性有三品，都只是说得气。近世东坡苏氏又以为性未有善恶，五峰胡氏又以为性无善恶，都含糊就与天相接处捉摸，说个性是天生自然底物，竟不曾说得性端的指定是甚底物。直至二程得濂溪先生太极图发端，方始说得分明极致，更无去处。③

由上引文可知，由于先秦孟子在谈论性时并未牵涉气禀的问题，因而也给其后的先秦诸子造成了理论上的困境，因而至宋明时期，理学家在接续孟子性善思想的基础上，以张载为代表创建性地将人性分为天地之性与气质之性，即人生来之性是天地所赋予的，天地之性纯然不杂，是至善的；然而人生在世，除了圣人以外的常人必然会受气禀影响、人欲污染，因而部分人本然纯粹的天地之性受到障蔽而不能尽显，此即现实中的人

---

① 梁启超在其《中国近三百年学术史》中有言："隋唐以来，印度佛教各派教理尽量输入，思想界已经搀入许多新成分，但始终儒自儒、佛自佛，采一种不相闻问的态度。到了中晚唐，两派接触的程度日渐增加，一方面有韩愈一流人据儒排佛，一方面有梁肃、李翱一流人援佛入儒。到了两宋，当然会产出儒佛结婚的新学派。加以那时候的佛家，各派都衰，禅宗独盛。禅宗是打破佛家许多形式和理论，专用内观工夫，越发与当时新建设之道学相接近，所以道学和禅宗，可以说是宋元明思想全部的代表。"梁公之语，一定程度上总结了宋元明时期佛教的中国化及其与儒学相碰撞所产生的结果。梁启超《中国近三年学术史》，第2页。

② 陈淳：《北溪字义》，中华书局，2011，第7页。

③ 陈淳：《北溪字义》，第8页。

性，即气质之性。人性的二分思想已然成为宋明理学家的共识，在其后的理学家中得以继承发展。

朱熹在阐释《大学》的思想时接续了人性的二分思想。《大学》开篇首句为："大学之道，在明明德，在亲民，在止于至善。"历代注家对此多有阐发，然其发意大都不外乎宋明理学家之大旨。朱熹在《四书章句集注》中，将"明明德"分为"明"与"明德"，第一个"明"，即"明之也"，是动词义；而"明德者"，为"人之所得乎天，而虚灵不昧，以具众理而应万事者也。然为气禀所拘，人欲所蔽，则有时而昏，然其本体之明，则有未尝息者"①。因而，在朱熹所注的《大学章句》中，我们可以顺之理解，我们人的任务，即所谓的大学之道，就在于让人们去"明"我们本来纯然不杂的天所赋予我们的天命之性，去除气质之性的障蔽而重回"人之所得乎天，虚灵不昧"的天地之性，此即所谓的"明明德"。

儒家本着推己及人的思想，因而朱熹认为，我们不仅要"自明其明德"，还要使他人亦"去其旧染之污也"，此即所谓的"亲民"，亦即"新民"。对"止于至善"，朱熹认为此即是将所说的"明明德""亲民"，"止于至善之地"。而其所谓的"至善之地"，也就是尽至天理之极而无一毫人欲之私之地，也就是要止于、要回到我们从天地所禀赋的纯善之性、天地之性，此即宋儒所说的"存天理，灭人欲"。

王阳明对"明明德""至善"也有所阐释，他认为：

> 《尧典》"克明俊德"便是"明明德"，"以亲九族"至"平章""协和"便是"亲民"，便是"明明德于天下"。又如孔子言"修己以安百姓"，"修己"便是"明明德"，"安百姓"便是"亲民"。②
>
> 于事事物物上求至善，却是义外也。至善是心之本体，只是"明明德"到至精至一处便是，然亦未尝离却事物。本注③所谓"尽夫天理之极，而无一毫人欲之私"者得也。④

---

① 朱熹：《四书章句集注·中庸章句》，中华书局，2008，第 30 页。

② 王阳明：《传习录》，中州古籍出版社，2013，第 23 页。

③ 即朱熹《四书章句集注·大学章句》中注："明明德新民，皆当止于至善之地而不迁。盖必其有以尽夫天理之极，而无一毫人欲之私也。"朱熹：《四书章句集注》，中华书局，2008，第 1 页。

④ 王阳明：《传习录》，第 25 页。

即在王阳明看来，至善是心之本体，只要"明明德"达到精一的境界就是至善了，且在这一过程中，并没有和具体的客观事物相脱离。这也就是阳明为何认为朱子在事事物物上求定理、在事事物物上求至善存在偏斜之处的原因。

综上，宋明儒者所认同的"至善"，大都认为此是人所禀赋于天地的虚灵不昧、纯然不杂的天地之性，在王阳明只是将这一天地之性内化为人心之良知本体，即此"至善"是天之所赋予，并内在于人的纯然善性。然从先秦儒者以至于宋明理学家，对于"至善"所理解的共通之处即在于其源发点都本之于人之性，只是宋明儒者接续孟子"人皆有不忍人之心"的性善思想而进一步将此人性二分，而将此"人之所得乎天"的至善之性具体化为与气质之性相对的天地之性。

◇ 憨山德清之 "至善"： 自性本来无善无恶

憨山德清在其所注的《大学纲目决疑》中，解释"大学之道在明明德，在亲民，在止于至善"一句时，认为第一个"明"有两意，一是"悟明"之"明"：

> 若就明德上说自己的工夫，便是悟明之明，谓明德是我本有之性，但一向述而不知，……一日忽然醒了，当下知得本头自在，原不曾失。……若一旦悟了自己本性光光明明，一些不欠缺，此便是悟明了自己本有之明德，故曰明明德，悟得明德，立地便是圣人。①

二是"昭明"之"明"：

> 若就亲民分上说，第一个明乃昭明之明，乃晓谕之意，又是揭示之义，如揭日月于中天，即是大明之明。②

从憨山德清对"明明德"的理解中，可以明显看到其以禅化儒的诠释痕迹，贯穿了佛教禅宗心性论的思想。憨山德清所皈依的临济宗认为，佛和佛法都是随心而生、随心而灭的，因此要想成佛修得佛法，只能从心上去寻找，而非向外部求取。憨山德清在注解《大学》时也继承了这一思

---

① 憨山德清：《憨山大师全集·大学纲目决疑》，第13页。
② 憨山德清：《憨山大师全集·大学纲目决疑》，第15页。

想，其认为"明德"之"明"即是所谓的心体，第一个"明"的含义是"悟明之明"，其中，"当下知得本头自在""立地便是圣人"之语则鲜明体现了禅宗"顿悟"之说。从宋明儒者与憨山德清的阐释来看，宋明理学家们的"明明德"是一种先后次序的更替与推进，是存在逻辑工夫层次的；而憨山的"悟得明德，立地便是圣人"之顿悟，则是一种更为直截的突破，这种以禅理统摄儒家思想的体认对于修禅者来说似乎也是一种解脱与超越。①

对于"至善"，憨山则认为：

> 今言至善，乃是悟明自性本来无善无恶之真体，只是一段光明，无内无外、无是无非。所谓独立而不改。……只须善恶两忘，物我迹绝，无依倚、无明昧、无去来，不动不摇，方为到家时节。到此，在己不见有可明之德，在民不见有可新之民，浑然一体，乃是大人境界。无善可名，乃名至善，知此始谓知止。②

与宋明儒者分性为天命之性与气质之性不同的是，憨山德清否定了性的二分的价值属性，认为其是"旧来知见"，是"外来的对待之法"，而与其所说的自性本体是不相干涉的。并且，憨山认为善是"不足恃"的，即儒家所说的善亦有不到之处，其总结以往以善恶为学之两端的说法是"旧日知见习气耳"。而憨山所言之"至善"，是一种无善无恶的境地，憨山称其为"大人之境"，即以善去恶、恶去善存并非人之最高境界，而在其所说的大人之境中，已然不再有可明之德与可新之民了，万物浑然一体，憨山认为这就是至善之境界。也即憨山德清所认同的"至善"是一种无善无恶的状态，这种状态是无分别的，是空无的，然而它又是超越的自由状态。

憨山德清在解释《大学》的纲目中带有明显的以禅化儒的学术特色，

---

① 《坛经》认为，"自心顿现真如本性"，"言下便悟，即契本心"，"当起般若观照，刹那间妄念俱灭，即是自真正善知识"。《坛经》心性论宣扬自性清净，不假外求，众生只要现起般若智慧，一旦妄念俱灭，顿见自性清净，就能自成佛道。如此看来，《坛经》把成佛的根据、方法、途径都归于现实的人心之中，即成佛就在于自己心中的实现，方立天教授认为，这是"即现实性即超越性"的。
② 憨山德清：《憨山大师全集·大学纲目决疑》，第 23 页。

然而其亦不是简单地以佛学思想附会儒学，而是借助二者在心性问题、内在超越问题上所有的共同指向来阐述自己的思想。就内在超越的问题，先秦原始儒家就极其注重个体的内在超越性，从《大学》中及其所注重的修身之学、慎独之学可以看出，儒家的一贯在于通过内在德性的不断完善、通过对自己心性的不断剥落去接近儒家最完美的圣人形象，即成为内心保有最高精神境界的圣人，以此内在的超越性来达致儒者理想之境界。而憨山德清则同样借助佛学的超越性来体贴《大学》之意。禅宗注重人内在心性的修持，并以此为理论核心，禅宗认为只要见性就可成佛，它强调人心性本来就是清净圆满的、本身就是觉悟的，它是内在于人自身而脱离了现象界的，所以只要人可以破除这种内在与外在的分立与对待，就可以达到人内在的超越，实现理想的精神境界，即与佛合一。或者说佛家这种心性的修持是一种将人复归为人本来的样态，其所达致的结果是使人重获自由，而这种自由既是超越的、解脱的，更是现实的。如憨山德清所认同的至善，就是一种超越了对待的无善无恶的状态，在这种状态中，已经没有德可明、没有民可新了，人在人生日用中的一切行为都是禅修的行为，都是在不断地实现生命的超越与更新。也正是禅宗的这种心性指向，使得其能够更容易地为现世之人所接收吸收。而憨山德清也正是利用这种文化的内在和合性，达成了其以禅化儒的学术精神。

　　◇宋明儒者之 "诚"

"诚"是儒家思想中一个极为重要的概念，特别是在《中庸》中，有：

> 自诚明，谓之性；自明诚，谓之教。诚则明矣，明则诚矣。唯天下至诚，为能尽其性；能尽其性，则能尽人之性；能尽人之性，则能尽物之性；能尽物之性，则可以赞天地之化育，则可以与天地参矣。①

"诚"由此而成为儒家传统哲学的一个重要的心性概念，儒家学者与憨山德清所注的《中庸直指》对此都有所研究阐释。

宋明儒者大都认为，"诚"与"忠""信"等概念是有分的，有圣人与贤人、自然与人为的差分。南宋理学家陈淳就认为，"诚是就自然之理

---

① 朱熹：《四书章句集注·中庸章句》，第33页。

上形容一字，忠信是就人用工夫上说"①。对于"诚"的具体意涵，陈淳总结道：

> 诚字后世都说差了，到伊川方云"无妄之谓诚"，字义始明。至晦翁又增两字，曰"真实无妄之谓诚"，道理犹见分晓。后世说至诚两个字，动不动加诸人，只成个谦恭谨愿底意思。不知诚者真实无妄之谓，至诚乃是真实极致而无一毫不尽，惟圣人乃可当之，如何可容易以加诸人？②

具体到朱熹所注的《中庸章句》对"诚"一章③的理解，朱熹认为，这是子思对"天道、人道之意而立言"④。对于"天道"——"自诚明"，朱熹认为，"德无不实而明无不照者，圣人之德，所性而有者也，天道也"⑤；对于"人道"——"自明诚"，朱熹认为，"先明乎善，而后能实其善者，贤人之学，由教而入者也，人道也。"⑥ 对于"唯天下至诚"一句，朱熹认为，"天下至诚，谓圣人之德之实，天下莫能加也。尽其性者德无不实，故无人欲之私，而天命之在我者，察之由之，巨细精粗，无毫发之不尽也。人物之性，亦我之性，但以所赋形气不同而有异耳。能尽之者，谓知之无不明而处之无不当也。……与天地参，谓与天地并立为三也。此自诚而明者之事也。"⑦

因此，在理学家看来，所谓的"诚"是一种天之所命、只有圣人才可自然而致的，是一种天道流行、万物自然而然而无一毫之差错的运转。由诚而明，也是只有圣人即生而知之之人才能达到的自然状态；然就一般需要学而致之之人，诚也确乎是一种天命之流行，流行于我们的人生日用，只是常人没有察觉而已，如"孩提之童，无不知爱亲敬兄，都是这实理发见出来，乃良知良能，不待安排；又如乍见孺子将入井，便有怵惕之

---

① 陈淳：《北溪字义》，第32页。
② 陈淳：《北溪字义》，第33页。
③ 即《中庸》"自诚明，谓之性；自明诚，谓之教。诚则明矣，明则诚矣"一章。
④ 朱熹：《四书章句集注·中庸章句》，第32页。
⑤ 朱熹：《四书章句集注·中庸章句》，第32页。
⑥ 朱熹：《四书章句集注·中庸章句》，第32页。
⑦ 朱熹：《四书章句集注·中庸章句》，第33页。

心"①，即使是极恶之人，虽受到物欲的蒙蔽，然而"及其稍息，则良心之实自然发见"②，即此"维天之命，於穆不已"之"诚"终究是不可殄灭的，这也就是理学家所说的天理自然。

王阳明的主要思想在于"良知说"，然对于良知的内在状态，他以"诚"来概括。他认为：

> 圣人之学，只是一诚而已。
>
> 诚是实理，只是一个良知。
>
> 盖良知只是一个天理自然明觉发见处，只是一个真诚恻怛，便是他本体。故致此良知之真诚恻怛以事亲便是孝，致此真知之真诚恻怛以从兄便是弟，致此真知之真诚恻怛以事君便是忠，只是一个真知，一个真诚恻怛。③

相对于理学家将"诚"定义为天命自然流行之所当，作为心学家的王阳明将"诚"进一步地内化为良知的内核，认为是人遵从内心原则"致此良知之天理于事事物物"的行动纲领。在王阳明看来，离开了"诚"，一切将无从谈起。相对于宋明理学家将"诚"独立为只是属"命"、属"天道"的、属"理"、属"圣人"的概念，王阳明进一步将"诚"投射于更广阔的领域，即成为包括所有人在内的属良知个体之行动的源发动力，而如果没有"良知之真诚恻怛"，所谓的孝悌忠义也是枉然了。

对于理学家与心学家的看法差异，陈淳对此有很好的概括："诚有以理言者，若'诚者，物之终始'是也；有以心言者，若'不诚无物'是也。"④

◇ 憨山德清之 "诚"： 诚明本一， 体用不二

憨山德清在其所注的《中庸直指》中，对"诚"的概念也有本自于其佛学背景的独特见解。在《中庸》"诚明"一章中，憨山大师以佛教特有的体用观对"诚"进行了理解与把握。

憨山德清认为，"诚明"一章是总言"尽性工夫，由至诚以极于赞化

---

① 陈淳：《北溪字义》，第33页。
② 陈淳：《北溪字义》，第33页。
③ 王阳明：《传习录》，第44页。
④ 陈淳：《北溪字义》，第35页。

育参天地之效，以释由致中和以至位天地育万物之意也"。其中，"自诚明"是"性"，所谓的"诚"是真实无妄的，是"性之体"；"明"则意为"真知朗照"，是"性之用"，也即"体之用"，所以称为"诚明"。在憨山看来，"诚明"一章是体与用的结合，即体用一如之理，"自真实无妄之体，而发灵明之照用，体用双彰，浑然无二"。而与以往宋明理学家相通的是，憨山也认同自诚而明的体用不二之性，是天然之性，是没有外在人为修饰的，因此，"所谓诚者天之道，生知者此也"①。如此，憨山也认同体用不二、体用一如的自诚而明的认知是只有生而知之者才可以做到的，这也是出乎天道的。所谓"自明诚谓之教者"，此"明"与《大学纲目决疑》中"明明德"的第一个"明"字意同，即了悟之意。憨山认为，诚作为性体是本来光明朗现的，然而因为有了迷而不能明，如果"假师友教导之力，使一旦了悟"②，就会豁然贯通而大彻大悟，"以至本然无妄之地"③，所以说"自明诚"需要借助于教导的力量，这是学而知之者，也是诚之者的过程，是出乎人道的。

在憨山看来，所谓的诚，作为性之体，是本来广大光明的，生而知之者可以不假外力自然地完成由诚而明的体道过程，自心即是佛性；然而在学而知之者的层面，憨山开始发生转向，与宋明理学家的认知产生了差别。在宋明理学家，"自诚明"是"圣人之德"，因为圣人德无不实而明无不照，且其"性"是天之所赋予的；"自明诚"则是"贤人之学"，是"先明乎善，而后能实其善者"，是"由教而入者"。即在儒家学者看来，圣人之生而知之者与贤人之学而知之者是有明确的界线的，即天人之相分，或者说这种界线是一种人为的设定，将"自诚明"的圣人形象打造成儒家最高的理想人格，而儒家倡导世人所做的就是通过教化的力量、通过自身德性的提高完善、通过做工夫而不断地祛除人身的私欲与障蔽，去越来越接近这个"圣人"的制高点。憨山德清的转向则在于，他完全破除了圣人与贤人、生而知之者与学而知之者之间的天然屏障，认为生而知之者通过师友的教导帮助，一旦得以了悟，就已然达到了本然无妄之境，回归佛性。学而知之者同样可以达到圣人境界，此即人人亦可成佛，人人本具

---

① 憨山德清：《中庸直指》，金陵刻经处印本，第20页。
② 憨山德清：《中庸直指》，第35页。
③ 憨山德清：《中庸直指》，第35页。

天然，而非儒家天赋之佛性。如此虽然是人之道、是学而知、是教而悟，然而同样可以达到本然的诚，可以回归到性体，如此体用在此合一，体用一如。所以憨山德清说：

> 诚明本一，体用无二。苟至于诚，则无不明矣；苟能悟明此体，则无不诚矣，此其所以生知学知，而及其知之一也。必欲如此，其诚方至，其性方为能尽矣，故曰唯天下至诚，为能尽其性。①

而憨山大师认为"苟至于诚，则无不明矣；苟能悟明此体，则无不诚矣，此其所以生知学知，而及其知之一也"的内在根源是佛教禅宗的本体论，佛教本体论模式以平等无碍、无分别为诸法实相，即体用一如，现实中的人人都可达到"诚"的境界，都可体悟佛道；且憨山大师所属的临济宗认为，佛道、真理并不是外在于我们人、需要我们人向外求取的，而是它本然就存在于我们自身，或者说佛道与真理就是个体自身的本性显现，即"自除迷妄，内外明彻"。在此，憨山大师完成了儒家圣人之天赋本性到人人本具天然佛性的下贯过程。慧能如是说：

> 人性本清净……如天常清，日月常明，为浮云盖覆，上明下暗。忽遇风吹云散，上下俱明，万象皆现。……智如日，慧如月，智慧常明。于外著境，被妄念浮云盖覆，自性不能明朗。若遇善知识，闻真正法，自除迷妄，内外明彻，于自性中，万法皆现。……见性之人，亦复如是，此名清净法身佛。②

然而，憨山大师在以禅化儒的同时，也一定程度上吸收并认同了儒家的学问工夫层次，在对《中庸》第二十章"诚者，天之道也；诚之者，人之道也。诚者不勉而中，不思而得，从容中道，圣人也。诚之者，择善而固执之者也。……果能此道矣，虽愚必明，虽柔必强"的解读中，他认为：

---

① 憨山德清：《中庸直指》，第 34 页。
② 慧能：《坛经》，中华书局，2010，第 25 页。

故学知者，学非博无以极其知，故首章以博学，非审问无以穷其理；故次以审问；非慎思无以得其精；故次之慎思，慎，密也，非明辨无以决其疑；故次之以明辨，非笃行无以造其实，故终之以笃行，此学知之功、利行之实也。……人一能之，则己百倍其功；人十能之，则己千倍其力。……此所谓好学近知、力行近仁、知耻近勇，皆下学上达之方，乃致之之实，以至诚为主也，自或生而知之以来。①

综上可知，憨山德清在注解儒家经典时，虽然不可避免地会以自身的佛学知识背景来阐释儒家经典文意，然而，其并非是完全以佛法附会经典，而是在阐述自身立场的同时也吸纳了儒家的治学内涵，从而达成儒佛互显、儒佛双彰之学术价值。

◇ 憨山德清会通儒佛之现实意义

憨山德清会通儒佛，对儒家之"至善""诚"等概念的佛学化阐释，究其原因，首先是受其所处的晚明社会现实的影响。由于明代以儒家思想为官方意识形态，官方对佛教的政策只能是以利用为主，借而发挥其去恶扬善的社会功能；然晚明时期寺院经济结构不断恶化，加之政治政策对佛教的种种干预，使得晚明佛教僧人的生存环境、修行活动都处于尴尬境地；且晚明皇室内部对佛教的崇信，使得佛教丛林中亦充斥着政治与利益的世俗斗争。由此，晚明佛教的危机进一步加重。憨山德清作为晚明佛学大师，为了挽救佛教丛林之颓势，使佛教更充分地发挥其稳定社会、抚慰人心的作用与功能，通过对儒家思想概念的佛理化诠释、会通儒佛的观念理路，担当起挺立佛学自身价值的重责。

然而从宏观的角度上看，憨山德清沟通儒释在根本上亦是佛教进一步中国化的结果与必然。纵观佛教在中土的发展过程，其实质亦是佛教与中国本土思想不断交锋、不断融通的过程，是佛教通过与儒道之间关系的变化而使自身思想不断淘洗、更新，进而中国化的过程。在这一过程中，儒释道特别是儒释思想的交流与沟通对二者思想的发展产生了积极的交互作用与学术意义。在早期佛教传入之时，其借用儒家的思想精神以加速自身的发展，而随着佛教在中土的传播与其自身教义的更新又反过来进一步促

---

① 憨山德清：《中庸直指》，第 35 页。

进了儒家精神的升华。此种交互往往使二者能够有更多的思想契合点而达到更好的学术效果与更高的理论价值，也使得儒释二者本身的学术思想更趋完善。

就憨山德清所处的晚明社会而言，受社会现实与历史潮流的双重影响，会通儒释也成为时代历史要求下的必需。且晚明时期的佛教对儒学思想的接触与吸收也不再是简单的被动性选择，而是以一种更为主动的姿态去靠近儒学，明确表达儒佛交融与佛家经世的现实愿望。晚明包括憨山德清在内的佛教大师对儒佛之间的沟通都做出了努力与贡献。以往儒佛相互批判的关键点在于出世与入世之差分，而对于佛教出世与儒家入世之间的辨析，蕅益智旭认为：

> 大道之在人心，古今唯此一理，非佛祖圣贤所得私也。统乎至异，汇乎至同，非儒释老所能居也。克实论之，道非世间，非出世间。而以道入真，则名出世；以道入俗，则名世间。真与俗皆迹也，迹不离道，而执迹以言道，则道隐。……特以真俗之际，姑妄拟焉，则儒与老皆乘真以御俗，令俗不逆真者也；释乃即俗以明真，真不混俗者也。故儒与老主治世，而密为出世阶；释主出世，而明为世间佑。①

即在智旭看来，道并非分为世间与出世间，出世是以道入真，入世则是以道入俗，二者都是道的两种表现形态。儒家之旨虽主要在于世间，然而其亦是"出世阶"，佛教虽是出世之学，然亦为"世间佑"。因此智旭认为儒道与佛教之间是可以沟通而共通于世间的。如此，智旭就为晚明佛教奠定了指向现实人生的理论基石，使得佛教入世亦成为可能。

憨山德清进一步将佛家"离欲出苦"的方法建立在人道的基础上，论证了儒家伦理纲常、孝悌之德对于佛家的普适性。憨山认为，吾佛之圣人并不是凭空而生，也有君亲、夫妇、父子的伦理关系；出家人并非没有七情六欲的俗世之心，只是割舍了而已，即出家人成佛之后，亦有孝亲之道。由此，宋明理学家所极为重视的人伦纲常在憨山德清处亦得到了认同，明确体现了晚明佛教界儒佛俱显、儒佛交融的现实指向。憨山具体说道：

---

① 智旭：《蕅益大师全集·灵峰宗论》，巴蜀书社，2013，第577页。

然既处人道，不可不知人道也！故吾佛圣人不从空生，而以净梵为父、摩耶为母者，示有君亲也；以耶输为妻，示有夫妇也；以罗喉为子，示有父子也。且必舍父母而出家，非无君亲也，割君亲之爱也；弃国荣而不顾，示名利为累也；掷妻子而远之，示贪欲之害也；入深山而苦修，示离欲之行也；先习外道，四遍处定，示离人而入天也；舍此而证正遍正觉之道者，示人天之行不足贵也；成佛之后，入王宫而舁父棺，上忉利而为母说法，示佛道不舍孝道也；依人间而说法，示人道易趣菩提也；假王臣为外护，示处世不越世法也。此吾大师示现度生之楷模，垂诫后世之弘范也！①

由此，憨山德清借用儒家的伦理纲常为佛教建立起人道的基石，使得佛教亦有了人道之本。加之憨山德清对儒家基本思想概念的佛学化诠释，为儒释二者之间思想价值的沟通奠定了学理上的基础。也正是由于突破了这种儒佛之间既定的思维差别，儒释之间真正得以会通，晚明佛教才能够真正走下圣坛，走向民间。

由于晚明特殊的时代背景，佛学的改革与转向也成为历史的趋势与必然，其现世化、经世化的指向也是晚明佛教发展的必然趋势，多元化的社会走向也为儒佛互释提供了条件与可能，也正因为此，儒佛共融、以儒会佛也成为晚明佛学大师主动契合儒家思想的理想理论途径。为使晚明社会得以安定、人心得以安顿、丛林得以重兴，憨山德清沟通儒佛而将儒家思想自然契入佛教之中，体现了人道纲常、孝悌伦理对于佛教所同样具有的统摄地位与经世价值，使佛教不再是被束之高阁、不假人情而被统治者所利用的工具。而以憨山德清为代表的晚明佛教大师沟通儒佛、以儒会佛、儒佛共彰的诠释之路，更表现出晚明佛教进一步中国化的主动性姿态。且晚明佛教大师大多有早年学儒的经历，对儒家经典大都也有自己的理解与把握，且与儒家学者也多有往来，出儒入释者甚多，儒释学者的这种文化学术间的交流与沟通、生活上的交往使得晚明丛林儒释的交融更加自然而多彩。

儒释思想的会通对于晚明佛教的重兴具有重要的意义，突破了传统政治政策对于佛教的限制与要求，这既是佛教借助于儒家思想的自我创新与

---

① 憨山德清：《老子道德经解·观老庄影响论》，第 162 页。

自我突破，也是儒佛沟通交融中所实现的佛教经世化的现实性内容。因此，以憨山德清为代表的晚明佛学大师通过会通儒佛不仅实现了儒佛双彰的学术价值，也为晚明佛教丛林提供了佛教经世化的再发现理路。

二 援佛入道

憨山德清在其《道德经解》自序中，自称其年少时喜读老庄，然而却苦不解其义，"惟所领会处、想见其精神命脉、故略得离言之旨"①，于是遍读诸家注释，然而各个注家却多"以己意为文，若与之角，则义愈晦"②，憨山认为，虽多有注解老庄之人，然其所注乃是"人人之老庄，非老庄之老庄"③，即注老庄者多以己意附会其中，而并没有真正发掘出老庄之真正意旨，没有领会老庄之真精神。憨山认为老子文章简约古朴、旨意幽深玄妙，而庄子之文实为老子之注疏。憨山自幼喜读老庄，其佛学理论的背景使其对老庄更有独到的理解把握，其援佛入道、以佛观道、以佛化庄的学术特点，加之憨山对此本有的学术理趣，对于三教之会通意义重大。④

憨山德清以以佛观道的观念理路对老子之"道"进行了较全面的辨析与阐释。首先，具体来讲便是憨山借助佛学的唯识论思想会通性地对老子之道进行了创新性的阐释。其认为唯识宗之阿赖耶识即是道，如此阐释虽然在学理上一定程度沟通了二者的思想，然而二者思想在实质上的差异亦是现实的。其次，在入道工夫层面，憨山亦以佛家之止观功夫对老子之有无思想做了递进式的阐发，进一步丰富了老子之道的意涵。最后，在老子之道的外向性的指向层面上，憨山亦以佛家清净无欲思想诠释老子无为而治的政治观念，使得儒释道在经世利生的意义上有了共同的价值指向。

"道"是老庄道家思想中一个极为重要的概念。在《说文》中，"道"本义为"道，所行道也，一达谓之道。"⑤ "道"在原始意义上局限于"道

---

① 憨山德清：《老子道德经解》，第5页。
② 憨山德清：《老子道德经解》，第5页。
③ 憨山德清：《老子道德经解》，第5页。
④ 李大华在其《自然与自由：庄子哲学研究》中认为："憨山德清，其对儒、道态度、理解与把握有一种三家关系'本当如此'之感"，对于其对庄子的理解，其认为，"憨山恰恰从庄子的表述去理解和辩护庄子的思想。显然，这样的辩护更有力。"参见李大华《自然与自由：庄子哲学研究》，商务印书馆，2013，第102页。
⑤ 许慎：《说文解字》，中华书局，2013，第56页。

路"的范畴，后引申为法规、法度。至春秋战国时期，孔孟老庄亦有天道、人道之称，在此，"道"的意义趋于丰富。张岱年认为，所谓的天道是指日月星辰的运行轨迹，人道即为人生活所应遵守的规则。①

老子进一步发展了"道"的意义，使之成为一个形而上哲学化的道家思想的基本范畴。在老子，"道"的意义十分丰富，首先，道是天地万物的本根、本原，天地万物皆由道所从出。

> 有物混成，先天地生。寂兮寥兮，独立而不改，周行而不殆。可以为天下母。吾不知其名，强字之曰道，强为之名曰大。大曰逝，逝曰远，远曰反。②

> 道生一，一生二，二生三，三生万物。万物负阴而抱阳，冲气以为和。③

道作为一种先天地而生的在，是一种纯粹的存有，是一种逻辑上的抽象。然而老子的道又一定程度上要承担法则的功能，因而道作为一种在又是实存的在，老子说：

> 道之为物，惟恍惟惚，惚兮恍兮，其中有象，恍兮惚兮，其中有物。窈兮冥兮，其中有精，其精甚真，其中有信。自古及今，其名不去，以阅众甫。④

在老子，"道"的意义不仅丰富，且发生了哲学化的转向，其作为道家思想的核心概念，也为后学所继承与发展。

然在憨山德清看来，老氏所宗主者，实以虚无自然为妙道。憨山德清进一步发挥佛教的理论思想，认为老子所说的"道"，即为"楞严所谓分别都无、非色非空、拘舍离等，昧为冥谛者是已。此正所云八识空昧之体也。以其此识，最极幽深微妙难测"⑤，认为非佛法不足以道尽其中玄妙。憨山在此以佛学唯识论来解读老子之"道"，使这一"虚无自然之妙道"

---

① 张岱年：《中国古典哲学概念范畴要论》，中国社会科学出版社，1989，第22页。
② 陈鼓应：《老子注译及评介》，中华书局，2014，第179页。
③ 陈鼓应：《老子注译及评介》，第217页。
④ 陈鼓应：《老子注译及评介》，第145页。
⑤ 憨山德清：《老子道德经解·观老庄影响论》，第88页。

深深打上了佛学的烙印，他认为老子之"妙道"即是《楞严经》所说的没有分别、非色非空、拘舍离等昧为冥谛者。佛教唯识论以"识"为宇宙的本原、本质，憨山认为，唯识论之"识"即是老子所谓的"道"，他将佛教唯识论概念与老子道的思想一一对应，认为老子天地万物所由生之道与唯识宗所说的一切善恶种子所寄托的阿赖耶识是可以贯通的。在此，憨山德清以佛观道的思想理路清晰可见。

憨山德清进一步借用佛教唯识论阐述其对"道"的理解：

> 转此则为大圆镜智矣。菩萨知此，以止观而破之，尚有分证。至若声闻不知，则取之为涅槃。西域外道梵志不知，则执之为冥谛。此则以为虚无自然妙道也。故经曰：诸修行人，不能得成无上菩提。乃至别成声闻缘觉，诸天外道魔王，及魔眷属，皆由不知二种根本。……云何二种：一者无始生死根本，则汝今者与诸众生，用攀缘心为自性者；二者无始涅槃元清净体，则汝今者识精元明，能生诸缘，缘所遗者。此言识精元明，即老子之妙道也。①

由以上引文可知，憨山德清进一步以佛家思想对老子之道进行理解，并比之以"涅槃""冥谛"，认为此就是老子所宗之虚无自然妙道。憨山德清认为佛家唯识宗所谓"能生诸缘"的"识精元明"即是老子之"道"：以"道"的至虚至大，即"非色"；以其能变现天地万物，故"非空"；以其自然而然，无为无不为，故曰"自然"；由其不可思议，故是"妙"；以其精一不杂，故为"真"；由道的先天地生的长存性，故谓之"常"；由其生天生地，众妙之门，故是"玄"。正是由于二者在一定程度上的相似性特点，所以憨山德清将"识精元明"与"道"结合起来，认为二者是可等量齐观的。②

然而，老子之"道"与唯识宗的"阿赖耶识"还是有一定区别的。首

---

① 憨山德清：《老子道德经解·观老庄影响论》，第87页。

② 憨山德清在《观老庄影响论·论宗趣》中明确指出，"老氏所宗虚无大道，即楞严所谓晦昧为空、八识精明之体也。然吾人迷此妙明一心而为第八阿赖耶识，依此而有七识为生死之根，六识为造业之本，变起根身器界生死之相。是则十界圣凡，统皆不离此识，但又执破染净之异耳。以欲界凡夫，不知六尘五欲境界，唯识所变。乃因六识分别，起贪爱心，固执不舍，造种种业、受种种苦，所谓人欲横流。"

先，唯识宗的阿赖耶识是一种善恶种子的寄托之所，是本性与妄念的和合体，而其所起的妄念进而幻现出一对象性的境界，即为阿赖耶识的相分。而老子"道"的产生，是有与无不断相交织的结果与产物，并且，是"无状之状，无物之象"，既是一种抽象的存在，又是一种规则承担者的实存体；其次，道是一种客观化的外在性存在，不为人的变化而变化，而非阿赖耶识内在于众生。一切众生，每一个人的起心动念都会造成一个业种，因此阿赖耶识相对于道是一个更主观的存在；再次，道在老子哲学中一个更重要的作用在于其社会政治的指向，"侯王得一以为天下正"，而阿赖耶识除了能够含藏人心的善恶种子，对外在的社会并没有指导意义。

因此，综上而言，在憨山德清对老子"道"的理解中，以佛教唯识宗的"识"来统摄理解"道"，二者概念虽有所差分，然此亦可以说是憨山德清的创新点与突破处，为佛道圆融思想的进一步发展奠定了理论的基石。

◇ 以 "三观" 解道

如果说以"识"来统摄理解"道"是憨山德清对于道总体的把握，那么对于入道之工夫，憨山德清又进一步从止观的工夫层次上对老子之道进行了创新性阐释，即以"三观"解道。憨山德清认为，向来注释《老子》一书者都以虚无为宗，然而在入道工夫上，却茫然没有下手处，而憨山德清以为，《老子》首篇"观无观有一观字，为入道之要，使学者易入"①。

憨山德清之所以认为"观"为学者入道之良方，根据在于，憨山德清认为儒释道三教都以此为学问工夫教化世人。在儒家，有"知止而后有定""明明德"；在佛家，有三乘止观、人天止观。然若以儒家孔子思想为人乘止观，则道家之老子思想则为天乘止观。且憨山认为儒释道三者之止观工夫都以破我执为止观之第一要义。如佛家所说的诸苦之所因，在于人自身的贪欲；道家老子亦说人最大的祸患在于人过于重视一己之生死；而在儒家，虽然其学说思想指向并没有过多的破我执之语，只是强调世人要正心诚意修身，然，心正、意诚、身修，对于儒家君君、臣臣、父父、子子的伦理秩序的自我坚守仍然是有所助益的，且孔子"毋意，毋必，毋固，毋我"的思想仍然是对于过度执着于内心的一种解放。在憨山德清看

_____

① 憨山德清：《老子道德经解》，第 7 页。

来，儒释道三者只有以破除我执的工夫才能达到所言的"圣人之心"，即"以圣人虚怀游世寂然不动、物来顺应、感而遂通，用心如镜、不将不迎、来无所粘、去无踪迹"，以达"身心两忘，与物无竞"的圣人境界。而世人之所以为世人，圣人之所以为圣人，就在于世人有"意必固我"之弊，所以不能得自在、不能脱离苦的根源。因此，憨山德清认为，儒释道三者思想是有基本的一致性的。

憨山德清通过对孔子"四毋"的阐释，再次确认佛老一定意义上在"无我""破执"问题上的会通，进而论述了止观工夫在"破我执"问题上的重要地位。他认为：

> 孔子观见世人病根在此，故使痛绝之。即此之教，便是佛老以无我为宗也。……至若吾佛说法，虽浩瀚广大，要之不出破众生粗细我法二执而已。二执既破，便登佛地，即三藏经文，皆是破此二执之具。所破之执，即孔子之四病，尚乃粗执耳。世人不知，将谓别有玄妙也。若夫老子超出世人一步，故专以破执立，……以孔子专于经世、老子专于忘世、佛专于出世，然究竟虽不同，其实最初一步，皆以破我执为主，工夫皆由止观而入。①

憨山德清进而以佛学之止观对老子之入道工夫进行了佛理化的诠释。在《老子》开篇首章有：

> 道可道，非常道；名可名，非常名。无，名天地之始；有，名万物之母。故常无，欲以观其妙；常有，欲以观其徼。此两者，同出而异名，同谓之玄，玄之又玄，众妙之门。②

憨山德清认为，此章所言为道之体用及入道之工夫，且此章为《老子》五千言之最紧要者。在憨山德清看来，老子所言之"道"为真常之道，是无相无名、不可言说的；且道本无名，所以强名之曰道，然凡可名之名，都是假名而已。即"道可道，非常道；名可名，非常名"是言道之体；然无相无名的道，由于是至虚至空的道体，因而天地皆从此变现出

---

① 憨山德清：《老子道德经解·观老庄影响论》，第89页。
② 陈鼓应：《老子注译及评介》，第6页。

来，故称为天地之始；同理，无相无名之道体成就了有相有名之天地，万物都从天地阴阳造化中生成，此即所谓的"道生一，一生二，二生三，三生万物"，所以又称其为万物之母，即此一句，是彰明道之用。

对于入道之工夫，憨山德清则借用佛家的止观工夫对"常无，欲以观其妙；常有，欲以观其徼"进行了独到的阐释。他认为，若在寻常日用中安心于无，就自然会体察到道的精妙之处；若在寻常日用中安心于有，就会体察到道的广大无边。在事事物物上都可见道的真切实际，百姓日用之中无处不见道之所在，如此之"观"，方见道之精妙。憨山德清认为，这其中二"观"字是最为要紧的，他说：

> 老子因上说观无观有，恐学人把有无二字看做两边，故释之曰，此两者同。意谓我观无，不是单单观无。以观虚无体中，而含有造化生物之妙。我观有，不是单单观有。以观万物象上，而全是虚无妙道之理。……恐人又疑两者既同，如何又立有无之名，故释之曰，出而异名。……至此恐人又疑既是有无对待，则不成一体，如何谓之妙道，故释之曰，同谓之玄。老子又恐学人工夫到此，不能涤除玄览，故又遣之曰，玄之又玄。……此愚所谓须是静工纯熟，方见此中之妙耳。[1]

憨山德清以其佛教严密的逻辑层次，运用佛教的止观工夫，即空观、假观、中观对《老子》"有""无"思想，即"常无，欲以观其妙""常有，欲以观其徼""玄之又玄，众妙之门"进行了递进式的阐发理解。他认为，老子所谓的"观无"，并不是单纯的观无，而是在观无相无名、至虚至无的道体中，体察其造化生物之妙处；而其所谓的"观有"，亦不是单单观有，而是在观万物中，要透过表象体贴内含的虚无妙道之理，如此有无之观，实则是一体无间的。有无二者也不是独立就可存在的，"有不能生有，必因无以生有；无不自无，因有以显无"展现了憨山德清对老子道的有无之辨的进一步思考，然有无这种相同而又异名的状况易造成学人的困惑，因此为了解释这种有无对待、看似不成一体的尴尬，老子故称之为"玄"，但恐学人虽然工夫到此，若不能忘心忘迹，虽妙而不妙，即如

----

① 憨山德清：《老子道德经解·观老庄影响论》，第94页。

若止观工夫到此，就会了然在大道中不但要绝有无，亦要离却玄妙之迹，如此而称"玄之又玄"，如此方能达到破我执之效。

憨山德清利用佛教的止观工夫，特别是佛教"空观""假观""中观"对老子有无之道进行了辨析，以佛教的理路创新性地阐释了老子"道"的思想，为了真正了解体察到虚无自然之妙道，我们既不能过分执着于有，要从有中看到其所内涵的玄妙之理；也不能过分执着于无，而要从无相无名的道体中看到其造化生物之妙。即我们在体道的过程中，从有中亦要看到无，达到"无有"的状态。有无二者又是相互依存而不离的，所以在此基础上又要有"无有有"，即"玄"的状态。然止观工夫的最高体认在于，我们要忘心忘迹，不执着于"有"，也不执着于"无"，亦不能执着于"玄"，此即所谓的众妙之门，即"玄之又玄"。在此状态，我们已经超越了有无、物我的对待，达到自然而然、不知其所以然而然的没有执着、破除我执的状态与境界，这也就是憨山德清以"三观"解道、通过止观工夫层次而对老子之道的体认与理解。憨山在以佛观道的同时，也一定程度吸收了老子"道"的思想，将其作为佛教自家之本体、内在之佛性，为佛教的最高境界，"为佛教心性论奠定了哲学基础"①。

◇ **内圣外王之道**

老子作为道家代表人物，不仅使"道"的原始意义发生转化，使其成为一个具有了哲学内涵的形上学概念，成为道家思想的核心精髓，并为其后学——主要是庄子所继承与发展。而且，在老子，"道"除了具有哲学思辨的意义，更重要的价值指向在于其对社会政治、君王统治的政治指导意义，而作为具有政治意义的"道"，则被后世法家的韩非子所继承发展。这一具有社会政治意义的"道"也进一步为憨山德清所吸收，并将其作为儒、释、道三教会通、利生经世的重要根据之一。

在《老子》第三十七章，有"道常无为而无不为，侯王若能守之，万物将自化。化而欲作，吾将镇之以无名之朴。无名之朴，夫亦将不欲。不欲以静，天下将自正。"②即老子提出"无为无不为"的思想，作为宇宙本体而自然而然化生天地万物的道，就其自其然而然来讲，是"无

---

① 方立天：《禅宗概要》，中华书局，2011，第320页。
② 陈鼓应：《老子注译及评介》，第203页。

为", 就其所产生结果, 即化生出天地万物而言, 又是 "无不为", 即 "无为无不为" 是道的一体两面, 且因为包括人在内的天地万物都由道所变化体现, 因而, "无为而无不为" 进一步引申为人们处理事务的法则与根据, 然由于老子思想对于社会政治的强烈指向性, 进一步, "无为而无不为" 也具体化成为君主治理国家所要遵循的法则。在老子, "无为而无不为" 作为道之用、道之一体两面, 亦是道之术, 是君主治理国家的根本手段与方法, 即以无为之治理国家原则亦可达到无不为的治理效果:

> 为学日益, 为道日损, 损之又损, 以至于无为。取天下, 常以无事, 及其有事, 不足以取天下。①
>
> 我无为而民自化, 我好静而民自正, 我无事而民自富, 我无欲而民自朴。②
>
> 不尚贤, 使民不争; 不贵难得之货, 使民不为盗; 不见可欲, 使民心不乱。是以圣人之治, 虚其心, 实其腹, 弱其志, 强其骨, 常使民无知无欲, 使夫智者不敢为也。③

憨山德清在注解老子的 "无为而无不为" 的思想时, 认为:

> 所谓我无为而民自化。民果化, 则无不可为之事矣。此由无为而后可以大有为, 故无不为。是故取天下者, 贵乎常以无事也。无事, 则无欲。我无欲, 而民自正。民自正, 而天下之心得。天下之心得, 则治国如视诸掌, 此所以无事足以取天下也。若夫有事则有欲, 有欲则民扰, 民扰则人心失。人心既失, 则众叛亲离, 此所以有事不足以取天下也。无为之益, 天下希及之者, 此耳。④

憨山德清在此以 "无为" 为 "无欲", 亦是站在老子的思考角度, 站在国君治国的立场, 认为若以无欲之心行治国之道, 则治天下亦如运诸掌上, 可以得人心而取天下。憨山德清以佛教无欲、清净之自心来阐释老子

---

① 陈鼓应:《老子注译及评介》, 第 243 页。
② 陈鼓应:《老子注译及评介》, 第 275 页。
③ 陈鼓应:《老子注译及评介》, 第 67 页。
④ 憨山德清:《老子道德经解》, 第 72 页。

无为而治的思想，其内涵亦指向经世利生。憨山德清又认为：

> 道常无为而无不为，故侯王但能守之者，而万物不期化而自化
> 矣。此言守道之效，神速如此。然理极则弊生。且而物之始化也皆无
> 欲。化久而信衰情凿，其流必至于欲心复作。当其欲作，是在人君善
> 救其弊者，必将镇之以无名之朴，而后物欲之源可塞也。……盖以无
> 名之朴，镇压之而已。若欲朴之心，亦是欲机未绝。是须以静制之，
> 其机自息。机息则心定，而天下自正矣。故虽无名之朴，可用而不可
> 执，况有名乎。[1]

在憨山德清看来，万物有史以来最初都是无欲的状态，然而随着时间
的推移，"化久而信衰情凿"，有欲之心慢慢兴起，人君此时所应当做的就
是以"无名之朴"堵塞物欲之源。但憨山德清以佛教的视角又认为，虽然
人君要以无名塞物欲，然而又不可执着于无名，"无名之朴，亦将不欲"，
发生初始循环，因而，在憨山德清看来，应"以静而制群动"，如此，天
下将自正。在此，憨山进一步将佛教的清净心比之于老子的无为，从而达
到天下正的经世效果。

对于孔子的经世之道，憨山德清认为其根本在于对社会人心的教化，
使每个社会个体承担起其社会角色所赋予的责任与义务；而佛家的经世之
道，在于憨山德清为晚明佛教所建立起的人道的基石，使晚明佛教也因此
有了经世利生的价值指向；而对老子，憨山德清以为，老子"无为而无不
为"的思想即是其经世之道，因为老子无为而无不为的哲学思想其所指向
的则是外在的现实经验社会，所要达到的是一种整体的、符合治道的社会
政治效果。在憨山德清看来，老子之治道亦是以无我（清净心）为体，利
生为用。老子有无我而有经世，即是以"无为"为体，以"无不为"为
用，体用二者在此是一体两面、相互关联的，在《老子》，有"常善教人，
故无弃人；无弃人，则人皆可以为尧舜"[2]，无论是对于国家社会政治，还
是对于普遍之大众，老子都有着人道的情结、经世的抱负。在《老子》
中，经常有"为而不宰""功成而弗居"之语，亦表明了老子对人生、人

---

① 憨山德清：《老子道德经解》，第80页。
② 陈鼓应：《老子注译及评介》，第137页。

世的关怀与体贴，即其思想以哲学化的形式表达了经世利生之情怀，在此，老子之"道"与儒释二家有了在经世利生上的一致之处，此亦是憨山德清以佛学化之理路阐释老子之"道"的重要理论支撑。

◇ 憨山德清援佛入道之学术意义

自佛教传入中土以来，其与儒家，特别是道家思想的关系就甚为密切。在佛教传入的早期，由于其作为外来文化的特有属性与天然劣势，欲使其得到快速发展，就不得不依托于中国本有之儒道文化概念，通过概念之间的援引与附会以利于其在社会大众层面的理解与传播。

汉魏晋时期，牟子所作的《理惑论》作为中国学者研究佛教学术的最早成果，便很大程度上依托于黄老思想，引《老子》以伸张佛教之教义，其以问答的行文方式一定程度上反映了当时人们对于佛教所持的立场以及教义的理解：

> 问曰："何以正言佛，佛为何谓乎？"牟子曰："佛者谥号也，犹名三皇神五帝圣也，佛乃道德之元祖、神明之宗绪。佛之言觉也，恍惚变化分身散体，或存或亡、能小能大、能圆能方、能老能少、能隐能彰，蹈火不烧，履刃不伤，在污不辱，在祸无殃，欲行则飞，坐则扬光，故号为佛也。"①

> 问曰："何谓之为道？道何类也？"牟子曰："道之言导也。导人至于无为，牵之无前，引之无厚，举之无上，抑之无下，视之无形，听之无声。"②

从上述《理惑论》的观点可以看出，其对"佛""道"概念的规定与老子的无为之道并无实质性的区别。其也是以老子之道来阐述佛教之佛，然由于牟子欲以"道"作为统一儒释道三教的综合概念，因此其所说的"佛道"也即是"佛"。牟子《理惑论》无疑为早期佛教的传播与发展奠定了理论的基石，也为佛教与儒道关系的走向确定了发展的基调。然《理惑论》此根基确立的方式却是引道家、儒家基本概念附会而成，而没有从根本上为社会大众讲明佛教之为佛教的究竟所在，只是在表层上为中土引

---

① 刘立夫，魏建中，胡勇译注：《弘明集》（上），中华书局，2013，第42页。
② 刘立夫，魏建中，胡勇译注：《弘明集》（上），第45页。

入了"佛道"这一形式上的概念，在内容上仍是以中国本土的儒道思想为核心。然不可否认，此既是牟子《理惑论》的价值所在，亦是其思想的缺漏所在。因此，就佛道二者关系的总体而言，在魏晋时期，虽出现了佛道互通的局面，然而此时的学术交往大多集中体现在以道家思想概念比附佛教概念，使佛教思想更广泛地被大众所接受理解，也即"格义"的阶段。

至隋唐，佛教日益发展而与儒道二家呈三足鼎立之势，呈现了三教融合之态，此时中国的佛教宗派亦得以大量创立，佛教思想在中国得到广泛深入传播；至宋明时期，由于此时的儒家急需建构自身的本体论体系、完善自身的思想结构，当时以理学为代表的儒家思想不得不吸收借鉴佛教禅宗与道家的概念体系与思想内涵，因此当时儒家士大夫与学者普遍有出入于佛老的经历，对于三家思想都有所造诣。

南宋学者林希逸著有《老子鬳斋口义》，其以儒释道三教融合为注疏之基调，然其中亦大量援引佛教概念、佛典文献诠释老子思想。在对《老子》第四章"同其尘"的阐释中，林希逸认为："无尘而不自洁，故曰'同其尘'，此佛经所谓'不垢不净'也。"[1] 在阐释《老子》三十三章"知人者智，自知者明"时，他认为："此一句非言语所可解，自证自悟可也。"[2] 从以上林希逸借佛教对老子思想的诠释中可以看出，其大致是通过征引佛典文献来解读老子思想的概念，抑或通过借佛教中一些专属的概念，例如"悟"，来表征老子的思想。虽然林希逸以以佛解老的形式沟通了二者思想，利于佛老学术的交流，但也不可否认，概念之间的勾连与附会亦一定程度上模糊了二者之思想本身，造成了思想不清晰的障蔽。

纵观佛教在中土的发展过程，实质亦是佛教与中国本土思想不断交锋、不断融通的过程，也是佛教通过自身与儒道之间关系的变化而使自身思想不断淘洗、更新，进而中国化的过程。在这一过程中，儒释道特别是释道思想的交流与沟通对二者思想的发展产生了积极的交互作用与学术意义。在早期佛教传入之时，其借用道家的思想概念提升了佛教自身的智慧，而随着佛教在中土的传播与其自身教义的发展又反过来进一步促进了道家精神的升华。此种交互往往使二者能够有更多的思想契合点而达到更

---

① 林希逸：《老子鬳斋口义》，华东师范大学出版社，2010，第32页。
② 林希逸：《老子鬳斋口义》，第37页。

好的学术效果与更高的理论价值，也使得佛道二者本身学术思想更趋完善。然就具体的微观层面而言，就历史上众多注家以佛解老，进而沟通佛老思想的层面而言，亦不可避免地产生相应的学术问题：概念之间的附会、思想之间的比附，在沟通双方的同时亦模糊了二者的界限，而其所导致的直接后果就是概念间边界的不清造成了思想的灰色地带，既没有使老子的思想得以澄澈，又没有使佛教思想发挥出其解释沟通的作用与价值。

　　然憨山德清对于老子之"道"的佛学化诠释价值就在于其不同于以往单纯的概念之间的比附与思想之间的附会，而是对于佛老思想间的沟通做出了创新性的尝试，这对佛教中国化的发展、对老子思想研究的进一步深入都产生了积极的学术意义。首先，在以佛解道的方法理路层面：憨山德清虽运用佛教思想阐释老子之道，然其所更多关注的并非概念之间的解释勾连，而是强调思想之间的精神互通，其以唯识宗之"识"诠释老子之"道"、以止观工夫解读老子入道之要、以佛家经世利生融通老子内圣外王之道，都充分显示出憨山德清是在尊重佛老思想的基本前提下，对二者精神内核相似点进行了沟通，而非简单进行概念之间的串联，此亦体现出憨山大师对于佛学、对于《老子》精神内核把握之精准与学术功底之深厚。其次，对于佛教中国化的发展层面：憨山德清所处的晚明社会面临着佛教丛林之凋敝与社会人心之飘零的重重问题，因此对于憨山德清而言，其注解《老子》、沟通佛老之根本目的在于通过老子思想厘清佛学真正所涵，从而振兴晚明佛教，安稳人心，使佛教的现世价值更加得以凸显。而在憨山德清以佛解道的过程中，实也是对佛教中国化的进一步促进，即以道家老子之思想作为连接大众与佛教之媒介，为佛教开拓更广阔的发展空间，为佛教树立起积极入世的社会形象。最后，在对老子思想研究的层面：憨山德清借引佛教思想阐释老子之道，然学术之间的交流往往是相互的，在促进佛教进一步中国化的过程中，其实质亦是对老子思想的再探索、对其义理的再生发的过程，如此有利于进一步挖掘《老子》思想的研究深度与拓展《老子》思想的发展空间。

　　综上而言，在对老子之"道"的解读过程中，憨山德清以其佛学本位的理论基础与立场对老子之"道"及其入道工夫做出了合理的佛学化诠释，对二者精神内核的沟通亦做出了创新性的尝试，而非简单的概念罗列、思想比附。憨山德清在前人解老基础上进一步推动了佛教中国化的发展、进一步深化了《老子》思想的研究成果，由此而产生了积极的学术意义与价值。且在阐释《老子》之"道"的过程中，憨山德清也自然地将儒释道三教的思想在经世利生的层面上得以会通，充分体现出憨山德清作为晚明佛学大师的佛学体悟功力与入世情怀，为佛教更好地下贯至社会大众之中奠定了学理上的基础。

小 结

憨山德清作为晚明四大高僧之一，以其佛学思想的理论背景，在晚明社会的特殊时代走向与晚明丛林亟须振兴的要求下，自觉地担当起这一安稳人心、中兴禅学的重任，自觉对儒家经典诸如《中庸》《大学》、对道家经典《老子》《庄子》进行了佛学化的解读阐释，以期沟通儒释道三家思想，稳定社会，整肃丛林。就思想本身而言，憨山大师的这种研究方法不仅使我们对儒道经典有了进一步的深入理解，而且使我们对于佛教思想也有所掌握，且不失原文本有之意涵，又增加了佛学特色，利于儒释道三家思想的长远发展；就时代背景而言，憨山注解儒道、会通三教，对于当时晚明丛林的振兴与发展都是有所助益的，特别是其以经世利生思想融贯于儒释道思想之中，对于晚明人心的安顿、社会的发展都起到了积极的作用；憨山大师对佛教经世利生的解读诠释使得佛教得以以更加主动的姿态契入人间社会、融入儒家思想；其对于道家思想的解读不仅把握了其中之真精神，其援佛入道的治学方法也为儒释道三教的会通提供了重要理论支撑。

憨山德清以禅化儒、援佛入道的学术研究理路使得儒释道三家思想在保有原本意义的基础上得到了沟通，对晚明社会的发展与佛教的经世化都产生了积极的影响，对后世学者的研究及佛学的发展及佛学与儒道二者的关系走向，都产生了积极的意义与价值。且憨山德清儒释道三教会通思想为其晚年所著《庄子内篇注》奠定了坚实的学理与思想基础，成为《庄子内篇注》著成的内在思想基石。

第二章　齐物与逍遥

第一节　齐物以至逍遥：心与己的消解

在《逍遥游》篇中，庄子为我们寻找到一条通向逍遥的道路，即"乘天地之正""御六气之辩"。遵循天地之规律、顺乎六气之变化意味着我们与自然相冥合而回复到人之自然的状态。《老子》二十章有言"沌沌兮，如婴儿之未孩"①，在婴儿的状态，我们还没有彼我之分辨，亦没有生死之计较，"婴儿之未孩"处于一种混沌的状态，由于其没有独立个我的意识，其当然所要做的也就是按自然规律生存——循乎自然之理、顺乎自然之性，处于此混沌未明的状态，外在世界本身亦无涉于他。然而我们亦不能说婴儿的混沌状态即是庄子所谓的逍遥状态，原因在于逍遥是属人的逍遥。人与婴儿的差别就在于人已然作为独立的个我有了自我的意识，必然存在于有着人与人之间关系的人间世中而处于动态的存在状态，因而庄子在人之为人的前提下希冀人能够复归于婴儿、达到顺乎自然之情的"无功""无名"以至"无己"的境界，其中的难度可想而知。

逍遥的境界是需要人不断做减法、不断剥落自我、不断回归本真的过程，而非简单是混沌的起点，这是自明而非未明的境地。庄子的逍遥之境或许确如婴儿之无分辨、无计较的状态，然而二者又确乎有着不能与不会的差别。因此，庄子所谓的"逍遥游"，其所根本设定的存在空间即在于世间之中，而非出世与离世。也即庄子所探讨的逍遥，问题域在于世间；

---

① 陈鼓应：《老子注译及评介》，第 45 页。

庄子所找寻的逍遥，最终也是予人的逍遥，是为处于人间世之中的我们所找寻的无何有之乡、广漠之野，庄子"逍遥游"的落脚点自始至终都未离世间。

然而在冰冷而无奈的人间世中，逍遥应如何得以兑现？在庄子，自然不希望如狸狌般惴惴不安、过于地紧张与彷徨，结果不免于"中于机辟，死于罔罟"的悲剧。由此可以肯定，庄子之逍遥不仅是一种形体上的自由与无拘束，更是一种心灵的淡泊与安宁，抛却功与名之外在负累、舍却自我戒慎恐惧之内在牵绊，心灵便得以松弛，而生命亦可以还原本真而得以保全。因此，无己确乎是逍遥游得以可能的根本前提。

> 今子有大树，患其无用，何不树之于无何有之乡，广莫之野，彷徨乎无为其侧，逍遥乎寝卧其下。①

自我的剥落与下放并不意味着对生命的悲观与消极，相反，庄子告诉我们，我们大写的生命才真正开始。

如果说庄子在《逍遥游》篇中所解决的是自我内在生命的问题，那么在《齐物论》篇中，庄子的眼界进一步外扩，所要解决的则是人应如何对待处理人与外在世界关系的问题。《逍遥游》侧重于纵向的通过对自我成心的消解与下放而达到心灵与生命的自由境界，在一定程度上，《齐物论》亦可视为在《逍遥游》基础上进一步的延续与扩展，即《齐物论》亦是横向的通过对心灵的把控而展现内在与外在的张力，使得我们处于与外在世界的对待中亦知晓生命的意义而不至于迷失自我。

在庄子，由于人间世问题域的预设，我们必然处于世界万物之中而与外在世界相对待。既然是相对待，我们作为独立存在的个体，亦似乎当然地有了对外在世界与事物评价的理由，因而在庄子之时代，也就有了儒墨之是非：

> 夫言非吹也，言者有言。其所言者特未定也。果有言邪？其未尝有言邪？其以为异于鷇音，亦有辩乎？其无辩乎？道恶乎隐而有真伪？言恶乎隐而有是非？道恶乎往而不存？言恶乎存而不可？道隐于

① 郭象注，成玄英疏：《庄子注疏》，第21页。

小成，言隐于荣华。故有儒墨之是非，以是其所非而非其所是。欲是其所非而非其所是，则莫若以明。①

然而在庄子看来，语言评价与风吹众窍是不同的，风吹众窍毕竟是自然而然，而非人为设定，此亦是地籁与人籁的差分。然则有了言，自然就含有人之成心，有了成心，自然也有了好恶之不同，好恶之不同也就有了是非之辨，然则如此是非之中我们又该做如何选择？似乎我们进入了语言的怪圈而不得其道。因而庄子亦有"六合之外，圣人存而不论；六合之内，圣人论而不议"之语，对于人所处的世界之外，圣人只是保留问题，而不做讨论；对于人所处之世间，圣人亦只是讨论问题，而不做评价。此亦是"辩"与"怀"的差异：

　　故分也者，有不分也；辩也者，有不辩也。曰："何也？""圣人怀之，众人辩之以相示也。故曰：辩也者，有不见也。"夫大道不称，大辩不言，大仁不仁，大廉不嗛，大勇不忮。②

此即说明，物论之所以不齐根本在于人之成心的显现。本着内心的好恶来评判外在事物，必然会顾此失彼，而有所缺漏，因而事物的本真会被遮蔽、自我会迷失不知所从，因此"辩也者，有不见也。"而圣人本着道通为一、"物固有所然，物固有所可。无物不然，无物不可"的态度怀藏万物之差分而和之以天倪，使得万物得以齐一。也即在庄子看来，在人处理与外在世界、外在事物的关系时，我们要本着"以道观之""以天照之"的视角、明了世间本然之分际而处于一种不动心即无心的状态，我们才可以物物而不物于物，真正体贴大道精神。

综上，《逍遥游》与《齐物论》在确证生命的意义上得到了统一。我们身处复杂冰凉而无所逃避的人间世，只有通过自我的消解与下放才能真正解脱自我的束缚与牵累而使心灵得以自由、精神得以安宁而游于逍遥之境；同样，在必然的人与外在世界的对待关系中，我们如何才能不追逐于外物而陷入是非的彷徨，关键在于心灵的剥落，即我们必须使心灵得以安

---

① 郭象注，成玄英疏：《庄子注疏》，第 33～34 页。
② 郭象注，成玄英疏：《庄子注疏》，第 47～48 页。

宁寂然，在不动心的前提下方能在大千世界中坚守自我、与物冥合，如此不累于外物的心灵也就得到了自由。因而，庄子的《逍遥游》与《齐物论》分别从纵向与横向两个方面向我们确证了心灵的自由与生命的意义。亦可说，《逍遥游》与《齐物论》二者互相发明，齐物而逍遥，逍遥而齐物。

第二节　忘己

在《逍遥游》篇中，庄子侧重于通过至人、神人、圣人三者对己、包括对己之外在事物，即功名的不同看法，来体现逍遥境界的三种不同层次，分别是无名、无功、无己，然此三者于逍遥境界又是互通的，因为处于无功、无名之状态的"我"亦是无己的；无己的"我"当然亦是无功而无名的。然三者之根本仍在于无己，庄子透过对己的消解与下放展现出逍遥于心灵与精神层面的轻盈与上升，通过上与下的张力再现生命之重、逍遥之必要。在憨山德清《庄子内篇注》对《逍遥游》篇的阐释中，亦言："唯大而化之之圣人，忘我、忘功、忘名，超脱生死，而游大道之乡，故得广大逍遥自在，快乐无穷。"[1]

一　庄子之逍遥义的转向

《庄子》内七篇篇名[2]皆不同于其外杂篇篇名，因其都为庄子所自取，而非如外杂篇仅取正文首字，如此，内篇相较于外杂篇而言对于庄子学研

---

[1]　憨山德清：《庄子内篇注》，崇文书局，2015，第10页。

[2]　刘笑敢在其《庄子哲学及其演变》一书中，对内篇的篇题问题亦有所讨论，认为"《庄子》内七篇的篇题都是比较稀奇的三个字，这在先秦古籍中是比较少见的，有的学者据此说明内七篇作于汉代，有的学者认为内篇大体是庄子所作，但篇题是汉代淮南王刘安及其门客所加，如张恒寿先生认为'先秦诸子基本上是以两个字为篇名的'，……"然刘笑敢认为，"事实上，以三个比较稀奇的字作标题，在历史上总要有一个开始，如果认为这是开始于《庄子》，也不是没有理由的。庄子著书，以'恣纵''假诡'为特点，是他开创了以三个字作标题的先例也是可以理解的。"见刘笑敢《庄子哲学及其演变》，中国人民大学出版社，2012，第48页。笔者在此处也较赞同刘笑敢之观点，认为《庄子》内七篇之篇目亦为庄子自己所作。

究也就更有不同意义。篇目问题涉及内外杂篇年代早晚的问题①，笔者在此亦不多加涉及。然仅就内篇篇目皆从庄子所自取而论，欲理解庄子《逍遥游》篇的意旨，首先应对"逍遥游"义做充分考察。

"逍遥"亦可作"逍摇"或"消摇"，最早可见于《诗经》《楚辞》，《诗经》中就有"二矛重乔，河上乎逍遥"②；《楚辞·九章》中亦有"去终古之所居兮，今逍遥而来东。"《离骚》有"欲远集而无所止兮，聊浮游以逍遥。"③《文选·司马相如》有"夫何一佳人兮，步逍遥以自虞。"④《史记·孔子世家》有"子路死于卫。孔子病，子贡请见。孔子方负杖逍遥于门，曰：'赐，汝来何其晚也？'"⑤苏轼的《白雪遗音·八角鼓·游学》中，有"游学访道，快乐逍遥，名利二字尽皆抛。"⑥可见，"逍遥"是一种优哉游哉、悠游自在、形体不受拘束与束缚的自由、随意的状态。"游"字在《尔雅·释水》中，有"顺流而下曰溯游"⑦；在《诗经·秦风》中，有"溯游从之，宛在水中央"⑧；《尚书·考灵曜》中，有"地有四游，常动而人不知。又玩物适情之意。"⑨《礼记·少游》有"依于德，游于艺"⑩；陶渊明《归去来兮辞》中亦有"息交以绝游"之句；苏轼《超然台记》中，亦有"彼游于物之内，而不游于物之外。"⑪从以上列举中，可以看出"游"作为动词来讲亦是一种自是、自由的状态，是一种行

---

① 刘笑敢在其《庄子哲学及其演变》一书中，将当前学术界对内外杂篇争论之早晚问题归结为以下四种不同观点：一，认为《庄子》内篇早于外杂篇，肯定内篇为庄子所作。自王夫之以来多数学者持此观点。二，认为《庄子》内篇晚于外杂篇，外杂篇是庄子所作。此说以任继愈先生为代表。三，认为《庄子》内篇与外杂篇已被晋人郭象搞乱，研究庄子思想应以《逍遥游》《齐物论》二篇为依据，打破内外杂篇的界限来选择有关资料。此说以冯友兰先生为代表，但冯先生没有指明到底哪些文章是与《逍遥游》《齐物论》相一致的。四，认为《庄子》一书基本上是庄周的著作，对《庄子》内篇与外杂篇不必加以区分。见刘笑敢：《庄子哲学及其演变》，第25页。
② 程俊英：《诗经译注》，上海古籍出版社，2015，第119页。
③ 屈原等：《楚辞》，北京燕山出版社，2014，第17页。
④ 萧统编，李善注《文选》，上海古籍出版社，1986，第1120页。
⑤ 司马迁：《史记》，第1007页。
⑥ 王水照选注《苏轼选集》，上海古籍出版社，2014，第107页。
⑦ 郭璞注《尔雅》，浙江古籍出版社，2015，第28页。
⑧ 程俊英：《诗经译注》，第89页。
⑨ 《尚书》，中州古籍出版社，2015，第78页。
⑩ 《礼记》，中州古籍出版社，2015，第115页。
⑪ 王水照选注《苏轼选集》，第65页。

动上的松弛与无拘束。因此从以上"逍遥""游"的传统意义向度来看，"逍遥"与"游"在意义上是互摄的，在广泛的意义上都是描述外在的行动或形体自由自在、无拘束的状态。

然在庄子处，其"逍遥游"的意涵已然不再局限于外在形体的无束缚状态，而在更深层的意义上进一步丰富了"逍遥游"的意涵，由外向内发生了根本的转向。

欲知晓何谓庄子"逍遥游"，我们首先从达致"逍遥游"的理路向前推衍。在庄子，"逍遥游"达致的关键在于"乘天地之正，而御六气之辩"。然如何方能达致，庄子给予了我们解决问题的答案，即身处世间的我们如何才能回复到婴儿无差分、无计较的状态而达到逍遥的境界，根本在于"至人无己""神人无功""圣人无名"。

首先，我们要放弃对于名的执着。

> 尧让天下于许由，曰："日月出矣，而爝火不息，其于光也，不亦难乎！时雨降矣，而犹浸灌，其于泽也，不亦劳乎！夫子立而天下治，而我犹尸之，吾自视缺然。请致天下。"许由曰："子治天下，天下既已治也，而我犹代子，吾将为名乎？名者，实之宾也，吾将为宾乎？鹪鹩巢于深林，不过一枝；偃鼠饮河，不过满腹。归休乎君，予无所用天下为！庖人虽不治庖，尸祝不越樽俎而代之矣。"①

其次，我们要舍断对于功的迷恋。

> 肩吾问于连叔曰："吾闻言于接舆，大而无当，往而不返。吾惊怖其言犹河汉而无极也，大有径庭，不近人情焉。"连叔曰："其言谓何哉？""曰'藐姑射之山，有神人居焉。肌肤若冰雪，淖约若处子；不食五谷，吸风饮露；乘云气，御飞龙，而游乎四海之外；其神凝，使物不疵疠而年谷熟。'吾以是狂而不信也。"连叔曰："然，瞽者无以与乎文章之观，聋者无以与乎钟鼓之声。岂唯形骸有聋盲哉？夫知亦有之。是其言也，犹时女也。之人也，之德也，将旁礴万物以为一，世蕲乎乱，孰弊弊焉以天下为事！之人也，物莫之伤，大浸稽天

---

① 郭象注，成玄英疏：《庄子注疏》，第12～14页。

而不溺，大旱金石流、土山焦而不热。是其尘垢秕糠，将犹陶铸尧舜者也，孰肯以物为事！"①

名与功对于身处人间世的我们来说，往往会成为我们身外之负累，而我们又不得不对此亦步亦趋，使我们不断以功名为用的角度来对待外在世界，而忘却了自我真正的需要。尧让天下于许由，许由难道真的需要治天下的美名吗？庄子借许由之口给予了最好的回答："鹪鹩巢于深林，不过一枝；偃鼠饮河，不过满腹"。庄子在名与实之间，告诉我们什么才是真正重要的，那些外在的负累只会让我们最终寸步难行。鹪鹩需要的只是那一枝的栖身之所，给予它全部的森林，它会真的高兴吗？鼹鼠需要的也只是那一口的饱腹之水，给予它整条的河流，它又会真的快乐吗？名对于许由或庄子而言亦是如此，是"无所用天下为"的。对于藐姑射山之神人，庄子描述其为"不食五谷，吸风饮露""乘云气，御飞龙"，确有着逍遥自由的神韵，然关键在于其"使物不疵疠而年谷熟"，有着"生而不有，为而不恃，功成而弗居"②的大气象。在肩吾看来是狂而不信的话，在庄子看来则是问题的关键，因为"之人也，物莫之伤"，即外物对于此神人来说，并不能发生什么作用与影响，也即外在世界对于此神人来说是无关于己的存在，因而"使物不疵疠而年谷熟"也是自然之当然而与"我"无涉，并非所谓的"弊弊焉以天下为事"。因而，功名对于神人与庄子，确乎是不动心的存在。

然庄子的逍遥，是世间的逍遥，因而彼世与彼时便是庄子文字思想之幕布背景，处于乱世乱时，在庄子看来，名与功确乎都是身外之负累，我们首先要保全的就是自我的生命，此亦是"为善无近名""为恶无近刑"③，身处此冰凉之世间，退却，似乎也就成为生命之必然；逍遥，亦必须以生命为根本前提。因此，除却功与名，欲最终达到逍遥之境地，自我本身也就成为我们不可能逃避的话题，我们如何能于无道之世而全生逍遥，此即"至人无己"。

在庄子，自我是比功与名更为根本的负累与牵绊，有了自己与自我的

---

① 郭象注，成玄英疏：《庄子注疏》，第 14~17 页。
② 陈鼓应：《老子注译及评介》，第 23 页。
③ 郭象注，成玄英疏：《庄子注疏》，第 64 页。

意识，便有了计较与纷乱。此是庄子与儒家思想的一大不同处，在儒家看来，"己欲立而立人，己欲达而达人"，"我欲仁，斯仁至矣"，"子帅以正，孰敢不正"……自我人格的挺立、自我个性的张扬，亦是个体自我完善的必须、政治主张得以推行的助益。然在庄子，逍遥游得以实现的最根本处仍在于对自我的剥落、下放以至消解。

> 庄子曰："子独不见狸狌乎？卑身而伏，以候敖者；东西跳梁，不避高下；中于机辟，死于罔罟。"①

因此，相比于"逍遥游"传统意义的向度，庄子将"逍遥"之意涵植根于人更加深层的心灵层面，即较之形体上的逍遥，庄子的"逍遥"更加侧重于心灵与精神的自由与无拘状态。然此种心灵的悠游状态在庄子看来亦不是物物皆可达致。

郭象在其《庄子注》中阐释"逍遥游"，认为：

> 夫小大虽殊，而放于自得之场，则物任其性，事称其能，各当其分，逍遥一也，岂容胜负于其间哉！②

在郭象看来，事物纵有小大之别，但只要物物都能尽自己的性分，都能达到逍遥之境，且所达到的逍遥是同一而没有差分的。然在《逍遥游》原文中，庄子明确提出"小知不及大知，小年不及大年"，"小大之辩"在逍遥境界上的高低差别是确当而不容忽视的，因为庄子所认同的逍遥是"无己""无功""无名"的，是将人外在的种种无限下放、将人心灵与精神无限剥落而透彻出心灵之虚空与纯粹，从而达到自由、自在、自适的状态。然能够达到这种境界与状态的在庄子的描绘中只有大物，如鹏、大瓠、大树，或许因为只有大的事物才能看得高远、才能抽离自身，无所凭借地来观照世界，才能不局限于自身形骸而有精神之超脱。也或许正是因为大物有着形体上的拘碍，方能在此凸显其心灵与精神的悠游，也即在庄子，逍遥并非形游，而是心游。然刘孝标在《世说新语·文学》中注引向秀、郭象《逍遥义》，亦认为：

---

① 郭象注，成玄英疏：《庄子注疏》，第21页。
② 郭象注，成玄英疏：《庄子注疏》，第2页。

夫大鹏之上九万，斥鴳之起榆枋，小大虽差，各任其性，苟当其分，逍遥一也。然物之芸芸，同资有待，得其所待，然后逍遥耳。唯圣人与物冥，而循大变为能，无待而常通，岂独自通而已！又纵有待者，不失其所待，不失则同于大通矣。①

此处，刘孝标认同郭象之有待的逍遥，只要物任其性，逍遥一也。清王夫之亦本之于郭象之足性逍遥，认为：

寓形于两间，游而已矣。无小无大，无不自得而止。其行也无所图，其反也无所息，无待也。无待者，不待物以立己，不待事以立功，不待实以立名。小大一致，休乎天钧，则无不逍遥矣。逍者，向于消也，过而忘也；遥者，引而远也，不局于心知之灵也。故物论可齐，生主可养，形可忘而德充，世可入而害远，帝王可应而天下治，皆吻合于大宗以忘生死；无不可游也，无非游也。②

对于郭象所理解、刘孝标所认同、王夫之所追随的足性逍遥，支遁却不赞同，对《逍遥论》他认为：

夫逍遥者，明至人之心也。庄生建言大道，而寄指鹏鴳。鹏以营生之路旷，故失适于体外；鴳以在近而笑远，有矜伐于心内。至人乘天正而高兴，游无穷于放浪。物物而不物于物，则遥然不我得；玄感不为，不疾而速，则逍然靡不适。此所以为逍遥也。若夫有欲当其所足，足于所足，快然有似天真，犹饥者一饱，渴者一盈，岂忘烝尝于糗粮，绝觞爵于醪醴哉！苟非至足，岂所以逍遥乎！此向郭之注所未尽。③

在支遁看来，鹏虽大而飞至高远，然仍累于体大而不得逍遥；斥鴳以其小而嘲笑大鹏飞得高远，仍受自身内心的牵累，亦不得逍遥。支遁在此抓住了问题的重点，即至人之所以能够达到逍遥之境，原因在于其"物物而不物于物"，即至人能够不被外物所束缚，是主动地物物而非被动地受

---

① 刘义庆，刘孝标：《世说新语》，第 56 页。
② 王夫之：《老子衍庄子通庄子解》，第 67 页。
③ 刘义庆，刘孝标：《世说新语》，第 72 页。

外物役使，如此方能"乘天正""游无穷"。然若按照郭象适性之逍遥，则物无论小大只要满足自身之性分就能达到逍遥，则"桀、跖以残害为性，若适性为得者，彼亦逍遥矣。"① 如此确是郭象所未及之处。

正是因为庄子对"逍遥游"义不同于传统维度的诠释，使得"逍遥"义的现实意义更加突显，即在庄子，逍遥并非形体上的简单突破，而更上升为一个心灵精神层面的问题，且此问题亦关系着人之为人者；逍遥之心游并非人人物物皆可达致，其在根本处是无待而无己的，这也就需要人自身的突破。然也正因为庄子对于"逍遥"义的再发现，引发了后世治庄学者对于"逍遥游"的深入思考，对"逍遥游"心灵精神层面的解读阐发亦成为主流思潮。唐陆德明认为："逍遥游者，篇名，义取闲放不拘，怡适自得。"② 罗勉道认为："神游寥廓，无所拘碍，是谓逍遥游。"③ 唐释湛然《止观辅行传弘决》引王叔夜，认为：

> 逍遥者，调畅逸豫之意。夫至理内足，无时不适；止怀应物，何往不通。以斯而游天下，故曰逍遥。又曰：理无幽隐，消然而当，行无巨细，摇然而通，故曰消摇。……逍遥游者，篇名，义取闲放不拘，怡适自得。④

以上学者的理解皆贴合庄子逍遥的大义，"怡适自得""神游"不局限于外在形骸，亦对内在有所关注，即"至理内足""止怀应物"，如此"无是不适""何往不通"而得逍遥之境。庄学史上历代注庄大家在深切领会庄子"逍遥"大意的基础上，本着本人之学术所向而对"逍遥"意涵有所延伸扩展，做出了不失庄子精神的理解与诠释。林希逸即以以儒解庄的方法理路，将庄子"逍遥游"与孔颜乐处相结合，认为：

> 游者，心有天游也；逍遥，悠游自在也。……此之所谓"逍遥游"，即《诗》与《论语》所谓"乐"也。⑤

---

① 蓝吉富主编《禅宗全书》，第 2108 页。
② 陆德明：《经典释文·庄子音义》，上海古籍出版社，2013，第 764 页。
③ 罗勉道：《南华真经循本》，中华书局，2016，第 32 页。
④ 郭庆藩：《庄子集释》，中华书局，2015，第 2 页。
⑤ 林希逸：《庄子鬳斋口义校注》，中华书局，2012，第 21 页。

林希逸的逍遥义亦得庄子精神，然其不免以儒家思想荡漾其中，以孔颜之乐比于庄子之逍遥。周拱辰从庄子之训世的角度对"逍遥"做出了独特理解，他认为：

> 吾谓庄首《逍遥》，非岂谓高旷人作书稿，亦非仅仅自写心胸，奇人著书以训世耳。南华老人盖欲以快活散度尽蚁国中人也。今夫逍遥游者，何游乎？游乎天下也。又必丧其天下，乃可以善游而无困。若乃乡国六宇者，游之场也；小大、修短、荣辱、非笑者，游之态也；聚培后积，有无待者，游之资粮也；纵横出入，我能用一世，而世无能用我者，游之渊识、游之魄力与游之远也。①

钱澄之本于《庄子》一书全貌而对庄子"逍遥游"做出了整体的观照，认为：

> 《易》之道尽于时，庄之学尽于游。时者入世之事也，游者出世之事也。惟能出世，斯能入世；即使入世，仍是出世。古德云：我本无心于事，自然无事于心。斯妙得游之旨乎！七篇以《逍遥游》始，以《应帝王》终。谓之应者，惟时至则然也。又曰应而不藏，此其所以为游，此其所以逍遥欤？②

出世而入世，入世而出世，必不止于形体之游，钱澄之所理解的逍遥游义亦在心上做文章，即心游而非形游，将《庄子》内七篇全然打通，自有其理解的妙处。近人胡朴安对于《庄子》"逍遥游"本意的把握、对其于全书的影响都做出了总结性的诠释：

> 庄子之学，以虚无为体，以静寂为用，以自然为宗，以无为为教。逍遥游者，游于虚无之乡，寂静一任其自然，无为而无不为也。……此篇为第一篇，统括全书之意，逍遥物外，任心而游，而虚无、寂静、自然、无为之旨，随在可见。能了解此意，《庄子》全书即可了解。③

---

① 王钟翰主编《四库禁毁书丛刊》，北京出版社，2000，第 543 页。
② 钱澄之撰，殷呈祥校点《庄屈合诂·庄子内七诂》，黄山书社，2014，第 33 页。
③ 胡朴安：《胡朴安讲文献》，凤凰出版社，2011，第 170 页。

胡朴安认为《逍遥游》一篇可统摄《庄子》全书，点明《庄子》虚无、寂静、自然、无为之旨。

然注家在阐释理解《庄子》精神意涵的同时，亦不免有深入文中字句、从中抽丝剥茧的解读方法理路，刘凤苞即抓住"逍遥游"一"大"字，认为：

> 开手选出"逍遥游"三字，是南华集中第一篇寓意文章。全副精神，只在乘正御辩以游无穷，乃通篇结穴处。却藉鲲鹏变化，破空而来，为"逍遥游"三字立竿见影，摆脱一切理障语，烟波万状，几莫测其端倪，所谓洸洋自恣以适己也。……起手特揭出一"大"字，乃是通篇眼目。大则能化，鲲化为鹏，引起至人、神人、圣人，皆具大知本领，变化无穷。至大瓠、大树、几于大而无用，而能以无用为有用，游行自适，又安往而不见逍遥哉！①

刘凤苞所理解逍遥义的眼目在于一"大"字，此亦代表了庄学史中部分注家的观点。"大"确乎是庄子《逍遥游》篇的关键，却不在根本。原因在于所谓的"大"只能作为逍遥的客观条件，大则能化，鲲化为鹏，大鹏飞至九万里高空方能有旷达视野、豁达心胸，然其于逍遥，亦有未足。大鹏仍是有待的，其必有厚积之风，方能负大翼而飞。因此，"大"之于形体在另一层面亦意味着负累与下坠。因此庄子通过鹏"抟扶摇而上者九万里"之高飞，展现空间之"大"，通过上古大椿"以八千岁为春，八千岁为秋"来展现时间上的"大"，如此庄子意在从纵向与横向上拓展人的视野、提升人的境界以突破人自身的有限性，此亦是逍遥心游的关键所在。而至人、神人、圣人之所以能够无往而不逍遥，关键在于其无己、无功、无名，不以用的眼光看待世界，而非如刘苞安所说其"具大知本领，变化无穷"。

在《庄子·逍遥游》中，"逍遥游"是"怒而飞"，是"乘天地之正，而御六气之辩，以游无穷者，彼且恶乎待哉"，是"鹪鹩巢于深林，不过一枝；偃鼠饮河，不过满腹"，是"乘云气，御飞龙，而游乎四海之外，其神凝，使物不疵疠而年谷熟"，是"以为大樽而浮乎江湖"，是"彷徨乎

---

① 刘凤苞注，方勇点校《南华雪心编》，中华书局，2013，第20页。

无为其侧，逍遥乎寝卧其下"。在庄子，"逍遥"不仅仅是一种外在形体的悠游自在，更是一种内在心灵与精神的充盈安宁。通过以上注家对"逍遥游"的阐释，可以明确在此处，庄子使"逍遥"的含义逐渐内化为一种精神上的丰富状态，使其含义更加饱满而富有张力，即使外部环境不足以使我们得到身体上的自由，然而在心灵中，我们亦可以开辟出属于我们自有的另一空间，此空间即是由心灵无限外扩而成的一个精神不断升华的所在，使我们人生境界得以提升而有大视野，在这里，逍遥非形游而是心游。庄子在《逍遥游》中为我们所描绘的大都是现实不可再现的画面，如怒飞的大鹏、吸风饮露的神人、实五石的大瓠、臃肿而不中绳墨的大树，从如此意象延伸出的必定不是外在形体的逍遥，而是在艰难的人间世中、在有无限可能的精神中所开辟出的另一种生命的自由状态，此即心灵之逍遥、精神之悠游。也即《让王》篇所说：

> 余立于宇宙之中，冬日衣皮毛，夏日衣葛絺，春耕种，形足以劳动；秋收敛，身足以休息。日出而作，日入而息，逍遥于天地而心意自得。[1]

综合以上庄学史主要注家对"逍遥游"义的阐释，可得庄子以"逍遥游"三字作为内篇首篇篇题，不仅意在生命最终的价值指向，更为同处人间世的我们指出了生命的另一种向度，即心灵与精神的自由自在、不为外物所束缚依待的逍遥境界。

二 逍遥：无碍解脱

晚明佛学大师憨山德清在其《庄子内篇注·逍遥游》总论中，以佛学之路向对庄子逍遥游做出了不失庄子精神的诠释。憨山德清认为：

> 逍遥者，广大自在之意，即如佛经无碍解脱。佛以断尽烦恼为解脱，庄子以超脱形骸、泯绝智巧、不以生人一身功名为累为解脱，盖指虚无自然为大道之乡，为逍遥之境，如下云"无何有之乡""广莫之野"等语是也。……故此篇立意，以"至人无己，神人无功，圣人

---

[1] 郭象注，成玄英疏：《庄子注疏》，第504页。

无名"为骨子,立定主意,只说到后,方才指出,此是他文章变化鼓舞处。学者若识得立言本意,则一书之旨了然矣。①

在憨山德清处,庄子之逍遥即佛经之无碍解脱。所谓"解脱",在憨山大师处即为"断尽烦恼",在佛教的意义上,解除烦恼的束缚也就意味着摆脱生死的轮回。唐代之窥基大师对此有明确的阐释:

> 由烦恼障,缚诸有情,恒处生死。证圆寂已。能离彼缚,立解脱名……解谓离缚,脱谓自在。②

因此所谓的"解脱"也即脱离生死等的束缚与痛苦而得自在之意;"无碍"③ 也即没有障碍而通达自在。憨山德清将佛家的无碍解脱比之于庄子的无待逍遥。

◇ 庄子之 "逍遥" ——无己

《逍遥游》作为《庄子》内篇之首,在开篇中,庄子为我们描绘了一幅壮阔而神奇的场景:不知有几千里之大、名为鲲的鱼瞬化为其背不知几千里大的鹏鸟,此鸟"怒而飞","其翼若垂天之云"。这是一幅自下而上、由游而飞的不断向上的画面,由鲲而鹏的变化从宏观上为我们展现了逍遥游的主旨大意,在庄子看来,这不仅仅是由鱼化鸟的外在形态的转换,更是自下而上的内在视域的外扩。因为只有在天际,我们才可以抽离出自己而俯瞰我们生活的世间,我们才可以忘却身外担负而关注我们自身的心灵,才能以新的视角去思考我们精神所真正需要的安放之所。天际毕竟是不现实的,对于子之爱亲、臣之事君而无所逃于天地之间的我们来说,世间是我们不可不依存且必然要在此终了一生的地方,庄子在此处为我们无可奈何的人生提供了另一种可能,即我们自下而上境界的超脱、心灵的放达,从而达到一种无成心、无待的状态,在喧闹的世间抽离出自我,外在的功名,包括形骸在内都应无限地被下放,使得心与天游而得逍遥之境。

---

① 憨山德清:《庄子内篇注》,第 3 页。
② 释窥基:《续修四库全书·成唯识论述记》卷一,上海古籍出版社,1995,第 286 页。
③ "无碍"出自汉扬雄《法言·君子》:"子未睹禹之行水与? 一东一北,行之无碍也。君子之行,独无碍乎?";"无碍"亦作佛教用语,即通达自在而没有障碍。《法言》,中华书局,2012,第 311 页。

因此，逍遥游也许是庄子自己所向往的无何有之乡、生命的归处。然身处逍遥之境，庄子在无奈中亦必饱含深情：无奈于冰凉之世间，深情于自由之心灵。

在庄子看来，即便是其翼若垂天之云的大鹏，飞至南冥的过程亦不是轻松自如的，需"水击三千里，抟扶摇而上者九万里"，而这种种上升飞行动作完成可能的决定因素在于外在自然之风，如果风之积也不厚，亦不能承受起其垂天之云的大翼，因此，于大鹏而言，其之所以能够在九万里之上的天空翱翔必须依待于风的厚重，否则亦不能背负青天而图南。而对于蜩、学鸠、斥鷃之属而言，在讥笑大鹏高飞图南之时，亦显示出其内在的狭小与局限，正如朝菌永远不会知道早晚之别、蟪蛄亦不懂得春秋之分，在这小大之间，庄子发出"不亦悲乎"之叹。然而，在庄子，即便是如宋荣子这样能够区分内外之别、分辨荣辱之界的人，亦有未能树立的；列子虽御风而行，然亦犹有所待，"必至于御六气以游无穷，斯为至也"①。因而在庄子看来，逍遥有能至与不能至的界限，逍遥之境界亦非物物都可达致。

对于身处人间世的我们来说，逍遥之境如何才能达致？何人才能达致？庄子给出答案："若夫乘天地之正，而御六气之辩，以游无穷者，彼且恶乎待哉！故曰：至人无己，神人无功，圣人无名。"②

然功名亦属身外之物，因此庄子笔下的许由当然不会接受尧所让之天下，其言"名者，实之宾也"，许由所期望的亦如庄子所向往的，"鹪鹩巢于深林，不过一枝；偃鼠过河，不过满腹"，如成玄英所言"四海之尊，于我无用，九五之贵，予何用为！"欲达致逍遥境界，在庄子，"无名"似乎是前进的第一步，我们必须忘却外在之名，才能远离世间负累。而对于"功"的态度，亦是如此，"世蕲乎乱，孰弊弊焉以天下为事"！庄子深刻体会到人间世的复杂与无奈，因而面对纷乱的世间，生命应该是我们应首要保全的，如此精神与心灵上的自由才可能达致，如若认识不到这一点，而汲汲于外在的功名，生命必将无法安放，逍遥亦难有成就的可能。庄

---

① 褚伯秀：《庄之义海纂微》，第8页。
② 郭象注，成玄英疏：《庄子注疏》，第11～12页。

子进一步深入问题的核心，人之所以追逐功名，其根本在于人之贵己①，正因为有"己"的牵绊，心灵才时刻处于紧张的状态，形体乃至心灵因此处于威压之下而固化冻结，逍遥又如何可能？因而相对于功与名，在庄子看来，欲达致逍遥之境，对"己"的"刻意"似乎是所要解决的更为根本的问题。因此，在惠子与庄子的对话中，我们可以看到，对于魏王所赠大瓠之种，惠子亦是站在自我的角度对大瓠做了种种考量，最终认为"吾为其无用而掊之"，然在庄子，大瓠对于自己的有用与否似乎并不是问题的重点，"何不虑以为大樽而浮乎江湖"才是更好的对待之道。因此，不以用的眼光来对待事物，逍遥与自由才是庄子的关心所在。固执于己、刻意于己，只能让我们局限于方寸之间，不得俯瞰全貌，亦不能超然独立，世世以洴澼絖为事的宋人又怎会想到此还有可裂地封侯之大用呢？此亦如"有蓬之心"的惠子。

因而，对于庄子，"己"终究是通往逍遥所要解决的最根本问题，"己"的退却意味着功名的失色，因而"至人无己"亦是通往逍遥游的最根本之道，"己"的下放才能无限挺立生命的本真，如此而"乘天地之正，而御六气之辩，以游无穷"，此亦可通于憨山德清所说"庄子以超脱形骸、泯绝智巧、不以生人一身功名为累为解脱"。然庄子之解脱的根本在于"无己"。清宣颖亦认为：

---

① "贵己"或"为我"源出于《老子》第十三章："贵以身为天下，若可寄天下。爱以身为天下，若可托天下。"后此说被杨朱所吸收。杨朱所论"贵己"，为"古之人，损一毫利天下，不与也；悉天下奉一身，不取也。人人不损一毫，人人不利天下，天下治矣。"又说："善治外者，物未必治；善治内者，物未必乱。以若之治外，其法可以暂行于一国，而未合于人心；以我之治内，可推之于天下。"由此而形成了杨朱全真保性、轻物贵己的思想（杨伯峻撰《列子集释·杨朱》，中华书局，2013，第227页）。对于杨朱之思想，《孟子·尽心上》说："杨子取为我，拔一毛而利天下，不为也。"（焦循：《孟子正义》，中华书局，2014，第875页）《吕氏春秋》说："阳生贵己。"（许维遹：《吕氏春秋》，中华书局，2015，第472页。）《韩非子·显学》说："今有人于此，义不入危城，不处军旅，不以天下大利易其胫一毛，……轻物重生之士也。"（王先慎：《韩非子集解》，第236页。）《淮南子·氾论》说："全性保真，不以物累形：杨子之所立也。"（陈广忠校：《淮南子》，中华书局，2014，第331页。）充分展现了杨朱"为我""轻物重生"的思想。杨朱的思想虽有及时行乐、纵欲主义的思想倾向而不为儒家所接受，然其"贵己""重生"的思想亦真实体现身处战乱时代，杨朱对于生命真实的感受。在此处，上文所说的"贵己"，并不同于杨朱对身体、生命的贵重，笔者的"贵己"在此侧重于表述人之成心与计度，而非身体与生命。

《逍遥游》主意，只在"至人无己"，"无己"所以为逍遥游也。然说与天下皆不信，非其故意不信，是他见识只到得这个地步。譬如九层之台，身止到得这一层，便不知上面一层是何气象。然则非其信之不及，乃其知之不及耳。前大半篇，只为此故，特地荡漾出"小知不及大知"一语，以抹倒庸俗，然而快展己说焉。鲲鹏大，蜩与学鸠小，小不知大，意只如此。其余前前后后，都是凭空嘘气，尽行文之致而已。前半篇，只是寄寓大鹏所到，蜩与学鸠不知而已。看他先说鲲化，次说鹏飞，次说南徙，次形容九万里，次藉水喻风，次叙蜩鸠，然后落出二虫何知。文复生文，喻中夹喻，如春云生起，层委叠属，遂为垂天大观。真古今横绝之文也。……中间一段，是通篇之正结构处，亦止得"至人无己，神人无功，圣人无名"三句耳，却先于前面隐隐列三项人次第，然后顺手点出三句，究竟又只为"至人无己"一句耳。"神人无功，圣人无名"都是陪客。何以知之？看他上面，宋荣子誉不劝、非不沮是无名，列子于致福未数数然是无名，"乘天地、御六气"四句是无己。宋荣子、列子，固在鸩之上，若乘天御气之人，其大鹏乎？庄子胸眼之旷如是。藉宋荣子为"圣人无名"作影，藉列子为"神人无功"作影，至"乘天地之正"四句，为"至人无己"作影也，独不藉一人点破之。庄生之意何为哉？读至篇末方知之。"至人无己"三句，后面整用三大节发明之。其次第与前倒转，自无名而无功而无己，而归于所重，以为一篇之结尾也。①

◇ 憨山德清之 "逍遥" ——忘己

在憨山德清，逍遥即为佛学的无碍解脱，然欲得解脱自在必须去碍，如果说在庄子处的逍遥之碍是"己"，则在憨山大师处，其亦将此"碍"直指向"我"，他认为：

世人不得如此逍遥者，只被一个"我"字拘碍，故凡有所作，只为自己一身上求功求名。自古及今，举世之人，无不被此三件事，苦了一生，何曾有一息之快活哉？独有大圣人，忘了此三件事，故得无穷广大自在、逍遥快活。可悲世人，迷执拘拘，只在"我"一身上做

---

① 宣颖著，曹础基校《南华经解》，广东人民出版社，2008，第23页。

事。以所见者小，不但不知大道之妙，即言之而亦不信，如文中"小知不及大知"等语，皆其意也。①

在憨山德清看来，世人不得逍遥解脱的原因在于"我"的妨碍，加上为"我"求功名，举世之人也因此苦了一生。因而在憨山德清，去除"我"之妨碍的关键在于"忘了此三件事"，即忘我、忘功、忘名。相比于庄子之"无己"，憨山德清将问题的根本归结于"忘我"即"忘己"。

憨山德清以佛家之"忘己"解脱阐释庄子之"无己"逍遥，使佛庄二者在精神层面上得以沟通。然而具体到"无己"与"忘己"的内容层面："无"与"忘"在意义上仍有高低的差分；所无之"己"与所忘之"我"在内涵上亦有明显的分立。

一方面，就"无"与"忘"的本义而言，"无"较"忘"有着更为深刻的意涵。"无"即没有，是一种无形、无名、虚无的状态，亦如老子对道的描述："天下万物生于有，有生于无"，《玉篇》有"无，不有也"②。因此，"无"在宽泛的意义上意味着"有"的消解，是一种与"有"相对的虚空的存在。因此，庄子"无己"的重点在于对"我之成心"的泯灭，即通过对成心的消解、对主观自我意识的克制与抹灭，使心灵与精神得以回归到自然状态，超脱而与万物、与道合一。葛洪亦有"太上无己，其次无名"③，即"无己"是切断自身的计较，克除主观我的成心而达到与天地精神相往来的逍遥境界。"忘"，《说文》解为："忘，不识也"④，也即不记得、遗漏之意。"忘"字在憨山德清《庄子内篇注》中共出现187次，集中起来多见于以下几种应用："忘己""忘名""忘毁誉""忘祸福""忘死生""忘形绝待""忘机""忘身"等，憨山德清在文中多用"忘"字来表达对身外之功名、祸福、形骸，包括死生、自我的解脱，"忘"字在此皆为动词义，有"不记得""不识"之意。因此相对于"无"之"没有"，"忘"是一种有"有"而忘的状态，"忘"并非"没有"，而是"忘有"，此"有"依然存在着。因此，考察"无"与"忘"二者的具体字义可知，

---

① 憨山德清：《庄子内篇注》，第3页。
② 顾野王：《大广益会玉篇》，中华书局，1987，第37页。
③ 葛洪：《抱朴子·逸民》，第45页。
④ 许慎：《说文解字》，第221页。

相比于憨山德清之"忘"的"忘有",庄子之"无"的"无有"有着更深刻而彻底的意涵。

在庄子,"逍遥游"的境界是一种无所依待、无所凭借的状态,此状态没有外在功与名的加持,最极处在于其没有"己"的累绊,与万物、与道合而为一,冥于自然之理、顺万物之性。郭象将"无己"理解为"顺物",也即"顺而不助,与至理为一"①。此亦宋吕惠卿所言:

> 夫何故无己而已?无己则无功,无功则无名,内不累于己,外不累于功名,是乃逍遥游之极也。②

宋林希逸将"无己"之"无"理解为"有迹""无迹"之分,即逍遥无所待者,在于其"无迹"而然:

> 若夫乘天地之正理,御阴、阳、风、雨、晦、明之六气,以游于无物之始,而无所穷止,若此则无所待矣。此乃有迹无迹之分也。至于无迹,则谓之至人矣,谓之神人矣,谓之圣人矣。无己、无功、无名,皆言无迹也。③

明焦竑则将"无己"之"无"理解为"无寄",即至人于道而言,在于其能内冥于心而又不寄托于心,以不至有成心,因此此"内冥于心"之"心"方能遂万物而神化荡荡:

> 至人知道,内冥诸心而泯绝无寄,故曰:无己;神人尽道,成遂万物而妙用深藏,故曰无功;圣人忘道,神化荡荡而了不可测,故曰无名。④

清陆树芝进一步将"无己"之"无"直指"无待"。此"无待"意为不将外物引为己用而无所作为:

> 外物而引为己用,则有己;无待于外,故无己。用力而为之,则

---

① 郭象注,成玄英疏:《庄子注疏》,第 12 页。
② 吕惠卿撰,汤君校《庄子义集校》,中华书局,2009,第 7 页。
③ 林希逸:《庄子义海纂微》,第 7 页。
④ 《影印文渊阁四库全书·子部·庄子翼卷六》,台湾商务印书馆,1986,第 36 页。

有功；无待于用力，故无功。有作为之迹，则有名；无待于作为，故无名。必无己、无功、无名，方为至人、神人、圣人，方为逍遥。①

因此，庄子"无己"之"无"是"顺物"，是"无迹"，是"无为"，亦是"无待"，是一种主体在主观上的主动状态，即作为主体之人而言，"无己"是一种对自己成心主动的放弃与消解。而"忘己"之"忘"则更侧重于主体客观的而非主动的忘却，或者说，对于形骸之忘却使我们的关注点得以转移而在他处有突破之机。因此，从这一方面而言，我们似乎也看到了庄子的内心，这是一个积极而非被动的退却，庄子于世间的无奈更加深沉地体现于世人面前。

另一方面，就所无之"己"与所忘之"我"的具体指向而言，二者亦有着内外境界的分立。庄子"无己"之关键在于对心灵的消解、对成心的下放。没有成心、没有心的计较自然会达到"无""道"的境界，自然会顺物之性而无迹于外；没有成心，其所为自然也是一种无为，对外物无所依待而得逍遥。因此庄子所欲无之"己"是一种心的动的状态，而"无己"，也即逍遥之境则是必须取消这种动态之心，即所谓的成心，而与自然大道相冥合。在憨山德清，"逍遥"既是"广大自在"，又是"佛经无碍解脱"，此解脱之法根本在于破除"我"的拘碍。如果说庄子所无之"己"在于对主观自我意识之成心的消解而取消心的动作与计度，则憨山德清所忘而不识之"我"又是何意呢？在憨山德清《中庸直指》中，有：

> 至于涉身于夷狄，就以我之性德，行于夷狄之中，使彼夷狄侵侵然不觉而自化。以彼夷狄，形俗虽异，而性德均也，性德既均，忘形观性，适然自得，又何舍此而别求耶？不独处夷狄，即处患难亦然。且患难有形之招也，若忘形适志，任道怡神，虽苦其形，而心地泰然自乐，了无忧患之相。殊非舍此患难之外，而别有乐地。亦非离此患难之后，而别有可求也。

身处夷狄之中而逢患难之际，我们如何方能了无忧患之相而心亦泰然自乐，在憨山德清，首要即为"忘形"，有"忘形"方能观性适志，忘掉

---

① 陆树芝：《庄子雪》，华东师范大学出版社，2011，第6页。

身体上的折磨与苦痛，则无所谓患难与否，都能有精神上的泰然。此即离患难应以"忘形"为首。在憨山德清《观老庄影响论》中，亦有：

> 至若老氏以虚无为妙道，则曰："谷神不死！"又曰："死而不亡者，寿。"又曰："生生者不生。"且其教以绝圣弃智、忘形去欲为行，以无为为宗极，斯比孔则又进。[①]

> 由其言深沉，学者难明，故得庄子起而大发扬之。因人之固执也深，故其言之也切。至于诽尧舜、薄汤武，非大言也。绝圣弃智之谓也。治推上古、道越羲皇，非漫谈也，甚言有为之害也。诋訾孔子，非诋孔子，诋学孔子之迹者也。且非实言，乃破执之言也。故曰："寓言十九，重言十七，诃教劝离，骈形泯智。"意使离人入天，去贪欲之累故耳。至若精研世故，曲尽人情，破我执之牢关，去生人之大累，……此其说人天法，而具无碍之辩者也，非夫现婆罗门身而说法者耶？何其游戏广大之若此也！秕糠尘世，幻化死生，解脱物累，逍遥自在，其超世之量何如哉？[②]

> 由是观之，老氏之学，若谓大患莫若于有身，故灭身以归无；劳形莫先于有智，故释智以沦虚，此则有似二乘；且出无佛世，观化知无，有似独觉；原其所宗，虚无自然，即属外道。[③]

在憨山德清看来，欲离人入天、破我执入牢关、去生人之大累而游乎逍遥之境，在于"灭身以归无""释智以沦虚"，即我们必须要解除身体、形体上的束缚与障碍，继而泯绝智巧以归于虚无而无生死之困。此即解脱物累应以"灭身"为要。在憨山德清《庄子内篇注·逍遥游第一》中，亦明确谈到：

> 庄子立言本意，谓古今世人无一得逍遥者，但被一个血肉之躯、为我所累，故汲汲求功求名，苦了一生，曾无一息之快活；且只执着形骸，此外更无别事，何曾知有大道哉？唯大而化之之圣人，忘我、

---

① 憨山德清：《老子道德经解·观老庄影响论》，第65页。
② 憨山德清：《老子道德经解·观老庄影响论》，第61页。
③ 憨山德清：《老子道德经解·观老庄影响论》，第63页。

忘功、忘名，超脱生死，而游大道之乡，故得广大逍遥自在，快乐无穷。①

憨山德清意在逍遥的关键为破除障碍而得解脱，破碍在于"忘我"，即"忘己"，也即不执着形骸而超脱生死。因此综上而言，所忘之"我"与"己"于逍遥而言，在憨山德清更侧重于对"身""形骸""血肉之躯"的表达，即"忘己"在于不执着于形骸，"此外更无别事"。因此，也正是因为"己"，即身形之实在性，"忘"之不识与遗漏才得以可能，此处的遗漏，亦意味着彼处的突破。宋人褚伯秀亦以"忘己"阐释其对逍遥"无己"的理解：

> （至人无己，神人无功，圣人无名）此三者，人道之极，用以总结《逍遥游》首章大意。盖至道穷神妙，跻圣域，不越乎三无之论。入而言"至"，出而言"圣"，"神"运于其中。……凡厥有生，私利易植，贵乎忘己。骄矜易萌，次当忘功。己功既忘，人誉必至，又须忘名以远世累。累远身全，道纯德粹，以之处人应物，无不尽善，而三者之名亦混融俱化矣。②

褚伯秀的"忘己"，亦在"凡厥有生，私利易植"的前提下，即其所忘并非心灵精神层面的固执，而是如憨山德清所忘的生人之大累。因此，褚伯秀与憨山都是在形体的意义上以"忘己"诠释庄子"无己"逍遥之意。

就憨山德清所忘之"己"的形体意义而言，庄子亦有"忘形"之说，在《庄子·让王》篇中，有：

> 曾子居卫，缊袍无表，颜色肿哙，手足胼胝，三日不举火，十年不制衣。正冠而缨绝，捉衿而肘见，纳屦而踵决。曳纵而歌《商颂》，声满天地，若出金石。天子不得臣，诸侯不得友。故养志者忘形，养形者忘利，致道者忘心矣。③

---

① 憨山德清：《庄子内篇注》，第10页。
② 褚伯秀：《庄子义海纂微》，第41页。
③ 郭象注，成玄英疏：《庄子注疏》，第509～510页。

如果说庄子之"忘形"在于突破形骸的束缚而使心志得养、"忘心"在于超脱成心之纠结而使人近于大道，则"无己"相较于"忘心"则更为超拔，其意在消解成心的基础上顺万物之理而与大道通而为一，因此在意义层次上讲，"无己"的消解较"忘心"的超脱有着更深刻的意涵，亦于大道在境界上有着高低的差分。而"无己"相较于"忘形"在目的指向意义上也有着根本的区别："忘形"于庄子是破除身体的束缚而使心志得养，于憨山德清则是超脱形体之障碍而能泯灭生死、明心见性、立地成佛，从而解脱逍遥。然"无己"于庄子则在于对心灵成心部分的消解而使得心灵合于自然、冥于大道而逍遥。因此，庄子的"无己"相较于"忘心""忘形"有着根本层次境界上的不同，其实质是"天地有大美而不言，四时有明法而不议，万物有成理而不说"的不动心的自由、逍遥境界。

因此，综上而言，在庄子的"无己"逍遥与憨山德清的"忘己"逍遥之间，确乎存在着"无"与"忘"、主观之我的"成心"与客观之我的"形骸"的分立。诚如上文所言，"无"与"忘"在字义上根本有着全然不同的意涵。"无"是与"有"相对的"没有"，是一种虚空、空无；"忘"是"不识"、不记得，是一种虽"有"而不识、不关注的状态。此即亦是："无"是没有，"忘"亦有"有"。憨山德清欲忘之"我"侧重于"身""形"的意涵。原因在于对于佛家而言，解脱的关键在于破除生死之大患、去生人之大累，此亦是憨山德清所认为的得解脱而逍遥的根本。而"生人之大累"在佛家则在于"身"与"形"的累碍，所以破除此大累、解脱此障碍，关键在于忘却形骸。忘却形骸，即没有贪欲之念、智巧之心，因此人人亦可见得自己的真心本性，明心见性而有成佛的可能。因此，在憨山德清，所谓的"忘我"抑或"忘己"解脱，实质内容上都不同于庄子的"无己"逍遥：庄子的"无己"逍遥重在成心的消解，憨山德清的"忘己"逍遥则重在形骸的超脱。

憨山德清虽然在理论概念的阐释解读过程中，以无碍解脱诠释庄子的逍遥义，佛学意味显见，然其并非以佛学知识简单附会庄子思想，而是在寓佛于庄、以佛化庄的过程中，以佛家之理路诠释出庄学的精神，即问题的关键在于"忘己"与"无己"间的会通，二者虽有境界之差异，然毕竟是处于庄学与佛学两个不同领域的问题视角，因而意义的错节亦在情理之中，不必为此苛责古人。纵然憨山德清思想与庄子精神有所分差，然亦无碍学术精神的自由互通，无涉思想本身。尽管如此，憨山德清作为晚明佛学大师亦以其深刻的道家理论功底、佛学体悟功力对庄子的逍遥义做出了基于其学术理论背景的合理诠释：忘形之"忘己"亦是通过对自身形骸的忘却与超脱而有心性的体悟，使得古今世人不再被一血肉之躯所累而得回归彼岸、悟得本有之真宰而见性成佛，其与庄子对于成心的消解与下放而有精神的悠游自在有着异曲同工之妙，使世人得到生命的安宁与精神的自由，从这一层面说，此亦是一种逍遥的境界。因此，在庄子的"无己"与憨山德清的"忘己"之间，我们从中所真正应该看到的是生命应如何安放、精神应如何解脱、心灵应如何安宁，而非思想间的排斥，我们亦可深刻领会到庄学逍遥之意与佛学解脱之旨——心灵之安宁与精神之自由。此亦是庄子所真正想见于后辈之所得：

> 自其异者视之，肝胆楚越也；自其同者视之，万物皆一也。①

第三节　破我执

如果说庄子的《逍遥游》意在纵向地解决个体人内部精神生命的上升而至逍遥的问题，则在《齐物论》中，庄子紧接着《逍遥游》的问题，在不可逃的人间世的问题域中试图横向地解决人与外部世界的关系问题，通过纵向与横向相互发掘、内部与外部相互发现，诠释出个体生命的意义何在、个体生命应以如何的态度对待外部世界而不迷失自我、保守生命的本真。如果说《逍遥游》是庄子为处于人间世的我们所指向的人最终的生命归宿，那么《齐物论》便是庄子为我们如何能归于此归宿而寻找到的解决之方。

憨山德清在其《庄子内篇注·齐物论第二》中，对《齐物论》大旨做出了自己的阐释：

> 物论者，乃古今人物众口之辩论也。盖言世无真知大觉之大圣，而诸子各以小知小见为自是，都是自执一己之我见，故各以己得为必

---

① 郭象注，成玄英疏：《庄子注疏》，第104～105页。

是。……今庄子意，若齐物之论，须是大觉真人出世，忘我忘人，以真知真悟，了无人我之分，相忘于大道，如此则物论不必要齐而是非自泯。了无是非人我之相，此齐物之大旨也。①

在憨山德清，物论之难齐在于世人"自执一己之我见"，因而齐物之论的关键在于"了无是非人我之相"，此即忘我而破我执。

一　丧我：忘我——齐物之大旨

处于人间世之中的我们在与外部世界的对待中，应以如何的态度自处以物物而不物于物、保守生命之本真，在《齐物论》中，庄子给我们提供了两种解决问题之道。

首先，从道的本原出发，庄子认为：

> 古之人，其知有所至矣。恶乎至？有以为未始有物者，至矣，尽矣，不可以加矣！其次以为有物矣，而未始有封也。其次以为有封焉，而未始有是非也。是非之彰也，道之所以亏也。道之所以亏，爱之所以成。②

古人对于世界的认识有三个不同的层面，有人认为这个世界的最开始是没有物的，是无；有人认为这个世界最开始是有物的，然并没有事物之间的分别；还有人认为这个世界最开始既有物又有物之分别，然并没有事物的是非。然而当这个世界有了是非之后，大道也就不再圆满而有所亏，与亏相对应，也就有了成心的分别。庄子继续着对世界本原的探讨，他认为：

> 有始也者，有未始有始也者，有未始有夫未始有始也者；有也者，有无也者，有未始有无也者，有未始有夫未始有无也者。俄而有无矣，而未知有无之果孰有孰无也。今我则已有谓矣，而未知吾所谓之其果有谓乎？其果无谓乎？③

①　憨山德清：《庄子内篇注》，第18页。
②　郭象注，成玄英疏：《庄子注疏》，第40页。
③　郭象注，成玄英疏：《庄子注疏》，第43~44页。

对于世界本原的推演似乎无穷无尽，如果说世界的本原是有，那么使得这个有产生的又是什么呢？如果说这个世界的本原是无，那么，在无之前又是什么呢？在庄子这里，道就是无，世界本原是无，意味着由道而来的世间万物，其本来亦是无，因此"天地与我并生，而万物与我为一"①。从道的角度来观照世间万物，则"天地一指也，万物一马也"②，"举莛与楹，厉与西施，恢诡谲怪，道通为一"③。

因此，在人与外在世界的对待中，站在道的角度而非我之成心的角度来对待外在事物，会发现，"物固有所然，物固有所可"，然则"无物不然，无物不可"，此即"和之以天倪"：

> 是不是，然不然。是若果是也，则是之异乎不是也亦无辩；然若果然也，则然之异乎不然也亦无辩。化声之相待，若其不相待。和之以天倪，因之以曼衍，所以穷年也。忘年忘义，振于无竟，故寓诸无竟。④

当我们明确"道通为一"，我们亦即"以明"而明晰了万物差分之天然，这种分际没有人的成心而本乎自然，因此，这种天然而自然的分际也就不再是差分以至于一种无分别的境地，此即是"寓诸无竟"。《老子》中有言，"天下万物生于有，有生于无"，从道的本原意义上讲，道即是无，因此，由道所产生之天地万物亦皆是无。如此，在人与外部世界的对待中，面对天地万物，从其同归于一、同归于道的角度讲，万物自身并没有是非的差分，万物因此对于个我来说是同一而齐的存在。此即如陈继儒所说："欲齐一天下之物，必观诸未始有物之先。物本自齐，非吾能齐，若有可齐，终非齐物，此是要论。"⑤

其次，从个我的角度出发，庄子认为欲齐物，关键在于作为个体的我对于外在世界是如何的态度：

---

① 郭象注，成玄英疏：《庄子注疏》，第44页。
② 郭象注，成玄英疏：《庄子注疏》，第37页。
③ 郭象注，成玄英疏：《庄子注疏》，第38页。
④ 郭象注，成玄英疏：《庄子注疏》，第59页。
⑤ 四库全书存目丛书编纂委员会：《四库全书存目丛书·庄子隽》，齐鲁书社，1997，第795页。

南郭子綦隐几而坐，仰天而嘘，嗒焉似丧其耦。颜成子游立侍乎前，曰："何居乎？形固可使如槁木，而心固可使如死灰乎？今之隐几者，非昔之隐几者也？"子綦曰："偃，不亦善乎而问之也！今者吾丧我，汝知之乎？汝闻人籁而未闻地籁，汝闻地籁而未闻天籁夫！"①

南郭子綦"嗒焉似丧其耦"，其与世界似乎处于一种无对待的状态，而这种无对待状态的可能在于其"形如槁木""心如死灰"，形体的寂然相比于心来讲似乎更容易达到，但心如何为死灰呢？南郭子綦继而点出问题的关键，即"吾丧我"。通过"吾丧我"而达到"心如死灰"的状态，也就是心寂然不动的状态，如此，外在世界对于独立个我来讲，也就无所谓孰是孰非了。作为个体之我，必须消解、丧弃掉心灵的计度与动作，即我们必须泯绝成心才能够使心灵处于不动的状态而没有挂碍，心灵方能从物的世界中解脱出来。如此，当我们以自由而逍遥之心对待外物时，我们必然会顺万物之情而非被动地受制于外物，万物对于我们来讲自然是不待齐而齐的存在，此即"丧我"之本旨。

对于心的寂然不动状态，庄子进一步用地籁、人籁、天籁的差分加以说明：

子游曰："地籁则众窍是已，人籁则比竹是已，敢问天籁。"子綦曰："夫吹万不同，而使其自已也。咸其自取，怒者其谁邪？"②

所谓地籁，是由于风的作用，而使得山林大木之窍穴发出的声音；所谓人籁，是由竹制管管乐器发出的声音；所谓天籁，是一切出于自然达到声音。在庄子看来，人籁之所以不同于地籁、天籁，关键就在于有了人的参与，有了人也就有了成心，因而，要使心回复到寂然不动的状态，要使人籁同于地籁，就必须去掉人为的因素，也即去除成心，而有不动心的状态以达到"无心"之境。否则，我们只能不断地追逐于外在事物，"与物相刃相靡，其行尽如驰而莫之能止，不亦悲乎！"因此从南郭子綦"汝闻人籁而未闻地籁，汝闻地籁而未闻天籁夫"之语可以判断，庄子"吾丧

---

① 郭象注，成玄英疏：《庄子注疏》，第 23～24 页。
② 郭象注，成玄英疏：《庄子注疏》，第 26 页。

我"所丧之"我",即是一种人为。对于这种"人为",庄子认为：

> 非彼无我，非我无所取。是亦近矣，而不知其所为使。若有真宰，而特不得其朕。可行己信，而不见其形，有情而无形。百骸、九窍、六藏，赅而存焉，吾谁与为亲？汝皆悦之乎？其有私焉？如是皆有为臣妾乎？其臣妾不足以相治乎？其递相为君臣乎？其有真君存焉？如求得其情与不得，无益损乎其真。①

我们一旦对外物有了求取之心、有了好恶之情，即有了成心，外物对于我来说便有了彼此的分立、有了远近的亲疏，亦皆失物之自然而损乎其真，此亦所谓爱之所以成，道之所以亏。如吕惠卿所言：

> 不得其朕，不见其形，则不得其所为使，而遍索于形骸之内，知其未尝有在也。人之一身，无不爱，则百骸、九窍，吾谁与亲？无所独亲，则皆为臣妾，莫有君之者。臣妾不足以相治，则递相为君臣，非真君也。于形骸之内求其所为使者不可得，则有真君存焉可知矣。人莫不有真君，不为求得其情而加益，不得其情而加损，何则？彼非无心之所得近，非有心之所得远故也。②

有了成心的牵绊，我们亦会追逐于外物世界而不得其真君所在。然而外物世界并不会因为我们自身的好恶而发生变化，并不会因为我们的求取之情而有所增益、亦不会因为我们不得其情而有所损耗。我们流连于外物，只是由于一己成心使然，我们会因此疲役不堪，而受物所累，此即物于物：

> 一受其成形，不亡以待尽。与物相刃相靡，其行尽如驰而莫之能止，不亦悲乎！终身役役而不见其成功，苶然疲役而不知其所归，可不哀邪！人谓之不死，奚益！其形化，其心与之然，可不谓大哀乎？人之生也，固若是芒乎？其我独芒，而人亦有不芒者乎？③

---

① 郭象注，成玄英疏：《庄子注疏》，第 30~31 页。
② 吕惠卿：《庄子义海纂微》，第 28~29 页。
③ 郭象注，成玄英疏：《庄子注疏》，第 31~32 页。

因此，在庄子，人随其成心而师之，以无有为有，亦会有是非之争端，物论因此而不齐，人亦会陷于这种是非的争端不得其道而迷失自我，不得成功、彷徨不止。因此庄子之"吾丧我"，其归旨在于使人放弃、消解心灵之计度、自我之偏执而回归真宰、复归于"吾"，以明了"天地一指"而"万物一马"。以不动心之心来观照万物，外物对于我们自身而言不过是一种在而已，而无所谓儒墨之是非与争辩，"是其所非而非其所是"只能让我们愈来愈迷失于物界，却不知"大道不称，大辩不言，大仁不仁，大廉不嗛，大勇不忮"。因此，庄子的"吾丧我"，在于消解成心而回归本我之真宰。庄子从主观与客观两个方面揭示了齐物之大旨，对于处于不可逃避人间世的我们来说，从个我的角度出发以做减法的方式使得个我心灵得到解脱与自由似乎更合庄子之意。

在庄学史中，历代主要注家亦较关注"吾丧我"之意而对此多有解读。

林希逸认为：

> 有我则有物，丧我，无我也，无我则无物矣。……吾即我也，不曰我丧我，而曰吾丧我，言人身中总有一毫私心未化，则吾我之间亦有分别矣。①

林希逸在此将"丧我"理解为"无我"，而所丧之"我"即为人身中"一毫之私心"，也即为成心。然在此，林希逸对于"吾"与"我"的分别亦有所见。

释性通认为：

> 物本自齐，人以我故而有是非，彼此分我，物之不齐，盖缘于此。若悟此身空洞无物，元无有我，则知一死生，不虚诞，齐彭殇，不妄作也。人道之要，莫先于丧我，必须立论以明之，是为《齐物论》。②

---

① 林希逸：《庄子鬳斋口义校注》，第13页。
② 释性通：《南华发覆·齐物论》，摘自方勇：《庄子学史》（第二册），人民出版社，2008，第471页。

释性通虽亦以"无我"来理解"丧我",然其是以佛家思想来阐释,认为人之所以有是非,原因在于未悟"此身空洞无物",也即其认为人的身体形骸原本就是无、是假有,因而了悟于此,则死生可一、万物可齐。在此,"无我"之"丧我"也即如憨山德清所认为的是对肉身之假我的忘却与突破。

王雱亦以"无我"理解"丧我",认为:

> 万物受阴阳而生,我亦受阴阳而生,赋象虽殊,而所生同根。惟能知其同根则无我,无我则无物,无物则无累,此庄子所以又《齐物》之篇也。①

王雱将"丧我"理解为"无我",其从阴阳,即从道的角度出发,认为我受生于阴阳,因此我与万物同根而生。我与万物其实是一体而无分别的存在、都是无,所以万物得齐。

清陆树芝认为:

> 言今日之隐几何以与昔不同?盖昔者我有我之心知,我有我之意见,乃有我之是非论说。而今已无之,是丧我矣。此吾所以如槁木死灰,汝岂知之乎?俗解云无我相,未亮。②

在陆树芝看来,所丧之"我",即是"我之意见""我之是非论说",也即我之成心。而对于俗解之"无我相",陆树芝认为此是"未亮"之说。所谓"我相"在佛教用语中为把轮回六道的自体当作真实存在的观点,即为烦恼之源。《金刚经·大乘正宗分》有:"若菩萨有我相、人相、众生相、寿者相,即非菩萨。"③ 因此,"我相"也即实我、我之实存,一定意义上亦可理解为烦恼之源即形骸之身。陆树芝认为那些理解"我"为形骸者,皆是未明之语。近人王树声亦以"我"为形体,认为:"吾,是真我;我,是形体之我。丧我,自忘其形体之我也"④。

综上,对于"吾丧我"之所丧"我"的理解,大多注家都本于庄子之

---

① 王雱:《南华真经新传·齐物论》,摘自方勇:《庄子学史》(第二册),第75页。
② 陆树芝:《庄子雪》,第12页。
③ 赖永海编,陈秋平注《金刚经》,中华书局,2010,第22页。
④ 王治心:《庄子研究及浅释》,摘自方勇:《庄子学史》(第三册),第652页。

意，认为"我"便是心灵的计度与是非，也即"成心"，而只有丧失、消解此"成心"，我们才能够不动心于外物，齐同物论。

对于"吾丧我"之"吾"，大部分的注家亦看到了"吾"与"我"的区别，因为庄子毕竟用了"吾丧我"，而非"吾丧吾"或"我丧我""我丧吾"。罗安宪《庄子"吾丧我"义解》对于"吾"与"我"的意涵做了详细的诠释，从语法、语义的角度对二者进行了区分，他认为：

> "吾"、"我"俱是第一人称代词。就词法而言，"吾"只可作主语，不可作宾语；而"我"则既可作主语，亦可作宾语。故只可言"吾丧我"，不可言"我丧吾"，亦不可言"我丧我"。前者不合语法，后者无异于同语反复。"吾"与"我"，除语法上的区分外，更重要的是语义的区别。"吾"是第一人称的普通指代，是一种客观化陈述；"我"是第一人称的特殊指代，其所彰明的是个体自身的特殊品质，是一种情意性表达。"吾"字不见于甲骨文，金文中已有其字。《说文解字》曰："吾，我自称也，从口五声。"……所以，"吾"所着眼的是关于自家的标志性的因素、外在性的因素，是关于自我的客观性的描述。"我"字俱见于甲骨文、金文。《说文解字》曰："我，施身自谓也。或说我，顷顿也。……""我"不是简单的自称，而是"施身自谓"。"施身"即是于群之中。……"我"是一个独特的个体，是一个与别人异样的个体。①

"吾"与"我"的不同即在于："吾"所代表的是客观无计度的个体，"我"所代表的则是主观有情意的个体。因而"吾丧我"也即要求我们丧弃掉主观情意之"我"而回归客观无计度的"我"。因此，明晰"吾"与"我"二者的差分，有助于我们更好地理解庄子《齐物论》大旨，即不动心于外物、不执着于外物，面对己与物的分立能处之泰然而不迷失自我；回归大道之本原，而与万物并生、与天地为一。

对于庄子《齐物论》之大旨"丧我"，憨山德清解读为"忘我"，其认为：

---

① 罗安宪：《庄子"吾丧我"义解》，《哲学研究》2013 年第 6 期。

篇中立言以忘我为第一，若不执我见、我是，必须了悟自己本有之真宰，脱却肉质之假我，则自然浑融于大道之乡，此乃齐物之工夫。必至大而化之，则物我两忘，如梦蝶之喻，乃齐物之实证也。[①]

此齐物，以"丧我"发端，要显世人是非，都是我见。要齐物论，必以忘我为第一义也。故逍遥之圣人，必先忘己，而次忘功、忘名。此其立言之旨也。[②]

在憨山德清，"丧我"之实在于"忘我"，即不执着于我见、我是，脱却肉体之假我而了悟本有之真宰。憨山德清明确指出，所谓"吾丧我"，"吾"即"本有之真宰"；"丧"即"忘"；"我"即"血肉之躯"，也即"肉质之假我"。因此，憨山德清之"吾丧我"，即是忘却血肉之躯而显现本有之真我。此亦同于憨山德清之"逍遥"义的解读，也即我们只有忘却形骸且突破形骸，方能了悟自性真宰，从而物之可齐而人亦得逍遥。

首先，憨山德清将"吾丧我"之"吾"理解为"真我"。所谓"真我"，即佛教用语，为涅槃四德[③]之一，亦称"大我"，与"妄我""假我"相对，指于生死烦恼之中解脱出的自在之我，即佛家所认为的真正的我。在《大藏法数十二》中，有：

我者自在无碍之谓也。然有妄我真我。若外道凡夫，于五蕴身强立主宰执之为我，乃是妄我；若佛所具八自在称为我者，即是真我，故名我德。[④]

因此，"真我""真宰"也即是与"妄我"相对，而脱去了"假我"的永恒之我，从客观角度亦可表达为"自性""真如""真君"等，此是

---

① 憨山德清：《庄子内篇注》，第18页。
② 憨山德清：《庄子内篇注》，第19页。
③ 涅槃四德：佛经《涅槃经》说佛有四德，即常、乐、我、净。所谓常德，是指佛性常住不离；所谓乐德，是指佛陀乐于远离人世间生死逼迫之苦，乐于寂灭于涅槃净土佛国；所谓我德，是指佛陀虽在人世间，但早已忘记了凡夫俗子的"妄我"，而具备"八自在"的"真我"；所谓净德，是指佛陀远离了人世间的垢污而无染，犹如清净的大圆镜，了无纤翳。《唐人书大般涅槃经》，中国书店出版社，2009，第34页。
④ 陈士强：《大藏经总目提要》，上海古籍出版社，2008，第625页。

涉及灵魂而非肉体的"我"。在佛教，以现实中之"我"为五蕴和合之假我，也即万事万物包括人在内都是"无我"的存在，然而，当我们真正明心见性，意识到自性空，真正得到涅槃之乐，此"明见""意识""得到"之主体也便是"真我"，此"真我"仍是涉及灵魂层面的有意识的存在，且此意识亦有情感之分辨。在憨山德清，"真我"也即"真宰""真君"，对于"真君"，他认为此为"本然之性真者"：

> 此真君，本来不属形骸，天然具足。人若求之，而得其实体，在真君亦无有增益；即求之而不得，而真君亦无所损。即所谓不增不减，迷之不减，悟之不增，乃本然之性真者。……但彼认有个真宰，即佛说所识神是也。①

而此"本然之性真"者，亦需要我们"返观内照"而悟得。

> 齐物之意，最先以忘我为本指，今方说天籁，即要人返观言语音声之所发，毕竟是谁为主宰。若悟此真宰，则外离人我，言本无言，有何是非坚执之有哉？……必如此看破，方得此老之真实学问处，殆不可以文字解之，则全不得其指归也。②

此"真宰""真君"也即"识神""为我有形之主"③，为佛教之"心识""心灵"，此精神性、灵魂层面的"真宰"仍是意识所悟而有、需要返观内照的。然庄子之"吾"则为抛却了计度与分辨的客观层面的、不动心的"我"，此"我"是不需要意识之明而自然显现的，是与天地万物平行而与道为一的"我"。因此，憨山德清之"吾"虽为"真我"而得"了无是非人我之相"，然在根本意涵上仍不同于"庄子"之"吾"与道为一的客观性。

其次，憨山德清将庄子"吾丧我"之"我"理解为人所应忘的"血肉之躯"。与憨山德清解"逍遥"义"忘己"相同，憨山德清亦以"吾丧我"之"我"为形骸肉身，认为只要忘却形骸，即能悟得真我自性。他认

---

① 憨山德清：《庄子内篇注》，第 26 页。
② 憨山德清：《庄子内篇注》，第 22 页。
③ 憨山德清：《庄子内篇注》，第 27 页。

为："形骸是假我，要人撇脱形骸，方见真宰，即是篇首'丧我'之实。"① 在憨山德清，有了形骸，便有了机心，他认为：

> 寐觉开合，盖言其机也。谓寐时其魂交合，其机闭而不发；觉时形开，其机发于见闻知觉，故与境想接。②

因此，也即是因着人的躯体形骸，人有了知觉见闻，也便有了是非之机心，因此，对于憨山德清，"忘己"之于"丧我"，也便是"忘机"：

> 篇中以三籁发端者，盖籁者犹言机也。地籁，万籁齐鸣，乃一气之机，殊音众响，而了无是非。人籁，比竹虽是人为，曲屈而无机心，故不必说。若天籁，乃人人说话，本出于天机之妙，但人多了一我见，而以机心为主宰，故不比地籁之风吹，以此故有是非之相排。若是忘机之言，则无可不可，何有彼此之是非哉？此立言之本旨也。③

在憨山德清，其以地籁、人籁为无是非而自然之所发，以天籁为"人多了一我见"而有是非之相排④，暂且不论其所理解是否确合庄子之意，然其所认为人之所以有是非之别，在于其是由"机心为主宰"，因此欲齐是非之言，必须忘机，"果能忘机，无心之言，如风吹窍号，又何是非之有哉？"⑤"物论之不齐，全出于机心、我见，而不自明白之过。"⑥

对于憨山德清来说，齐物需要"忘机"，然"忘机"的前提与根本仍在于忘一身之形骸，因为有了形骸，才有了人的见闻与智巧。因此憨山德

---

① 憨山德清：《庄子内篇注》，第 27 页。

② 憨山德清：《庄子内篇注》，第 23 页。

③ 憨山德清：《庄子内篇注》，第 19 页。

④ 憨山德清认为，"天籁"是"使其自己者，谓人人迷其真宰之一体，但认血肉之躯为己身，以一偏之见为己是，故曰：'使其自己'，谓从自己而发叶，此物论不齐之病根也。"（憨山德清：《庄子内篇注》，第 22 页）王博在其《庄子哲学》中认为："并没有谁主使着孔穴发出不同的声音，一切都出于自然。有什么样的孔穴，自然就有什么样的声音，它也不得不发出这样而不是那样的声音。这就是天籁，无心之籁。……在天籁中，我们不能发现一个'我'的存在，因为原本就没有'我'的存在。"（王博：《庄子哲学》，北京大学出版社，2014，第 105 页）。王博的"天籁"合于"齐物"之意，亦代表了对"天籁"普遍的解读。

⑤ 憨山德清：《庄子内篇注》，第 20 页。

⑥ 憨山德清：《庄子内篇注》，第 21 页。

清之"齐物"义在根本上与其"逍遥"义是相通的：

> 盖由人迷却天真之主宰，但人血肉之躯以为我。故执我见，而生是非之强辩者，盖迷之之过也。……点出真宰，要人先悟本真；要悟本真，须先抛却形骸。故有百骸九窍之说，要人看破形骸，而识取真宰。若悟真宰，则自然言言合道，皆发于天真。①

> 要齐物论，必以忘我为第一义也。故逍遥之圣人，必先忘己，而次忘功、忘名。此其立言之旨也。②

即我们必须忘掉假有之形骸，摆脱生死之大患，才能体悟自性之真我，而得广大逍遥自在，了无人我是非之相。"相"作为佛教术语也即能表现于外的、能够由心识观察描写的各种实有的外在特征。因此，憨山德清所欲忘之"我"实际亦是一种"相"，即作为实存之人所表现于外的一切特征，此特征包括形体上的差异、情感上的喜乐，如此亦有是非上的分辨。在憨山德清，"脱却肉质之假我"对齐物来说仍是首要而根本的，然而此相、此形骸毕竟是假而不真。因此，相比较于庄子所丧成心之"我"，憨山德清所欲忘形骸之"我"在齐物的根本意义上与其仍有所区别而有境界上的差异：毕竟庄子丧"我"的成心更为直截与根本，对处于人间世的我们来说更为切己而实际，点破了齐物之大旨；然憨山德清忘"我"的假有形骸，虽破我执而了无是非人我之分以相忘于大道，于齐物、于人间世之你我仍有所不尽处，因为成心毕竟是人人之实存。在庄子，只要丧弃成心，成心不存，"我"即归于"吾"而顺物之自然、与道同体；在憨山德清，形骸虽为假有，忘之却不等于肉身之消解，物论不齐的问题依然没有得到真正的解决。此亦体现了"丧"与"忘"的根本差异。

憨山德清以"忘"为庄子"吾丧我"之"丧"，然正如其解"逍遥"义之"无己"为"忘己"，"忘"与"丧"亦如"忘"与"无"，二者之间有着意义上的差距。台湾地区学者陈启天亦以"忘我"解"丧我"，没有对二者有明晰的分辨，其认为：

---

① 憨山德清：《庄子内篇注》，第56页。
② 憨山德清：《庄子内篇注》，第19页。

丧我，犹言"忘我"。齐物须先忘我，不能忘我则不能齐物，即不能任物自然。故本篇开宗明义，即以忘我为说。①

庄子《齐物论》之"吾丧我"是客观之我对于主观有情感计度之我的丧弃。首先，"丧"字的小篆字形为上面"哭"字，下面"亡"字，意即哭已死去的人；《说文》中，有"丧，亡也"②，意即没有、丢弃。作为动词来讲，"丧"即为丢弃，而这种动作为动作个体的主动的行为，是其主观意愿的行动。显然"吾丧我"之"丧"在此作动词义，即为丢掉、丧弃。庄子提出"吾丧我"的本意在于为处于不可逃避的人间世的我们提供一种自处的方式与态度以应对外部复杂的世界，因此"丧"之行动主体必须是主动而非被动的。其次，"丧"之本意为哭于死者，所"丧"对象是必须失去而根本不能留存的东西，因为死者已然不能复活，从此角度来讲，"丧"的动作意义亦意味着决绝而无余地。再次，从前两者的意义解读，进而可知"丧"的目的指向在于"无"，即所丧之结果是无而不是有，也即"吾丧我"目的在于对主观情意"我"的丧弃，其结果也就是主观情意有计度分辨"我"的消失，也即"无"。因此，综上而言，庄子"吾丧我"之"丧"有三个方面的意涵：其一，"丧"是主体的主动行为；其二，"丧"意味着决绝与必须；其三，"丧"之结果即是"无"。

"忘"在《说文》中为"不识"之意，即"不记得"或"遗漏"。然"忘"从本义上讲并非主体主动的意愿而有，而是一种不自知而忘的状态。首先，在憨山德清之"忘我"处，其强调的是对假有血肉之躯的忘却，因而这种"忘"亦是行为主体被动而非主动的意愿；其次，所忘之物体并不一定就意味着物体不可存留，因此其在情感上也不必须有决绝果断之义；再次，"忘"之结果也并不等同于所忘之物的消失，忘形骸并不意味着形骸的无与消失。因此从以上三点来看，"丧"与"忘"在意义层面是根本不同的。因此，以"忘我"解"丧我"并没有理论依据，亦没有意义上的可通约处。

综上而言，憨山德清以"忘我"，即忘却血肉之躯而回归真我，解读庄子之"吾丧我"，丧弃主观之情意"我"而再现客观无计度、不动心之

---

① 陈启天：《庄子浅说》，台湾中华书局，1978，第 154 页。
② 许慎：《说文解字》，第 136 页。

"吾",二者在意义上并非同一层面的问题,在齐物价值与境界上所达效果亦不可等同视之。然而,憨山德清作为晚明佛学大师以其佛学理论背景为彼时之社会、为彼时之世人提供了一种新的对待世界的方式与方法,通过忘记假有的血肉之躯,而明心见性复归本有之真宰,了无是非人我之相,我与物自然浑融于大道之乡。

二 以明:照破——齐物之工夫

如果说庄子《齐物论》开篇在于点明"吾丧我"之齐物大旨,其文章主体则在于为人世间的你我解答"如何丧""怎样丧"的问题。在庄子,"吾丧我"的"丧"即为丧弃、丢掉之意,我们必须丧掉我们的成心,方能免于真伪之分、是非之辨的深渊,方能不物于物而役役于世间。因此庄子之《齐物论》所要给我们指明的也并不仅仅是看待世界的眼光,更是应如何对待世界的态度。我们人处于不可逃避的世间,必然时刻与世界万物发生着联系而处于与外物相对待的状态,深刻如庄子亦明了其中之无奈与茫然。庄子以其鲜明冷峻的眼光洞彻世间,为处于人间世的我们提供了应如何看待、如何对待世间的方法,此亦是对"吾丧我"之"如何丧"问题的解答:

> 道恶乎隐而有真伪?言恶乎隐而有是非?道恶乎往而不存?言恶乎存而不可?道隐于小成,言隐于荣华。故有儒墨之是非,以是其所非而非其所是。欲是其所非而非其所是,则莫若以明。①

对于是非之说,憨山德清认为世间"本无是非,而人不自知,故妄执己见,起是非耳"②,欲破我执之念,憨山德清亦以"照破"为齐物"忘我"之工夫,认为:

> 与其儒墨互相是非,莫若以明,明即照破之义,故此以圣人照之于天,以实"以明"之"明"。此为齐物之工夫,谓照破即无对待。③

---

① 郭象注,成玄英疏:《庄子注疏》,第33~34页。
② 憨山德清:《庄子内篇注》,第31页。
③ 憨山德清:《庄子内篇注》,第32页。

首先，对于"莫若以明"：

在《齐物论》中，庄子首先点破"吾丧我"之齐物大旨，认为人必须处于不动心的"形如槁木"而"心如死灰"的状态，方能免于"终身役役而不见其成功，苶然疲役而不知其所归"的大悲哀境况，否则，人的一生，必然会处于"芒"的境地，流连于外却终不得其果：

> 人之生也，固若是芒乎？其我独芒，而人亦有不芒者乎？[①]

"芒"字在《庄子》原文中出现了多次，多见以下用法：在《大宗师》篇，有"芒然彷徨乎尘垢之外，逍遥乎无为之业。"[②] 在《达生》篇，有"子独不闻夫至人之自行邪？忘其肝胆，遗其耳目，芒然彷徨乎尘垢之外，逍遥乎无事之业，是谓为而不恃，长而不宰。"[③] 在《盗跖》篇，有"孔子再拜趋走，出门上车，执辔三失，目芒然无见，色若死灰，据轼低头，不能出气。"[④] 在《说剑》篇，有"文王芒然自失，曰：'诸侯之剑何如？'"[⑤] 在《天下》篇，有"虽然，其应于化而解于物也，其理不竭，其来不蜕，芒乎昧乎，未之尽者。"[⑥] 因此，从《庄子》原文"芒"的用法来看，其意多为今之"茫然"义，即处于茫昧不明、混沌、模糊不清的状况，而处于此状况，人亦不免有自失疲役之感。因此，庄子《齐物论》之"芒"也即世间之人陷入是非、陷入成心之后的状态，亦是道隐而不彰、言隐而不实的现实使然。

使人陷入此茫然疲役悲哀境地的原因在庄子，即为现实世界中人的分辨与计度，庄子以儒墨之是非使这种分辨进一步具体化。然庄子《齐物论》之重点并不在于论述这种现实与原因，而在于使处于"芒"中的我们能够跳脱出来，以更清醒的视角、更理智的态度去对待世间万物：

> 物无非彼，物无非是。自彼则不见，自知则知之。故曰：彼出于是，是亦因彼。彼是方生之说也。虽然，方生方死，方死方生；方可

---

① 郭象注，成玄英疏：《庄子注疏》，第 32 页。
② 郭象注，成玄英疏：《庄子注疏》，第 148 页。
③ 郭象注，成玄英疏：《庄子注疏》，第 357 页。
④ 郭象注，成玄英疏：《庄子注疏》，第 521 页。
⑤ 郭象注，成玄英疏：《庄子注疏》，第 532 页。
⑥ 郭象注，成玄英疏：《庄子注疏》，第 570 页。

方不可，方不可方可；因是因非，因非因是，是以圣人不由而照之于天，亦因是也。是亦彼也，彼亦是也。彼亦一是非，此亦一是非，果且有彼是乎哉？果且无彼是乎哉？彼是莫得其偶，谓之道枢。枢始得其环中，以应无穷。是亦一无穷，非亦一无穷也。故曰：莫若以明。①

万物对于庄子来说并无所谓彼，亦无所谓是。然而那些以彼是之分立对待外物的人却于此有所遮蔽：彼与是是相与对待的两个存在，有了彼，才会出现是；有了是，才会出现彼，亦如死与生、可与不可、是与非的分立。然而无己、无功、无名的圣人却能够"不由而照之于天"，即圣人并非是站在世人角度，而是以天、以道的角度来看待万物，如此，彼与是都不会找到彼此，也即"莫得其偶"，对待在此也便消失了，此即为"道枢"。"枢"在《说文》中，即"枢，户枢也"②，也即为门上的转轴；《战国策·秦策》中，有"今夫韩魏，中国之处，而天下之枢也"③，有中心、关键之意；《经典释文》解《齐物论》之"枢"为"要也"④。"道枢"也即为道之中心、道之最为关键处，也即"莫若以明"，因此"以明"也即为道之关键与中心。

"以明"作为齐物重要而首要的处理对待外部世界的方法，也即圣人"照之以天"、以天观之之法。其所明之处，一方面在于明晰"道"作为"未始有物"的存在，道之本身亦是无，如老子所说，强名之曰大而字之曰道，因而由道所产生的天地万物其本身亦是无，以道的角度即以天之角度看待世间万物，万物并没有是非之分，是亦为非，非亦为是。此即如《秋水》篇所言：

> 以道观之，物无贵贱；以物观之，自贵而相贱；以俗观之，贵贱不在己。以差观之，因其所大而大之，则万物莫不大；因其所小而小之，则万物莫不小。⑤

---

① 郭象注，成玄英疏：《庄子注疏》，第 35～37 页。
② 许慎：《说文解字》，第 176 页。
③ 缪文远，缪伟，罗永莲：《战国策》，中华书局，2012，第 231 页。
④ 陆德明：《经典释文》，第 321 页。
⑤ 郭象注，成玄英疏：《庄子注疏》，第 313 页。

因此，"以道观之"则"天下莫大于秋毫之末，而泰山为小；莫寿乎殇子，而彭祖为夭"，"秋毫"即为秋天时动物身上新长的毛，此应是在庄子时代人们所能认识到的最小的存在，然而以天、道的角度来看待世间万物，则小亦不小、大亦不大。有二十八日生命之殇子亦非夭，有八百岁之彭祖亦非寿，因为"无物不然，无物不可"，此即"道通为一"。另一方面，其所明之处在于我们要明晰事物天然的分界：

> 夫道未始有封，言未始有常，为是而有畛也。请言其畛：有左有右，有伦有义，有分有辩，有竞有争，此之谓八德。六合之外，圣人存而不论；六合之内，圣人论而不议；春秋经世先王之志，圣人议而不辩。①

大道并没有分别，然言却并非固定不变，因此有了言，也就有了"畛"。"畛"，《说文》解之为"井田间陌"②，即井田间上的小路；《广雅》解为"畛，界也"③，即规定的范围与界限；《秋水》篇亦有"泛泛乎其若四方之无穷，其无所畛域"④。因此此处之"畛"亦可理解为界限、分界。然而自从有了人言、有了成心，世界万物也就相继有了左与右、伦与义、分与辩、竞与争之别，此分别是出于人为的对待，而非大道本有，因此庄子出于世俗之情而称其为"八德"。然圣人对于事物天然分界的态度为"六合之内，圣人论而不议"，即圣人对于世间之物事只是论述而没有议论。圣人"论而不议"的原因在于"万物尽然，而以是相蕴"，"分也者，有不分也；辩也者，有不辩也"，万物之间都是互相含蕴的关系，而没有绝对的界限。然世人眼中的分辩，也即实质作为事物出自天然本然的分界，亦是道赋予它们的本然样态，我们所应做的亦应如圣人所为，即自然的、以"怀"而非"辩"的态度对待它以让其成为本然，而不要对此有人为的计度与成心。此即亦为世人之"辩"与圣人之"怀"的差分：

> 故分也者，有不分也；辩也者，有不辩也。曰："何也？""圣人

---

① 郭象注，成玄英疏：《庄子注疏》，第46~47页。
② 许慎：《说文解字》，第104页。
③ 王念孙：《广雅疏证》，中华书局，2014，第77页。
④ 郭象注，成玄英疏：《庄子注疏》，第318页。

怀之，众人辩之以相示也。故曰：辩也者，有不见也。"夫大道不称，大辩不言，大仁不仁，大廉不嗛，大勇不忮。道昭而不道，言辩而不及，仁常而不成，廉清而不信，勇忮而不成。五者园而几向方矣！故知止其所不知，至矣。孰知不言之辩，不道之道？若有能知，此之谓天府。注焉而不满，酌焉而不竭，而不知其所由来，此之谓葆光。①

"怀"字在《庄子》原文中，亦多有出现。《在宥》篇有："大人之教，若形之于影，声之于响，有问而应之，尽其所怀，为天下配。"②《秋水》篇有："泛泛乎其若四方之无穷，其无所畛域。兼怀万物，其孰承翼？"③《至乐》篇有："褚小者不可以怀大，绠短者不可以汲深。"④《达生》篇有"齐三日，而不敢怀庆赏爵禄；齐五日，不敢怀非誉巧拙；齐七日，辄然忘吾有四枝形体也。"⑤从文本来分析"怀"的意涵，大都有"心理存有、怀藏"之意。然根据以上引文，圣人之"怀"与世人之"辩"相对，也即郭象所言，圣人"以不辩为怀耳，圣人无怀"⑥，亦如成玄英所言"夫达理圣人，冥心会道，故能怀藏物我，包括是非，枯木死灰，曾无分别矣"⑦，憨山德清更直截将其释为"葆光敛耀，怀之于心，而不示于人"⑧。圣人怀藏万物却不以为有、怀藏是非不以此为辩、更不以此示于天下人，此即为《老子》第五章所言："天地不仁，以万物为刍狗；圣人不仁，以百姓为刍狗"⑨。圣人对待天下万物也是以天地、以道之准则与规律来处理与外物的关系，一切都是由道而来自然而然的，这是天地万物的自然规律，圣人亦只是顺从道的规律、"应而不藏"而已，即"葆光"：言知道者，不会以是非、好恶之心来分辨世间万物，而是会站在大道的角度，与道同行，以"生而不有、为而不恃"的心态隐蔽其光辉而顺物自然，"葆光"亦是最合于自然之府藏而保守大道的良方，"至忘而照，

① 郭象注，成玄英疏：《庄子注疏》，第47~49页。
② 郭象注，成玄英疏：《庄子注疏》，第214页。
③ 郭象注，成玄英疏：《庄子注疏》，第318页。
④ 郭象注，成玄英疏：《庄子注疏》，第337页。
⑤ 郭象注，成玄英疏：《庄子注疏》，第354页。
⑥ 郭象注，成玄英疏：《庄子注疏》，第47页。
⑦ 郭象注，成玄英疏：《庄子注疏》，第47页。
⑧ 憨山德清：《庄子内篇注》，第45页。
⑨ 陈鼓应：《老子注译及评介》，第34页。

即照而忘，故能韬蔽其光，其光弥朗"①。庄子亦以此作为世人对待外界的态度与行事的准则，希冀我们过一种"自埋于民，自藏于畔"的生活——"为是不用而寓诸庸"，做一个没有用处、"和光同尘、光而不耀"②的平常之人似乎也更合于庄子本意："滑疑之耀，圣人之所图也"，如此我们方能保守我们自身，不至陷于物论而以坚白之昧终。

因此有了"葆光"之方，当我们以圣人怀之、以天照之、以道观之来处理与天地万物之关系时，面对自然的界限分立，我们亦会"和之以天倪"，而没有成心之参与、是非之对待，一切都寓诸无竟而不再有人为的分别界限：

> 是不是，然不然。是若果是也，则是之异乎不是也亦无辩；然若果然也，则然之异乎不然也亦无辩。化声之相待，若其不相待，和之以天倪，因之以曼衍，所以穷年也。忘年忘义，振于无竟，故寓诸无竟。③

以上论述也是庄子所言人之由"芒"至"明"的过程。

对于庄子之"以明"，前人对此亦有论述。

吕惠卿认为："圣人不由而照之于天，以明之谓也。"④ 林希逸认为："是亦无穷者，非亦无穷者，言听其自然也。如此则为自然之天理，故曰：莫若以明。"⑤ 宣颖认为："明字是齐字第一的道理"，"握无穷至妙者，非本明之照乎？"⑥ 陆树芝认为："以其本体之明不至于茫昧一也，故曰：莫若以明。"⑦ 在方勇、陆永品《庄子诠评》一书中，其亦引述了注庄前辈对于"莫若以明"的表述，并对此做出评论：

> 谓不如抛开儒、墨之是非，而用空明若镜的心灵来观照万物。罗勉道云："与其欲是其所非而非其所是，莫若明吾知真宰。犹言且理

---

① 郭象注，成玄英疏：《庄子注疏》，第49页。
② 憨山德清：《庄子内篇注》，第46页。
③ 郭象注，成玄英疏：《庄子注疏》，第62页。
④ 褚伯秀：《庄子义海纂微》，第35页。
⑤ 林希逸：《庄子鬳斋口义校注》，第24页。
⑥ 宣颖：《南华经解》，第15~16页。
⑦ 陆树芝：《庄子雪》，第20页。

会自己工夫，说甚闲是非。"藏云山房主人云："明者，真宰之自然明通也，释家之明心见性者即此明。"（《南华真经大意解悬参注》）按，郭象谓"莫若还以儒墨反复相明"（《庄子注》），郭嵩焘谓"还以彼是之所明，互取以相证"（郭庆藩《庄子集释》引），并失庄子本意。①

大多注家对"以明"的解释都以"听其自然""照之于天"为要，此即为以道为要、以道观之之方；然亦有注家以佛教"心性""真宰"为"以明"之所"明"，但以"还彼是之所明""反复相明"论解"以明"确乎有失庄子本意。

因此，综上而言，庄子之"以明"，也即为"吾丧我"之"如何丧"的问题之方，作为我们世间之人对待、处理与外部世界关系的方法态度，需要明晰以下两点：首先，"以明"的前提，即我们要以道的本原角度出发而有"道通为一"的整体意识；其次，"以明"的方法，即"两行""葆光"的态度，听顺万物之自然、随其是非之并行，此即"和之以是非而休乎天钧""和之以天倪"，而使万物得以回归齐一之本然，没有是非的分立而使爱成而道亏。如此作为个体的我亦与大道相冥和而物化于天地之中：

> 昔者庄周梦为胡蝶，栩栩然胡蝶也。自喻适志与！不知周也。俄然觉，则蘧蘧然周也。不知周之梦为胡蝶与？胡蝶之梦为周与？周与胡蝶则必有分矣。此之谓物化。②

此以"庄周梦蝶"作为《齐物论》的结束亦于篇首"吾丧我"义遥相呼应。丧失掉主观情意之"我"而复归于与大道天地合一之本然"我"的存在，则"我"亦如复归婴儿而与世界相冥合，或许"我"就是蝴蝶，蝴蝶亦是"我"，又或者，"我"本不存在于这个世界……如此，天地与我并生而万物与我为一，万物得以齐同，人亦得以逍遥：

> 若然者，乘云气，骑日月，而游乎四海之外，死生无变于己，而

---

① 方勇、陆永品：《庄子诠评》，巴蜀书社，2007，第81页。
② 郭象注，成玄英疏：《庄子注疏》，第61页。

况利害之端乎！①

其次，对于"照破"，憨山德清认为，庄子之"丧我"即为"忘我"，所忘即我的血肉之躯。如若不忘此一身形骸，则：

> 真君一迷于形骸之中，而为物欲之所伤，火驰不返，劳役而不知止，终身不悟，可不谓大哀耶？②

憨山德清虽认可人因为迷失于形骸之中而有了物欲是非之分辨，然其将此是非之分辨的源头指向人所起物欲之形骸本身，而将庄子认为所应丧主观情意上的"成心"解为"现成本有之真心"：

> 言人人具有此心，人皆可自求而师之也。……何必圣人有之？盖知代者，乃圣人知形骸为假借，故忘形而自取于心者也。虽愚者亦与有焉，言人未悟本有之真心，而便自立是非之说。③
>
> 盖为悟本有之真知，而执妄知为是，此等之人，虽圣人亦无可奈何哉。可惜现成真心，昧之而不悟，惜之甚矣。由不悟真心，故执己见为是，则以人为非，此是非之病根也。④

因此，在憨山德清处，"成心"即为庄子"吾丧我"之客观"吾"，是本有之真宰、真心，圣人能够忘形而自取此成心，因而即可悟得本有之真宰而了无是非之分；然愚钝之人不悟此成心之真宰，由此而有了是非之辩。

因此，憨山德清认为齐物的工夫并不在于丧一己之成心以复归本然客观之心而与大道相冥合，而是要人返观本有之成心，也即"现成本有之真心"，看破天机，则物我两忘，是非自泯。

因此，庄子的"以明"之"明"在憨山德清处并非"以道观之"之"明"，亦非"葆光"而"和之以天倪"之"明"。憨山德清之"明"在于"悟明"而"照破"：

---

① 郭象注，成玄英疏：《庄子注疏》，第 52 页。
② 憨山德清：《庄子内篇注》，第 28 页。
③ 憨山德清：《庄子内篇注》，第 28 页。
④ 憨山德清：《庄子内篇注》，第 29 页。

莫若以明，明即照破之义，故此以圣人照之于天，以实"以明"之"明"。此为齐物之工夫，谓照破即无对待。①

言圣人照破，则了无是非，自然合于大道，应变无穷；而其妙处，皆由一"以明"耳。此欲人悟明，乃为真是也，则物论不待齐而自齐矣。②

所以，在憨山德清，"以明"之"明"首先即为"悟明""现成本有之真心"，"悟明"后方得"照破"之功，从而"泯绝是非，天地万物，化而为一"③。而所要"悟明"之处仍在于看破一己之假有形骸，也即所谓的"忘己"而破除我执之本，其有言"圣人欲人自悟，而忘其己是也"④，如此则"不由是非而照之于天然大道，则是非亦泯绝矣"⑤。在憨山德清，以"忘己""忘我"工夫达致是非自泯的齐物之境，亦有两种意涵：

首先，即为在现实之境况，观形骸之假有而破除我执，悟得真君真知。他认为：

忘我工夫，须要观形骸是假，将百骸、九窍、六藏，一一看破散了，于中毕竟谁为我者，方才剥出一个真君面目。意谓若悟真君，则形骸可外；形骸外，则我自忘；我忘，则是非泯矣。

百骸九窍，一一而观，乃初心观法，如内教小乘之析色明空观。⑥

百骸九窍一一而观，憨山德清认为其是内教小乘的析色明空观。所谓"析空观"，即与"体空观"相对的是以分析诸法入于空的观法，也称为析假入空观，《摩诃止观》记载为："小者小乘也，智慧力弱，但堪修析法止观，析于色心。"⑦ 此即分析人是由五蕴、十二处、十八界等要素构成，以此观人、法二空之理，即为小乘之观法。在憨山德清，此小乘析色明空观也即齐物之"照破"工夫需要一个渐进的次序方得以完成。

---

① 憨山德清：《庄子内篇注》，第 32 页。
② 憨山德清：《庄子内篇注》，第 33 页。
③ 憨山德清：《庄子内篇注》，第 34 页。
④ 憨山德清：《庄子内篇注》，第 41 页。
⑤ 憨山德清：《庄子内篇注》，第 53 页。
⑥ 憨山德清：《庄子内篇注》，第 55 页。
⑦ 程群：《摩诃止观》卷三（下），上海古籍出版社，2008，第 173 页。

憨山德清首先以是非之端入手，言明产生是非的原因在于"人苦于不自知，故以己是为必当"，即固我执之有；然圣人不同于世人之处即在于其能够"不由而照之于天，亦因是也"，憨山德清认为：

> 圣人之因是，乃照破之真是；不似世人，因固执我见为是，而妄以人为非也。此老子之"人法天"。①

圣人得以照破而了无是非，自然合于大道，以应无穷之变化。因此世间凡俗之人亦应悟明此"真是"，即一旦了悟自身之假有，则亦明性空之理，进而以性空的角度来观照世间万物，则其皆为空、皆是无对待的存在，亦即合于大道：

> 圣人照破，则了无是非，自然合于大道，应变无穷；而其妙处，皆由一"以明"耳。此欲人悟明，乃为真是也，则物论不待齐而自齐矣。此即老子之"天法道"。②

因此，憨山德清认为，世间之人一旦明晰色空之真，则是非自然泯绝而道通为一：

> 无往不达，则了无是非，顺物忘怀，则不知其所以然，谓之道。此老子"道法自然"。③

如此，今之世人，亦须如圣人自悟本有之假借，回归大道之原：

> 今言辩之人，不必说与圣人类与不类。但以己见，参合圣人之心，妙契玄同，则本无圣凡之别，故与彼圣人无以异，了无是非矣。④

综上，憨山德清为世间之人绘制了如何齐同万物而泯绝是非的过程，此即由是非之端而起，进而阐述圣凡所不同处，最后世间之人若欲如圣人之与道合一则亦须参合圣人之心而了无是非得照破之真是，可回归"现成

---

① 憨山德清：《庄子内篇注》，第 32 页。
② 憨山德清：《庄子内篇注》，第 33 页。
③ 憨山德清：《庄子内篇注》，第 36 页。
④ 憨山德清：《庄子内篇注》，第 41 页。

本有之真心"：

> 安心于大道，不起分别，则了无是非，此乃真是。①

而此过程亦是一个逐渐参破、渐次明空的齐物照破过程，此即内教小乘之析色明空观的过程。然不能忽视的是，此世人照破的过程，亦须待"万世之后而一遇大圣"而使世人明之。

世人虽须一渐次过程而得照破以忘我而泯是非之分，然对于如庄子能看破人世如梦者，此照破之功亦不待前者一一参破，而直须个人之当下了悟。憨山德清认为：

> 谓若未悟真君，则举世古今皆迷，如在大梦之中，纵有是非之辩，谁当正之耶？纵有正之者，亦若梦中占梦耳。若明正是非必待大觉之圣人，即不能待大圣，亦直须各人了悟当人本来面目，方自信自决矣。要悟本来真宰，须是忘我，然忘我工夫，先观人世如梦，是非之辩，如梦中事；正是非者，如梦中占梦之人。若以梦观人世，则人我之见亦自解矣。虽解人我而未能忘言，若观音声如响，则言语相空，如此则言自忘亦。言虽忘而未能忘我，则观自己如影外之影，观血肉之躯如蛇蚹蜩翼，此则顿忘我相，不必似前分析也。今即观身如影之不实，如蛇蚹之假借，乃即色明空，更不假费工夫也。虽观假我而未能忘物，故如蝶梦之喻，则物我两忘，物我忘，则是非泯。②

在憨山德清看来，若世人并未悟得假借之形骸、本有之真君，而一待"万世之后而一遇大圣"，泯绝是非，如人之梦中占梦，其于学于悟对世人来讲并非真正所得，亦非真正照破。因此要使世人自信自决地了悟本有之真宰，则必须首先"以梦观人世"，也即庄周梦蝶而栩栩然蝴蝶也——人物了无分别而物化于大千世界，也即梦中。如此则物我忘、是非泯。憨山德清认为人只有"以梦观人世"方能自信自决照破了悟本有之真君的原因，应本于佛教"空"的理论，即诸法自性本空之理论。《维摩经·弟子品》中有："诸法究竟无所有，是空义"，肇曰：

---

① 憨山德清：《庄子内篇注》，第 43 页。
② 憨山德清：《庄子内篇注》，第 58 页。

小乘观法缘起，内无真主为空义，虽能观空，而于空未能都泯，故不究竟。大乘在有不有，在空不空，理无不极，所以究竟空义。①

也就是说，在小乘佛教看来，一切有情都是由各种元素聚合而成，不断地流转生灭而没有一个常一的主宰，此即"我空"；然在大乘佛教看来，世间一切事物都是依赖于一定的因缘而产生，因此万物都是假有不真，而此不真之假有亦非虚无，中观学派亦以此为"不真空"。然就体空方式来看，分为两种，即前述憨山德清所说的"析空观"与"体空观"，与"析空观"之一一分析不同，"体空观"认为，一切事物无须一一分解，只要用空的理法去观察，则当下即可了悟事物本身即空。憨山德清借用庄子的梦蝶物化，通过"以梦观人世"阐释出佛家之"体空观"，使人我之见得解，继而忘言、忘我，也即忘我相，如此物我两忘而是非自泯，万物不待齐而自齐，万物与我皆物化于此世间。憨山德清认为此了悟照破之功为即色明空义，此亦为"体空观"，即不待与析破色、心诸法，而直接体达"因缘所生法，当体即空"之观法，更不假费工夫，使得本体与工夫合而为一。憨山德清以其佛学理论背景，对庄子《齐物论》做出了佛学化阐释。憨山德清以此诠释庄周梦蝶之"物化"，而将假有之形骸与性空之真宰一并打通，赋予了《齐物论》以新的视角，亦给人以新的体悟。

对于庄周梦蝶之"物化"，注家亦有点评：

宣颖认为：

我一物也，物一我也，我与物皆物也，然我与物又皆非物也，故曰物化。夫物化，则倾耳而听，瞪目而睹，果且有物乎哉，果且无物乎哉？执之为物，了不可得，乃且有不齐之论乎哉，乃且有不齐之论而须我以齐乎哉？己与物不知是一是二，尚有未丧之我乎？尚有可亲之形乎？遥遥接转前幅，所谓以大笔起，以大笔收，物论之在中间，不啻游丝蚊响之度碧落耳。付之不足齐，是高一层齐法。将物化收煞《齐物论》，真红炉一点雪也。②

---

① 《佛光大藏经·维摩经》，佛光出版社，1999，第 961 页。
② 宣颖：《南华经解》，第 51 页。

宣颖点出了"物化"之实，此即为我与物相冥于自然，"我一物也，物一我也"而"己与物不知是一是二"，如此万物之齐与不齐与我亦没有相关。宣颖从美学的角度对物化一段做出点评，认为其亦是《齐物论》的点睛之笔。

刘凤苞亦认为：

> 此与濠梁观鱼一段，文心同为超妙。但彼是一片机锋，全身解数，此是混沌元气，参透化机，虽同一语妙，而其泄天机之奥，则《齐物论》末段独臻上乘也。[①]

然憨山德清对庄子之"物化"以佛家体空观予以解读，视角新颖亦不失理论旨趣，在解读齐物大旨的同时透彻出佛学智慧，分别以佛教析空观与体空观理解庄子"以明"之方，体现出禅宗渐修与顿悟之分，为世间不同利根之人提供了不同照破真是之法，充分体现憨山德清佛教理论的入世特点，在晚明紧张复杂的时代与社会背景下，更切实地为世人提供心灵的安顿之所，充分体现出憨山大师的世间情怀。

综上而言，憨山德清以"忘我"即忘一己假有之形骸来解读庄子《齐物论》之"丧我"，以"照破"之工夫解读"以明"之方，在阐述概念、诠释思想的同时亦充分体现了深厚的佛学理论功底，寓佛于庄、以佛化庄，亦不失庄子"齐物"义之大旨，即都在于通过消解、忘却"我"之成心或我执，来达到精神的自由与心灵的明澈，以同于大通、悟得真宰，达到物我两忘、是非双遣而游于大道之乡。此既是我们所应对待万物的态度，亦是游于逍遥之境界，使得我们能够独与天地精神相往来而与道合一。

小　结

通过心与己的消解，齐物与逍遥得以联结而贯通。此即通过对主观情意我、对成心的丧弃使我们得以回归"我"之本然状态，此状态也是无计

---

① 刘凤苞：《南华雪心编》，中华书局，2013，第55页。

度、无是非的客观之"吾",此时的"吾"与万物相冥和而与道合一,万物对于"吾"来说是齐一而相通的,此即为"天钧";万物对于"吾"来说亦是有分有畛的,然"吾"亦怀之而不辩,此即为"葆光"。如此,"以明"如"吾",则天地一指而万物一马,"吾"与万物物化于大道之乡。能够齐同万物,以以道观之的态度对待世间万物,则此时的"吾"本身亦是"无己"的状态,成心已然消解,心灵已然得到自由与安宁,逍遥也即当然应有之义。因此,齐物之中亦有逍遥,逍遥之中亦有齐物,二者浑然一体。

然反观憨山德清对"逍遥"义与"齐物"义的诠释,二者豁然有贯通处,此即在于憨山德清本于其佛学本有之理论,以生死为世间的最大负累,因而解脱也便是佛家首要的问题。庄子所要消解与丧弃的成心,在憨山德清看来,为佛家必须忘却与破除的假有形骸。如此,"无己"与"丧我"在憨山德清处自然转变为"忘己"与"忘我"。虽然憨山德清在理论概念的诠释解读过程中,佛学意味显见,然并非以佛学知识简单附会庄子思想,而是在寓佛于庄、以佛化庄的过程中,以佛家理路诠释出庄学精神,通过无碍解脱与我执的破除,世间之人亦得以忘却、突破形骸而悟得本有之真宰,得到生命的安宁与精神的自由,从这一层面说,此亦是一种逍遥的境界,是一种齐一的态度。因此,纵然憨山德清的思想与庄子的精神有所分差,但无碍学术精神的自由互通,也是角度问题,无涉思想本身。我们从中所真正应该看到的是生命应如何安放、精神应如何解脱、心灵应如何安宁,而非思想间的排斥,此亦是庄子所真正想见于后辈之所得:

> 自其异者视之,肝胆楚越也;自其同者视之,万物皆一也。①

---

① 郭象注,成玄英疏:《庄子注疏》,第104~105页。

第三章 宗师与养生

第一节 宗师以至养生：天与道的挺立

在《大宗师》开篇，庄子便提出了关于"知"的问题：

> 知天之所为，知人之所为者，至矣！知天之所为者，天而生也；知人之所为者，以其知之所知以养其知之所不知，终其天年而不中道夭者，是知之盛也。①

此"知"并非我们所想到的一般的经验性知识，在庄子，这是一种关乎天人之际的知识。庄子告诉我们，知道天应当做什么、知道人应当做什么，这就是知，且是知的极限，也就是庄子所谓的"真知"。知道天之所为的人，当然也明了人为天之所从出者；知道人之所当为者，当然也就了然人之为人所应最先保守的是使生命尽其天数而没有中道夭亡，如此，也便是知识之极与盛。对于此庄子所描绘的"真知"，处于人间世中的我们该如何获得呢？庄子进而给出答案——"有真人而后有真知"。由于庄子所讨论问题的问题域在于人间世，庄子所讨论问题的目的亦是为处于人间世的我们提供解决问题的方式与方法，因此，庄子在此处对于"真人"的定义与描述实为处于不可逃避之人间世的我们树立一个标尺、提供一种视角而以更为超脱的方式去俯瞰去对待这个无奈而冰凉的世间。庄子解决问题的目的并非让我们遗世独立，而是让我们虽身处世间却能不迷于世间、让我们成为如真人般虚心应世之人，能够真正获得真知，懂得生命的意义

---

① 郭象注，成玄英疏：《庄子注疏》，第 124～125 页。

而与天为徒、与道合一。

《大宗师》所宗之师即为大道，而此道又是时刻关涉于人的，因此，宗师之旨在于庄子希冀人间世的我们能够过一种由人而道、离人而入天的生活。离人而入天，但我们又不可能从形体上与人间世做切割，因此，这更是一种心灵与精神的超越之旅，亦是人生之归处。了然于此，则我们亦真知而真人、真人而真知。

《大宗师》为身处人间世的我们指明了人生真正的意义，在于保守心灵之虚静、安顺命运之得失，于纷扰中仍保守内心的平静与安宁。这是一种生命的超脱、命运的放达，亦是一种人生的境界。如果说《大宗师》意在为我们的无奈人生指明朝彻的方向，那么《养生主》则具体地指导我们应如何走向朝彻。

庄子所关心的一直都是以人为中心的问题，其解决问题之方，亦不离于人间世的问题域，因此，由人入天的问题首先所应解决的就是人最切实的生命问题。处于庄子之战乱纷扰的时代，人的生命似乎是最不为所重的，儒家亦有"杀身成仁""舍生取义"的思想，认为生命在大仁大义面前是应首先并当然退却的。然而庄子思考问题的方向却逆儒家之道而行，认为在生命沦为草芥的无道年代，生命恰恰是我们所应首要保全的，即"为善无近名，为恶无近刑"。善恶于庄子并无分立的意义，其重点在于告诉人们对"名"与"刑"的远离，因为无论是名的光辉还是刑的可惧都会使我们陷入危险的境地，而庄子《养生主》之主旨就在于使人们保全生命，在复杂而危险的人间世中发现游走的空隙，使我们游刃其间，保全生命、尽己天年。

在《大宗师》中，庄子意在从理论的层面使处于人间世中的我们明晰人生真正的知即在于对生命的真切体认，使得我们即使身处纷扰世间亦能得到心灵安宁，此即撄宁与坐忘；在《养生主》中，庄子意在从现实的层面让我们明彻人生所应真正保守的是生命的全然，使得我们身处无奈的世间亦可安之若命、游刃有余，此即缘督以为经。因此宗师之旨与养生之主根本都落脚于生命，其价值指向亦本于心灵之安宁与精神之自由。然此由人入天的心灵回归之旅必须有天与道的指引方能达致，因此，宗师与养生之根本仍在于庄子永恒不变的主题——天与道的挺立。

第二节　由人走向真人

在《大宗师》篇中，庄子通过对真人与真知的描述与定义，为人间世中的我们厘清知识真正的含义，即真知是人通过对天与道的体认，从而对切己生命的真正理解：

> 泉涸，鱼相与处于陆，相呴以湿，相濡以沫，不如相忘于江湖。①

在庄子，生命之于人是最为首要的存在，然生命一旦失却了本真，亦失去了生命的乐趣。正如两条身处于陆地中的鱼，二者互相呼气、互相吐沫来湿润彼此，或许在世人眼中此情此景正是不断激励着自己突破逆境的动力，然在庄子此二者的生命实则处于危殆之中，如此勉强于命运的生命，不如于江湖中自在悠游，使生命真正成为生命本身而彼此相忘。因此，在庄子，处于世间的你我或许就是这两条鱼，复杂而冰凉的人间世亦如泉涸之陆地，与其在人间世中踽踽独行于危殆之中，不如真正去领会生命的意义，安心顺化，与道合一，成为一个真知的真人，于大化中自在逍遥，由人而入天。庄子之《大宗师》所宗师者天与道，然落脚点始终在人，归根于命。

在憨山德清，所谓"真知"，是关于天人之间的知：

> 知天知人之知，乃指真知，谓妙悟也。天，乃天然大道，即万物之所宗旨。……天之所为，盖天然无为，而曲成万物，非有心也。人之所为，谓人禀大道，乃万物之一数，特最灵者。……日用头头，无非大道之妙用，是知人即天也。苟知天人合德，是知之至也。②

在憨山德清，"真知"即所谓妙悟天人合德，天即人也，人即天也，妙悟天人本来无二；而"真人"即是悟得此天人一体、本来无二者。在憨山德清，悟得天人一体即是一个真知而真人的过程。且其所谓"天人合

---

① 郭象注，成玄英疏：《庄子注疏》，第133页。
② 憨山德清：《庄子内篇注》，第102页。

德"，实乃要人悟得我之本有真性，为禀于大道之天然妙性，"必如此真知妙悟，浑化之极，乃可名为真人。"①

对于天人一体之路，庄子认为"有真人而后有真知"，以真人而真知解之，憨山德清则以真知而真人解之。然此天人一体之路落实到现实人间世之中的我们来讲，这必将是一条上演而非下贯之路。在《大宗师》中，庄子对于"真人"概念的定义与描述都加有一前缀，即"古"之真人。"古"即当然不同于"今"，因此，"真人"一词在庄子早已是一个预设的概念或者说在时间上只存在于"古"，通过对其的形容与描述，可知此真人是一个闻道而有真知之人，因此，在庄子，古之真人即为真知者。然而对于"今"，在庄子所身处无道的人间世，"真人"已然无存，因此，落实到现实层面，庄子希冀由"今"反"古"，通过外物、坐忘、安命而闻道，由人通过真知而复归于真人。因此，以庄子的视角来看、从庄子的问题域出发，《大宗师》所宗师者即道，然道的面向仍在于人，因此，庄子的问题终究是人的问题，即如何由人而入天，如何由人走向真人的问题。在憨山德清，其真知而真人的过程即是人通过忘形、忘欲、妙悟本有自性而走向真人，此即悟明天人本于一体，了然天之在我者，即属我之真宰，如此忘却剥落掉假借之形，而为真人，即：

庄子：人→宗师于道→真人（天人一体）

憨山德清：人→妙悟天人一体→真人

因此，庄子与憨山德清目的都是欲由人而达致真人。在庄子，世间之人通过宗师于道而有真知，有真知则为真人，此即完成了由人而真人的过程，如此真人也即是与道合一、与物冥合而真正达致天人一体之境者；在憨山德清，世俗之人通过悟明天人一体之真知，了悟天属我之真宰，从而亦完成由人至真人的过程。因此综上而言，在《大宗师》，庄子与憨山德清所共同面对与解决的皆是由人走向真人的问题，问题所解决的方式也皆是由真知走向真人，然所不同在于：庄子由人到真人之关键在日损，憨山德清由人到真人之关键在妙悟。

---

① 憨山德清：《庄子内篇注》，第109页。

一 人—真知—真人

"真人"一词最早出于《庄子·大宗师》，可说"真人"概念即为庄子首创。后此概念被道教所广泛引用，把得道成仙、洞悉宇宙和人生本原、真正觉醒觉悟的人称为真人。"真人"一词亦多见于《庄子》之后的典籍，在《史记·秦始皇本纪》中，有"始皇曰：吾慕真人，自谓'真人'，不称朕。"[1]《淮南子·本经训》中，有"莫死莫生，莫虚莫盈，是谓真人。"[2]《九思·守志》有"随真人兮翱翔，食元气兮长存。"[3]《太上经》有"混茫之气，变化为真人，与时翱翔，有名无体。"《洞元自然经诀》有"真人者，体洞虚无，与道合真，同于自然，无所不能，无所不知，无所不通。"可见，在以上所引典籍中，"真人"概念亦大多出于《庄子》之意。在《庄子》一书中，"真人"一词共出现十八次，集中于以下几篇：

出处	原文
《大宗师》	有真人而后有真知。 何谓真人？古之真人，不逆寡，不雄成，不谟士。 古之真人，其寝不梦，其觉无忧，其食不甘，其息深深。 古之真人，不知说生，不知恶死。其出不欣，其入不距。 古之真人，其状义而不朋，若不足而不承。 其一也一，其不一也一。其一与天为徒，其不一与人为徒，天与人不相胜也，是之谓真人。 是之谓不以心捐道，不以人助天，是之谓真人。 真人之息以踵，众人之息以喉。
《徐无鬼》	（徐无鬼）曰："……久矣夫，莫以真人之言謦欬吾君之侧乎！" 故无所甚亲，无所甚疏，抱德炀和，以顺天下，此谓真人。于蚁弃知，于鱼得计，于羊弃意。以目视目，以耳听耳，以心复心。若然者，其平也绳，其变也循。古之真人！以天待之，不以人入天，古之真人！得之也生，失之也死；得之也死，失之也生。
《天道》	老聃曰："请问：仁义，人之性邪？"孔子曰："然，君子不仁则不成，不义则不生。仁义，真人之性也，又将奚为矣？"

---

① 司马迁：《史记》，第987页。
② 陈广忠：《淮南子》，第86页。
③ 屈原等：《楚辞》，第317页。

续表

出处	原文
《刻意》	纯素之道,唯神是守。守而勿失,与神为一。一之精通,合于天伦。野语有之曰:"众人重利,廉士重名,贤士尚志,圣人贵精。"故素也者,谓其无所与杂也;纯也者,谓其不亏其神也。能体纯素,谓之真人。
《田子方》	古之真人,知者不得说,美人不得滥,盗人不得劫,伏戏、黄帝不得友。死生亦大矣,而无变乎己,况爵禄乎!若然者,其神经乎大山而无介,入乎渊泉而不濡,处卑细而不惫,充满天地,既以与人己愈有。
《列御寇》	施于人而不忘,非天布也,商贾不齿。虽以事齿之,神者弗齿。为外刑者,金与木也;为内刑者,动与过也。宵人之离外刑者,金木讯之;离内刑者,阴阳食之。夫免乎外内之刑者,唯真人能之。
《天下》	常宽容于物,不削于人。虽未至于极,关尹、老聃乎,古之博大真人哉!

由于"真人"一词首出于《大宗师》,因此,在此篇中对于"真人"概念的阐释也应是庄子之"真人"本义。在以上所引"真人"一词的篇目中,除《天道》篇的"真人"概念有偏于《大宗师》中"真人"的意涵外,其他篇目的"真人"概念皆本于《大宗师》而有助于我们更丰富全面地理解庄子的"真人"义。因此,厘清《庄子·大宗师》之"真人"意涵,亦是本节一重点。

在一般意义上,所谓"真",即是对与假和虚相对的,而与客观事实相符合的事物的描述。因此首先,在"真人"一词,所真之"人"亦应是一个真实不虚、符合客观实际而非有主观色彩之人,是应与天地万物相并列而等同的存在。其次,在《说文》中,对于"真"的解释是"仙人变形而登天也"[1],此文化形态上的解释,说明时人对于"真"的认识进一步深入,在此,"真"是对一个仙人登天之后状态的描述,因此在这里"真"亦与"天"有着紧密的关联。回到"真人"一词,综合以上两点可得,所真之"人"应是真实不虚的、符合客观事实、由人而入天之人。如此之"真人"意涵似乎亦合于《庄子》中丧我而与道合一、冥于大化而可得逍遥的至人形象。回归《庄子》原文,在《大宗师》开篇中,庄子就点出"有真人而后有真知",继而对"真人"意涵做出了详尽阐释。

首先,此"真人":"登高不栗,入水不濡,入火不热,是知之能登假

---

① 许慎:《说文解字》,第201页。

于道者也若此"①。即在庄子，真人是一个能登假于道者，是一个能够得道体道之人，亦即是能"登天"者。真人登高而没有惧怕之感，入水而没有濡湿之感、入火而没有灼热之感，原因即在于真人有了对道之体察，因而不会使自己处于危殆境地。此亦如郭象所说：

> （真人）虽不以热为热，而未尝赴火；不以濡为濡，而未尝蹈水；不以死为死，而未尝丧生。②

成玄英解此为：

> 真人达生死之不二，体安危之为一，故能入水入火，曾不介怀；登高履危，岂复惊惧！③

憨山德清亦言：

> 言真人无心以游世，此全无得失利害之心。以情不附物，故水火不能伤。此则遗物全性，是知则能登遐于道也。④

真人闻道体道而能无心于外物，此亦是消解掉主观情意我之"吾"，即客观自然之人，与天地万物冥合为一之人。因此真人在此能以利害得失为一，不以我的视角看待对待世间万物，正因万物不属我，因而可外物而待之，如此，无心于自然而有真知，方与天地精神相往来。因此，此处之"真人"正因为其知可达于道，所以其能够外物而顺物之自然，能够保守属己之自然，不使自己的生命处于危险之中。因此，在庄子，顺万物之自然、与道合一的一个向度是向外的，即待物的方法与态度；另一向度则是向内的，即对己的态度，此亦是对生命的态度，保守自己的生命而不使其处于危殆亦是得闻于道，此即"鱼相忘乎江湖，人相忘乎道术"。

其次，此"真人"："不知说生，不知恶死。其出不欣，其入不距"。即真人对于生没有大喜之色，对于死亦没有大悲之感，能够以淡然态度处

---

① 郭象注，成玄英疏：《庄子注疏》，第126页。
② 郭象注，成玄英疏：《庄子注疏》，第126页。
③ 郭象注，成玄英疏：《庄子注疏》，第127页。
④ 憨山德清：《庄子内篇注》，第104页。

之。相较于《齐物论》之"其寐以魂交,其觉也形开",古之真人却能"其寝不梦,其觉无忧",因其以自然之态度对待万物,因而真人亦没有生死忧患存在。在《老子》五十章,有:

> 出生入死,生之徒,十有三;死之徒,十有三;人之生,动之于死地,亦十有三。夫何故?以其生生之厚。①

在老子,人生在世,出世为生、入土为死,长寿之人十中有三,早夭之人亦十中有三,然那些本来可长寿却过早死亡者,原因就在于"生生之厚",即过度奉养自己的身体。即在老子,人对于生命的欲望过强,亦容易使自己的意愿向相反的方向发展,此即"反者道之动,弱者道之用"。庄子进一步发展了老子的思想,在此处,"其出不欣,其入不距"即源于《老子》之"出生入死"。庄子对于生死亦以"翛然而往,翛然而来而已矣"②淡然描摹,认为:

> 死生,命也;其有夜旦之常,天也。③
>
> 夫大块载我以生,劳我以生,佚我以老,息我以死。故善吾生者,乃所以善吾死也。④
>
> 生者,假借也。假之而生生者,尘垢也。死生为昼夜。⑤

死生,即是如白天黑夜轮转一样自然的变化。因此,自然大道给予了我生命与形体,是让我生时劳作、老时放松、死时安息,因此,善待生者亦会善待死亡。生死本无差别,亦是自然之流转与大化变迁,对于生死又何必有喜怒与好恶之感呢?能外物亦能外死生。因此,庄子之"真人"即是以死生为一者。既然如此,则亦可"以生为附赘县疣,以死为决肔溃痈",而不知"死生先后之所在",如此真人,天机深深而息以踵,寝而无梦、觉而无忧,"芒然彷徨乎尘垢之外,逍遥乎无为之业"。

再次,此"真人":"其好之也一,其弗好之也一。其一也一,其不一

---

① 陈鼓应:《老子注译及评介》,第 103 页。
② 郭象注,成玄英疏:《庄子注疏》,第 127 页。
③ 郭象注,成玄英疏:《庄子注疏》,第 133 页。
④ 郭象注,成玄英疏:《庄子注疏》,第 134 页。
⑤ 郭象注,成玄英疏:《庄子注疏》,第 335 页。

也一。其一与天为徒，其不一与人为徒，天与人不相胜也"。即在对于外物的态度上，"真人"无心于好恶，能一而视之。因此，庄子之"真人"亦可浑一天人，不以一己之所见加于外物，顺物之自然，此也就是"人之有所不得与，皆物之情也"。了然于此，则：

> 彼特以天为父，而身犹爱之，而况其卓乎！人特以有君为愈乎己，而身犹死之，而况其真乎！①

人以天为父而尊爱它，更何况派生天地万物的大道；人以君主为高于自己而可为之而死，更何况真实无伪的大道。也即，在我们明了天人之分的前提下，能够消解、丧弃掉心灵之计度也即成心，回归于人之自然本然，以天为父、顺物之情而与道合一，则天与人此时也就处于一体而浑同之境。因此由天人之分至天人浑同的过程亦是由人而真人的过程，此是真正对大道之领会与感通，有通方有同，因同而有一。

庄子笔下之"真人"无忧患亦无是非，对于外物甚或生死都以超然而达观的心态处之，原因就在于古之真人身处世间而又能超越世间，其通过对自我的不断剥落而使得自身不断地冥合于天地、物化于大道：

> ……参日而后能外天下；已外天下矣，吾又守之，七日而后能外物；已外物矣，吾又守之，九日而后能外生；已外生矣，而后能朝彻；朝彻而后能见独；见独而后能无古今；无古今而后能入于不死不生。杀生者不死，生生者不生。其为物无不将也，无不迎也，无不毁也，无不成也。其名为撄宁。撄宁也者，撄而后成者也。②

古之真人所剥落的，也即是此处所"外"的，也就是对天下、对物、对生的眷恋与执着。在庄子《齐物论》，庄子已然为我们找寻到应如何处理与对待外部世界的方法与态度，此即是"吾丧我""莫若以明"：我们要丧弃掉主观情意我之成心而回归那个与道同体的客观无计度无是非的"吾"；我们要明了以道观之、以天照之的对待外物之方法，我们要懂得是非两行而休乎天钧、和之以天倪的对待外物之态度。而在《大宗师》庄子

---

① 郭象注，成玄英疏：《庄子注疏》，第133页。
② 郭象注，成玄英疏：《庄子注疏》，第139~141页。

所描绘的"真人"处，此与齐物之"吾"亦是可通约的，即庄子之"真人"是一个与天地万物同体的存在，而没有成心的矫饰；庄子之"真人"亦是一个与道为一的存在，而没有是非的分辨。

因此，综合而言，庄子之"真人"是一个保守心灵虚而不动、与万物化而为一、与道通而为一的存在。此也就是庄子所认为的一个人所应"真"的状态：真实而没有伪虚。《说文》解释"真"，为"仙人变形而登天也"，当然此解释更接近一种文化形态的解释，然而亦从中可知，真人是无限接近于天的存在，或其就是天道于现实的落实。

且在庄子，所谓"真知"，不同于面向外部世界的经验性知识，他认为：

> 言之所尽，知之所至，极物而已。睹道之人，不随其所废，不原其所起，此议之所止。①

也即在庄子，"知"与"道"有着本质的不同：所谓"知"，是一般的经验性知识，其所面向的是外在之物，因此，经验性知识的最大化也就是穷尽外物；然"道"相对于经验性知识，则属形上学的层面，其所面向所探究的并非外部之物理，而在于人之内在，也即道不会随外物的改变而发生变化，其始终为一，不会增长也不会缩减。庄子也称"道"为"大知"，其有言："去小知则大知明。"② 也即我们欲对道有所体贴就必须去除我们的经验性知识。在《大宗师》篇，庄子对"道"有大篇幅而具体的描述：

> 夫道有情有信，无为无形；可传而不可受，可得而不可见；自本自根，未有天地，自古以固存；神鬼神帝，生天生地；在太极之先而不为高，在六极之下而不为深，先天地生而不为久，长于上古而不为老。狶韦氏得之，以挈天地；伏戏氏得之，以袭气母；维斗得之，终古不忒；日月得之，终古不息；勘坏得之，以袭昆仑；冯夷得之，以游大川；肩吾得之，以处太山；黄帝得之，以登云天；颛顼得之，以

---

① 郭象注，成玄英疏：《庄子注疏》，第478页。
② 郭象注，成玄英疏：《庄子注疏》，第488页。

处玄宫；禺强得之，立乎北极；西王母得之，坐乎少广，莫知其始，莫知其终；彭祖得之，上及有虞，下及五伯；傅说得之，以相武丁，奄有天下，乘东维、骑箕尾而比于列星。[①]

在庄子，"道"之于宇、之于宙都是一个真实而又虚空的存在：真实于其"有情有信""可传""可得""生天生地"；虚空于其"无为无形""不可受""不可见"。在庄子，"道"之于万物又是一个与万物同体的存在："在太极之先而不为高，在六极之下而不为深，……"；在庄子，"道"之于人又是一个"为而不恃、生而不有"的存在。然，在此处，庄子作为一个深刻有感于世间的冰冷与无奈之人，相比于老子对"道"的描述，庄子更侧重于其之于人的作用与影响，以为人世间中的我们寻找到心灵安宁之方、生命安顿之所。因此，在庄子，"道"之于"人"并非仅仅是一个生成论意义上的客观存在，其更是我们仿效的对象。庄子希冀通过"以道观之""道通为一"的方式让我们体会到我们作为世间一独立存在之个体是与道同等而同一的存在，我们只有不断剥落自己而回归于我们自然而本然之"吾"，才真正与道同体，以道的视角观照这个世界、观照我们自身，以明了作为人的存在的"吾"所真正关注的并不是外在的对象，而是内在的自己——心灵与生命。

且，在此处，庄子更侧重于从知识性的角度展开对"道"的描述，即其是可传之而得，而非受之而有，此亦是"道"与"学"的差异，诚如老子所说"为学日益，为道日损"。首先，道并非以应用性为目的的学，学是一个不断积累不断增加的由师所受业的过程，且学之目的在于用；而道，在庄子，其与学相反，是一个不断做减法、不断损的过程，且这是一个传道的过程，是一种内心的领会，而非简单的接受。其次，就道与学的传播路径而言，"传"与"受"差别的一个方面就在于所受的往往是一个实有，且有受者就意味着有承者，一个受字即暗含着整个过程的完成；然所传的往往是一种涉及精神层面而非实有的存在，且传亦不意味着受动的完成。因此也可以说相比于"受"，"传"是一个在程度上更为艰难、在时间上更为漫长的过程。因此，在庄子，"可传而不可受"更从侧面道出了

---

① 郭象注，成玄英疏：《庄子注疏》，第 136~138 页。

"道"之实质，即所传之道与所得之道的目的指向绝不是外在性的工具上的用，因为"用"是属"我"的，其所面对的是以人之主观情意我视角为中心所观照的世界，如此，成心之下所呈现出的只能是人的世界，而非世界的世界。而对于处于不可逃避人间世的我们，特别是对于彼时彼世的庄子，"真知"即真正的知识，其不仅是关于天、关于道的知识，更是属人的。庄子在此处用"知"来形容此"真知"，亦在于澄清知识之真正意涵，即真正的知识必定是真正围绕人而展开的知识，是关乎生命之根本处的知识。庄子之《大宗师》篇也意在为处于人间世的我们厘清何谓真正的知，使我们真正懂得生命的意义，而去真正过一种由人入天的生活。虽处于冰凉无奈之人间世，我们的心灵亦能得到安宁，此即撄宁之旨。

因此，在庄子处，所谓的"真知"不仅不等同于经验性知识，且欲获得真知必须要不断剥落掉我们已有的经验性知识，"真知"即是关于道的、关于天人的知，宣颖亦认为：

> 夫人者，天之所生也，天人同一自然，未尝有二，则生死之间曾可以我与乎哉？彼之所知亦大不必矣。过得生死关去，方是真人；看得生死关破，方是真知。……至第四段特点出"天与人不相胜也"，可见天人一致，这才是真知。①

在庄子，"天""道"之于"真人"就是一个所宗所师的存在，亦只有虚心不动之真人才能成为道的接续者，才能真正得道之所传而与万物冥合、与道相感通，而有得道之"真知"，此即庄子之"有真人而后有真知"。

庄子在《大宗师》中所言"真人"，皆称为"古之真人"，而通过上述对"古之真人"意涵的分析，明了庄子所谓古之真人已然是由人而入天之人，也即为与天地精神相往来而与道合一之至人。在此处，古之真人也必然是闻道体道而有真知之人，因此，在《大宗师》开篇，庄子所言"且有真人而后有真知"亦应与此相贯通。且我们亦应明了，有真知者，即于道有所体贴者、日损其知者亦应是一个逐渐接近道而成为真人者，也即有

---

① 宣颖：《南华经解》，第47页。

真知也即为真人。所以，在此处，庄子所言真人而真知的次序过程应为针对"古之真人"而言，古之真人已然达到"其一与天为徒，其不一与人为徒，天与人不相胜"，即天人一体、与道合一之境，因此其真人与真知是当下一体而有之的，古之真人与真知亦是相互发明的。然对现实处于人间世中的你我而言，尚且停留在"相濡以沫"之人的状态，而非"相忘于江湖"的真人境界。就庄子之问题域，即从人间世之人的角度出发，人与真人毕竟有着巨大差异，而欲使人蜕变至真人则必须宗师于道，经过为道之锤炼，有了对道对人之真知，方能接近真人，而由人入天，真正与道合一。因此，对于世间之人，欲达致由人而天、逍遥自得、齐同万物之目的则必须历经真知而真人的过程，也即必经由人走向真人的道路。因此，庄子在《大宗师》中亦极尽人情、切近人世之能事，对人之外在事物一一勘破、一一外除，使人对于最切己之生死亦能够"不忘其所始，不求其所终"而入于不死不生之境地；对于人之不可干预改变的外在事物亦能够安时处顺，"知其不可奈何而安之若命"。此即是为道日损、日渐真知的方式与过程，最终使我们由人而达到真人的质变，即达"有骇形而无损心，有旦宅而无情死""堕肢体，黜聪明，离形去知，同于大通"之心灵虚静、不动而应化万物的真人状态，此亦是一种逍遥而齐物的境界与心态，如此，天人一体、与大道通而为一。

在憨山德清，对于"真知"与"真人"，其认为：

> 古人所云："知之一字，众妙之门；知之一字，众祸之门。"盖妙悟后，方是真知；有真知者，乃称真人，即可宗而师之也。①

即在憨山德清，其亦继承庄子真知而真人的上演路向，认为"有真知者，乃称真人"，而有真知之真人亦即可宗师者。其所谓的"真知"则在根本上不同于庄子之"真知"。在憨山德清，其所谓的"真知"，即通过妙悟后获得的关于"天人一体""（天人）本来无二"的知。在阐释庄子之"真知"义，即"知天之所为，知人之所为者，至矣"一句，其言：

> 天，乃天然大道，即万物之所宗旨。所为，谓天地万物，乃大道

---

① 憨山德清：《庄子内篇注》，第103页。

全体之变，故曰"天之所为"。盖天然无为，而曲成万物，非有心也。人之所为，谓人禀大道，乃万物之一数，特最灵者。以赋大道之全体，而为人之性，以主其形，即所谓真宰者。故人之见闻知觉，皆真宰以主之；日用头头，无非大道之妙用，是知人即天也。苟知天人合德，乃知之至也。①

即此处在憨山德清看来，所谓"真知"并非如庄子之对于人之切己生命的认识与把握的真正的知。即憨山德清的"真知"，其所知者虽亦涉及天人，然其更侧重于认知的层面，然谈及认知，则其所指向与面向的必为形下层面的见闻知觉，也即涉及外部世界的经验性的知识。庄子"知天之所为、知人之所为"的根本目的在于从精神上、心灵上有对人的真正把握与理解，这是一种内向性的观照；憨山德清"知人即天，知天人合德"的根本目的在于使人客观认识到大道之在我者，即认识到我本有之真宰，这是一种外向性的认知。其继而有言：

> 所知者，在人日用见闻觉知之知也。所不知，谓妙性本有，人迷不觉，故日用而不知。……人苟能于日用之间，去贪离欲，即镜明心，回光返照，以复其性，是以知之所知，养其知之所不知。如此妙悟，乃知之盛也。②

我说以人养天，不是离人日用之外别有妙道。盖天即人也，人即天也。直在悟得本来无二，原无欠缺。苟真知天人一体，方称为真人矣。③

在憨山德清，"所知"即所谓人之日用见闻之知，也即经验性知识。然诚如其所说"以知之所知，养其知之所不知"，由经验性知识所推出的也必为经验性的知识，而非超验形上的把握观照。且其所不知者，亦"不离人日用之外别有妙道"，因此，此不知者亦存在于外在世界的日用见闻之中，此即憨山德清所言之"天即人也，人即天也"。因此，憨山德清之"妙悟"也即"知"所谓的天人一体，其所指向都是外在世界，即憨山德清之"真知"虽为妙悟天人一体，知天之在人处的妙性本有，然其在大旨

---

① 憨山德清：《庄子内篇注》，第 102 页。
② 憨山德清：《庄子内篇注》，第 103 页。
③ 憨山德清：《庄子内篇注》，第 103 页。

上仍是将此"知"指向外在之伦常日用，且更侧重于认知义，而非如庄子之从精神、心灵上对人之本质的把握与观照的"真知"。正是因为憨山德清将此"真知"作经验性理解，因此，此"知"亦有真伪、妙祸之分：

> 然知天知人，即众妙之门也；"虽然，有患"，即知之一字，众祸之门也。谓强不知以为知，恃强知而妄作，则返以知为害矣。此举世聪明之通病也。①

因此，综上而言，憨山德清之"真知"即为妙悟天人一体。然此"真知"是由对于外部世界的经验性认识所得到的知，其所知之目的在于悟得"人人同有之真体，所谓真宰、天君是也"②，如此亦可外形骸、破我执而得逍遥解脱。

如果说由人而天、天人一体是庄子由人而至真人所欲达到的目的性存在，然在憨山德清处，天人一体则是作为由人通往真人的工具性存在。此差别亦牵涉于二者"真人"意涵的差分。

对庄子"真人"的意涵前文已有详细阐述，即为保守生命不使其处于危殆之境、以死生为一之人，是得道体道者，亦是由人而天、天人合一之人。然在憨山德清，"真人"是所谓的得真知者，也即是悟得天人一体者，由于憨山德清处的"真知"是一种外向性的经验性认知，因此，获得此真知的真人即作为此知识的拥有者。天人合一之"真人"与认识到天人合一之"真人"，是有着"在之中"与"在之外"的分立的，"在之中"的人是一种境界上、目的上的存在，而"在之外"的人只能做一种实质上、工具上的存在。此亦再次印证庄子之问题域、庄子之问题落脚点始终是人，人才是庄子的目的。

因此，在憨山德清，人通过妙悟天人一体而有真知、而为真人的过程，其中虽有内向性体悟，然其动作的完成在实质上仍是一种知识的认知与接收过程，且其过程最终目的在于妙悟人人本有之真性，使得人能够忘形、忘欲，"直于天地造化同流，混融而为一体，而为世间人物之同宗者，

---

① 憨山德清：《庄子内篇注》，第103页。
② 憨山德清：《庄子内篇注》，第109页。

故曰'大宗师'者，此也。"① 其最终目的虽亦指向于人，然与庄子之指向
有在人与在天、工具与境界的差别。

在憨山德清，人所得之真知即为"真宰"：

> 以赋大道之全体，而为人之性，以主其形，即所谓真宰者。②
> 所宗者，大道也。以大道乃天地、万物、神人之主。今人人禀此
> 大道而有生，处此形骸之中，为生之主者，所谓天然之性。以形假而
> 性真，故称之曰"真宰"。③

所谓"真宰"，在憨山德清也即真性之在我者，是人人同有的真体，
也称之为天君。在此，憨山德清在阐释天人一体的过程中，则以人所禀赋
于天的性，即天然之性来比附真宰。对于"性"，憨山德清在其《中庸直
指》中有详细阐释。首先，其以"性"诠释"中庸"二字：

> 中者，人人本性之全体也。此性天地以之建立，万物以之化理，
> 圣凡同禀，广大精微，独一无二。所谓惟精惟一，大中至正，无一物
> 出此性外者，故云中也。庸者，平常也，乃性德之用也。谓此广大之
> 性，全体化作万物之灵，即在人道日用平常之间，无一事一法不从性
> 中流出者。故吾人日用行事之间，皆是性之全体大用显明昭著处。④

即在憨山德清，"性"即为人人本具而所禀赋于天地者，此是性之体；
然人道日用平常之中，无一不是性之全体大用的体现，此即性之用。具体
到吾人所得之性，憨山德清认为：

> 天命之谓性者，言吾人之性，天然属我，不假外求，而我得之而
> 为命。所谓天然之性，而为天然之命者也。盖天然之性，赋在形壳之
> 中，是故人之有生，与形为主者命，与命为主者性，性命不二。
> 谓吾人既禀天然之性而为命，故有生于天地之间而为人，既以此
> 性为形命之主。是则自有厥生以来，凡有食息起居，折旋俯仰，动作

---

① 憨山德清：《庄子内篇注》，第 114 页。
② 憨山德清：《庄子内篇注》，第 102 页。
③ 憨山德清：《庄子内篇注》，第 113 页。
④ 憨山德清：《中庸直指》，第 14 页。

云为，乃至拈匙举箸，咳唾掉臂，无一事不是性之作用。①

此即我所禀赋于天之性，即天然属我、人人本具，憨山德清称此为"天然之性"。且自人有生以来，日用伦常之间，无一不是受此性之浸染、受此性之作用。由此可知，憨山德清在此处完全以传统儒家的天命之性思想来诠释《大宗师》中真人所获之真知，即真宰。憨山德清以传统儒家思想为基础，以"性"来打通天人之间的关系，以此论证天人一体、本来无二，要人知道世间之人人本具大道，禀此而有生，此也即是天然之性。因此，人人妙悟于此，也即有了真知，而成为真人——可得而宗师者。

然憨山德清以"妙悟"形容对真宰、真性的获得，涉及憨山德清本有之佛教思想。"妙悟"一词最初见于东汉僧肇的《长阿含经序》，有：

晋公姚爽质直清柔，玄心超诣，尊尚大法，妙悟自然。②

此后，"妙悟"一语多被佛教禅宗所普遍使用，而成为中国禅宗的重要范畴之一，其根本在于使人们通过参禅、体悟的方式来明心见性，从而达到本心的清净、空灵的精神境界，也即如六祖慧能所言：

菩提本无树，明镜亦非台。本来无一物，何处惹尘埃？③

因此，在论及"真知"处，憨山德清虽以儒家天命之性的思想作为天人合德的基础，然其仍以佛教禅宗之"妙悟"作为获得此真知即人人本具之自性真宰的方式，充分体现了憨山大师以禅化儒、以佛通庄的三教会通思想。憨山大师正是以其儒释道思想会通的理论基础与背景，使得其在诠释思想、阐释概念的过程中得以融会贯通。对于"真知"概念的阐释，其以儒家思想为辅助，以佛教思想为本位，对于庄子之"真知"做出了不失其理论旨趣的诠释与定位。

总体而言，憨山德清对于《大宗师》的疏解亦是本着庄子由人走向真人的道路，其中虽以佛教禅宗之"妙悟"归结真知，然由于其知的外在性面向，所知的获得者即真人只能是现实的接受者，而非境界的观照者。因

---

① 憨山德清：《中庸直指》，第 14 页。
② 宗文点校《长阿含经》，宗教文化出版社，2011，第 161 页。
③ 《坛经》，第 56 页。

此，庄子与憨山德清虽然具体的论述路径不同，然都为现世之人、为彷徨于人间世的我们指明了一条通往天的道路。

二 撄宁与坐忘：入道之工夫

在庄子，"真人"是闻道体道者，其不使人之切己的生命处于危殆之中，然对于死生又以齐一的态度对待，因此如此之真人亦是与万物冥合于大道、无己而逍遥、丧己而齐物之至人。庄子之《大宗师》实是意在为人间世之人找寻通往真人、由人入天的道路，使人在无奈而冰凉的人间世亦能安之若命、体道入天，使心灵与精神不再有紧张与不安。此即撄宁与坐忘。

在憨山德清，其以三教会通思想对庄子的"真知"做出了不失其理论旨趣的阐释，即妙悟天人合德而悟得本有之真宰，得此真知之真人亦为可宗而师者：

> 此大宗师，即《逍遥》所称神人、圣人、至人。所言"有情有信"，即《齐物》之"真宰"，及《养生》篇"生之主"。若不悟此而涉人世，必有形骸之大患。①

因此，在憨山德清，由人走向真人的道路亦必需入道之真实工夫，使人由此悟得真知而真人：

> 此前论大道，虽是可宗可师，犹漫言无要。此一节，方指出学道之方。意谓此道，虽是人人本有，既无生知之圣，必要学而后成，今要学者，须要根器全美，方堪授受。授受之际，又非草率，须要耳提面命，守而教之。②

由人走向真人的过程在庄子也即由人入天、闻道的过程，需要我们体道而有真知，即对人之生命的真正体认。庄子以南伯子葵与闻道之女偊间的对话向我们剖析了闻道的过程与层次：

---

① 憨山德清：《庄子内篇注》，第114页。
② 憨山德清：《庄子内篇注》，第116页。

南伯子葵问乎女偊曰："子之年长矣，而色若孺子，何也？"曰："吾闻道矣。"南伯子葵曰："道可得学耶？"曰："恶！恶可！子非其人也。夫卜梁倚有圣人之才而无圣人之道，我有圣人之道而无圣人之才。吾欲以教之，庶几其果为圣人乎？不然，以圣人之道告圣人之才，亦易矣。吾犹守而告之，参日而后能外天下；已外天下矣，吾又守之，七日而后能外物；已外物矣，吾又守之，九日而后能外生；已外生矣，而后能朝彻；朝彻而后能见独；见独而后能无古今；无古今而后能入于不死不生。杀生者不死，生生者不生。其为物无不将也，无不迎也，无不毁也，无不成也。其名为撄宁。撄宁也者，撄而后成者也。"①

在此处，庄子便借女偊之口点明"道"与"才"，也即"道"与"知"的不同。诚如上文已提及，道并非是外在的经验性知识，其所面向的是内在性的人，因此道是不可学而得的，闻道是一个"为道日损"的过程；而才是由知而来，其所面向的是外在客观世界，因此是可教可受的，是一个"为学日益"的过程。因而，女偊在此亦用"闻"而非"学"形容人之得道，在孔子亦有言"朝闻道，夕死可矣"。② 二者亦有精粗的差分，吕惠卿认为：

> 有圣人之道者，得其大本大宗；有圣人之才者，能以是道推之天下国家也。卜梁倚有其才而无其道，故守而告之，由粗以至精。③

因此综上，道与才所获得的方式与所指向的对象都截然不同。对此，褚伯秀有言：

> 道者，所以建中立极，启迪人心；才者，所以开物成务，恢规创业。④

成玄英亦有言：

---

① 郭象注，成玄英疏：《庄子注疏》，第 139～141 页。
② 杨伯峻译注：《论语译注》，中华书局，2014，第 46 页。
③ 褚伯秀：《庄子义海纂微》，第 203 页。
④ 褚伯秀：《庄子义海纂微》，第 206 页。

虚心凝淡为道，智用明敏为才。言梁有外用之才，而无内凝之道；女偊有虚淡之道，而无明敏之才。各滞一边，未为通美。然以才方道，才劣道胜也。①

也即，"道"与"才"虽各有面向，然二者相较，终究是"才劣道胜"。

庄子继而对闻道之方进行了层层剥离，也即外天下、外物、外生，继而朝彻、见独、无古今，继而入于不死不生，终至撄宁。对于"外"，也即与"内"与"里"相对而言，《说文》解释为："外，远也"②；郭象认为："外，犹遗也"③；成玄英认为："外，遗忘也"④；林希逸亦以"外"为"遗"⑤。《说文》解"遗"为"亡"⑥，《释言》解"遗"为"离"⑦。且对于"忘"而言，"忘"与"外"不仅有意义上的不同，且庄子毕竟是用了"外"天下，而非"忘"天下，此亦正如前文所述"忘"与"无"、"忘"与"丧"的差分。因此综合而言，"外"有"远""遗""离""亡"之意，亦贴近《逍遥游》之"无"意与《齐物论》之"丧"意。因此庄子在此处即是以"外"的方式消解、丧弃掉不属于人的、在人之外的东西。然憨山德清则亦以其佛教本位之思想以"外"为"忘"。

首先，闻道之第一层次在庄子也即将不属于人、不属于内之外在事物消解掉，在庄子，首先是"外天下"，进而是"外物"，再次即"外生"。憨山德清疏解此为：

> 天下疏而远，故三日而可外。……物渐近于身，故七日而忘。生则切于己者，故九日之功乃外。⑧

方勇、陆永品在其《庄子诠评》中解释此为：

---

① 郭象注，成玄英疏：《庄子注疏》，第 139 页。
② 许慎：《说文解字》，第 44 页。
③ 郭象注，成玄英疏：《庄子注疏》，第 139 页。
④ 郭象注，成玄英疏：《庄子注疏》，第 139 页。
⑤ 林希逸：《庄子鬳斋口义校注》，第 132 页。
⑥ 许慎：《说文解字》，第 58 页。
⑦ 郭璞：《尔雅》，第 12 页。
⑧ 憨山德清：《庄子内篇注》，第 115 页。

天下疏远，故三日可忘；资身之物亲近，故七日可忘；形体最近，故积九日之功可忘。①

二者虽以"外"为"忘"，然亦较全面而概括地分析出其中渐次之层次。在此，所谓"外物"之"物"在庄子侧重于资身者，也即功名之属，郭象以物为"朝夕所需，切己难忘"②者，因此"外物"也近于《逍遥游》之"无功""无名"；对于"外生"，成玄英解释为"堕体离形，坐忘我丧"③；宣颖解之为"忘身体"④；陆树芝解之为"忘生死"⑤。无论是形体之生，抑或生死之生，此在庄子都是外在于"吾"者，然对于"我"而言，身体与生命亦是最切己者，因此"外生"之后的主观之"我"方能达到客观之"吾"的大境界，也即"朝彻"，这是一种在精神上、心灵上所达到的通透状态与境界，亦是对现实的超越。所谓"朝彻"，在郭象即为"豁然无滞"；在成玄英即为"惠照豁然，如朝阳初启"；在林希逸即为"胸中朗然，如在天平旦澄澈之气"；在憨山德清即为"忽然朗悟，如睡梦觉"；在宣颖即为"如平旦之清明"。因此，所谓"朝彻"也即是外天下、外物、外生之后所达到的物我两忘、一朝而通的状态，此状态也确乎是闻道而觉的当即反应。

闻道之第二层次也即是在"朝彻"之后，如果说"朝彻"是于道有闻而豁然有贯通之感，则之后的"见独""无古今""不死不生"则是得道体道而入于与道合一、由人而天之境。所谓"独"，也即是无对无偶者、自本自根者，也即是"道"。成玄英对此有详尽阐释：

夫至道凝然，妙觉言象，非无非有，不古不今，独往独来，绝待绝对。睹斯胜境，谓之见独，故老经云"寂寞而不改"。⑥

冯友兰亦有言：

---

① 方勇、陆永品：《庄子诠评》，第109页。
② 郭象注，成玄英疏：《庄子注疏》，第139页。
③ 郭象注，成玄英疏：《庄子注疏》，第140页。
④ 宣颖：《南华经解》，第89页。
⑤ 陆树芝：《庄子雪》，第90页。
⑥ 郭象注，成玄英疏：《庄子注疏》，第140页。

所谓见独，就是与道相见了。庄周认为，道是绝对，没有跟它相对立的，所以称之为独。①

因此，朝彻之后也即是得道而有真知，有此真知，则作为个体之"我"亦即为"吾"，如此之"吾"已然是"无己""丧我""外物"者，如此之"吾"有闻于道而独与天地精神相往来，这是一种空间上的与天地、与道之间的贯通；"无古今"则是在时间上的横摄，如此之"吾"与道通为一，超越时间、空间上的限制，而使精神无限上升——入于天、通于道；如此之"吾"，能入于不死不生之境，这是对生死的超越，亦是对执着的摆脱。如此之闻道体道之"吾"，则"无不将也，无不迎也，无不毁也，无不成也"，此亦是顺物之情、安时处顺，如此之"吾"的心灵得以安、精神得以宁，如此之"吾"亦由人而走向了真人。

庄子将此闻道体道的层次、此由人而真人的过程，称之为"撄宁"。庄子解释为"撄宁也者，撄而后成者也。""撄"有接触、触犯之意，《孟子》有："虎负嵎，莫之敢撄。"亦有扰乱之意。在《庄子》原文之中，有：

> 崔瞿问于老聃曰："不治天下，安藏人心？"老聃曰："女慎，无撄人心。……昔者黄帝始以仁义撄人之心。② 夫至人者，相与交食乎地而交乐乎天，不以人物利害相撄，不相与为怪，不相与为谋，不相与为事，倏然而往，侗然而来。③
>
> 修胸中之诚以应天地之情而勿撄。
>
> 吾与之乘天地之诚而不以物与之相撄。
>
> 请只风与日相与守河，而河以为未始其撄也，恃源而往者也。④

在以上所引《庄子》原文之"撄"，大都有"扰乱""束缚"之意。因此所谓"撄宁"，是一种"撄"而"宁"的状态，也即虽处扰乱之境，然吾心安宁不乱，此即是由人入天，与道合一的状态。对于"撄宁"，庄

---

① 冯友兰：《中国哲学史新编》，人民出版社，2014，第71页。
② 郭象注，成玄英疏：《庄子注疏》，第203~204页。
③ 郭象注，成玄英疏：《庄子注疏》，第418~419页。
④ 郭象注，成玄英疏：《庄子注疏》，第436页。

学史中历代主要注家对此多有阐释：

郭象认为：

> 夫与物冥者，物萦亦萦，而未始不宁也。①

成玄英认为：

> 撄，扰动也；宁，寂静也。夫圣人慈惠，道济苍生，妙本无名，随物立称，劲而常寂，虽撄而宁者也。……既能和光同尘，动而常寂，然后随物撄扰，善贷生成也。②

林希逸认为：

> 撄者，拂也。虽撄扰汨乱之中而其定者常在。宁，定也。撄扰而后见其宁定，故曰撄宁。③

憨山德清认为：

> 撄者，尘劳杂乱，困横拂郁，挠动其心，曰"撄"。言学道之人，全从逆顺境界中做出，只到一切境界不动其心，宁定湛然，故曰"撄宁"。④

郭庆藩认为：

> 置身纷纭蕃变交争之地，而心固宁焉。⑤

宣颖认为：

> 于世纷撄扰中而成吾之大定。⑥

---

① 郭象注，成玄英疏：《庄子注疏》，第 450 页。
② 郭象注，成玄英疏：《庄子注疏》，第 141 页。
③ 林希逸：《庄子鬳斋口义校注》，第 88 页。
④ 憨山德清：《庄子内篇注》，第 115 页。
⑤ 郭庆藩：《庄子集释》，第 75 页。
⑥ 宣颖：《南华经解》，第 81 页。

陆树芝认为：

> 物有系着，故牵扰而不宁。道则任万物之牵扰，仍自宁静。是正以撄而成此名者也。①

因此，综上而言，"撄宁"是一种即使身处干扰之中，有外物之诱惑、功名之挠动，然我亦自定、自宁的状态与境界。然达此自定、自宁境界的前提是对己之外在事物的"外"、"无"与"丧"，而保守心灵的虚与静，如此，心灵与精神也自然摆脱外界威压而得以自由。

相对于庄子朝彻之后而见独体道，在憨山德清，于朝彻朗悟之后，则：

> 悟一真之性，不属形骸，故曰"见独"。悟一真之性，超乎天地，故曰不属古今。了悟性真，超乎天地，量绝古今，则见本来不死不生。生者，有形之累也。既悟性真，则形骸已外，物累全消，……而一性独存。形化性全，则与道冥一，而能造化群生，而一真湛然。……道体千变万化，化化无穷，故无不将也；在乎人者，日用头头，左右逢元，故曰无不迎也。道体陶镕万化，挫锐解纷；触处现成，不假安排。学道之人，全从逆顺境界中做出，只到一切境界不动其心，宁定湛然。②

即在憨山德清，人于朝彻之后，妙悟禀赋于天之所得的一真之性，即为"见独"，如此则形骸可外，物累全消。即在庄子处，人所见之"独"为全体之大道而能与天地精神相往来；然在憨山德清，人所见之"独"则为一己之真宰而能外形骸；在庄子，人之"见独""无古今""入于不死不生"是一朝而彻闻道而由人而天、与道合一的状态与境界；在憨山德清，此则为一己真性，也即真宰对形骸、古今、天地的超越。憨山德清认为此学道之方在授受之际，须耳提面命：

> 教之之方，又不可速成，须有渐次而入，故使渐渐开悟。其三日

---

① 陆树芝：《庄子雪》，第78页。
② 憨山德清：《庄子内篇注》，第115页。

外天下，七日外物，九日外生死，而后见独、朝彻，此悟之之效也。①

在憨山德清看来，妙悟一己之真性是一个授受而学的过程，且此过程亦是一个渐次而悟的过程，原因就在于憨山德清以传统儒家思想天人合一的理论嵌入此悟道过程，认为此道虽人人本有，然无生而知之者，因此对于当今之世人必待学而后成。因此，"撄宁"在庄子是一个人闻道体道而为真人的结果，在憨山德清则为人学道妙悟本性而为真人的功夫。也即在庄子撄宁是目的，在憨山德清撄宁则是工具：

> 既悟此道，则一切处，日用头头，触处现成，纵横无碍。虽在尘劳之中，其心泰定常宁，天君泰然，湛然不动。工夫到此，名曰"撄宁"。何谓撄宁？盖从杂乱境缘中做出，故曰"撄而后成者也"。②

在庄子，撄宁是一种虽撄而宁的境界，即我虽处人间世的繁杂之中，然我亦不动心于外界而保持心灵的虚与静，此即《大宗师》所言之"坐忘"：

> 颜回曰："回益矣。"仲尼曰："何谓也？"曰："回忘仁义矣。"曰："可矣，犹未也。"他日复见，曰："回益矣。"曰："何谓也？"曰："回忘礼乐矣！"曰："可矣，犹未也。"他日复见，曰："回益矣！"曰："何谓也？"曰："回坐忘矣。"仲尼蹴然曰："何谓坐忘？"颜回曰："堕肢体，黜聪明，离形去知，同于大通，此谓坐忘。"仲尼曰："同则无好也，化则无常也。而果其贤乎！丘也请从而后也。"③

在此，庄子借儒家代表人物孔子与颜回之口道出仁义礼乐对于人心的撄扰与滞碍，如此使得"天之小人，人之君子；人之君子，天之小人"的意涵进一步强化。在庄子看来，儒家之君子也即为：

> 以仁为恩，以义为理，以礼为行，以乐为和，熏然慈仁，谓之

---

① 憨山德清：《庄子内篇注》，第 116 页。
② 憨山德清：《庄子内篇注》，第 116 页。
③ 郭象注，成玄英疏：《庄子注疏》，第 155~156 页。

君子。①

然此君子在庄子实是不符合道家之理想圣人形象的：

> 以天为宗，以德为本，以道为门，兆于变化，谓之圣人。② 夫知者不言，言者不知，故圣人行不言之教。道不可致，德不可至。仁可为也，义可亏也，礼相伪也。故曰：失道而后德，失德而后仁，失仁而后义，失义而后礼。礼者，道之华而乱之首也。③

老子亦有言：

> 大道废，有仁义；智慧出，有大伪；六亲不合，有孝慈；国家昏乱，有忠臣。④

在老子与庄子看来，仁义礼智是无道之后的序列，然在一个有道的世间，仁义礼智只能导致昏乱与不合。此亦是君子与圣人的差分，也即儒家之君子是一个不断向外的为而益者，然道家之圣人则是一个不断向内的无为而损者。憨山德清认为：

> 欲学大道，必须屏绝有心要为仁义、恭矜、智能之事，方可超玄入妙，而逍遥乎大道之乡。盖仁义、智能，乃功名之资，世俗之所尚，实为大道之障碍故。⑤

因此，在《大宗师》，庄子希冀人间世的我们，虽身处无道的社会，然亦能够真正过一种属人的生活，此即是由人入天的生活，而摆脱了仁义礼智的撄扰与纷乱，使得心灵与精神能够虚静而安宁。所谓"坐忘"，也即"离形去知，同于大通"，首先这是一种对形体与智巧的泯灭，其次要"同于大通"。成玄英认为，所谓"通"，即是"所谓道能通生万物，故谓

---

① 郭象注，成玄英疏：《庄子注疏》，第 555 页。
② 郭象注，成玄英疏：《庄子注疏》，第 554 页。
③ 郭象注，成玄英疏：《庄子注疏》，第 390 页。
④ 陈鼓应：《老子注译及评介》，第 45 页。
⑤ 憨山德清：《庄子内篇注》，第 128 页。

道为大通也"①；憨山德清解"通"为"物我两忘，浩然空洞，内外一如"②。即"通"可解为大道，"同于大通"也即与道合一、与万物冥合，抑或"通"是一种贯通、透彻、一如的状态与境界。因此，"通"既可理解为道，亦可为一种闻道体道的境界。然此境界绝非智巧可入：

> 方内曲学之士，果能自损兼忘，而与道大通，虽圣智亦尝让之。……此等功夫，非智巧可入也。③

闻道而与天合一亦是一种与天地精神相往来的境地，而此境地亦是由"通"而有，因此"通"是一种透与彻，如此我们的心灵才能虚静，虚静亦是一种中空的状态，如此天人才能贯通无二、通而为一，身处人间世的我们才能大清明于世间之不属我者、才能安于生死之变、才能安于命运之无常。庄子《天下》篇有言：

> 生也死之徒，死也生之始，孰知其纪！人之生，气之聚也。聚则为生，散则为死。若死生为徒，吾又何患！故万物一也。是其所美者为神奇，其所恶者为臭腐。臭腐复化为神奇，神奇复化为臭腐。故曰："通天下一气耳。"④

对于人间世的我们，生与死是最切己者，亦是我们最不由己者，是最不为我们所决定的。因而在庄子，如若我们能撄宁、坐忘而与大道相通、同于大道，则我们亦有对自己生命的透与彻：

> 得者，时也；失者，顺也。安时处顺，哀乐不能入也，此古之所谓帝之县解也，而不能自解者，物有结之。且夫物不胜天久矣，吾又何恶焉！⑤

面对得与失，过分的喜乐与悲哀都不应是闻道之真人所当有的外在表露，因为这是自然的流转与变化，是人力所不得干预与抗拒的，是"物不

---

① 郭象注，成玄英疏：《庄子注疏》，第156页。
② 憨山德清：《庄子内篇注》，第128页。
③ 憨山德清：《庄子内篇注》，第128页。
④ 郭象注，成玄英疏：《庄子注疏》，第391页。
⑤ 郭象注，成玄英疏：《庄子注疏》，第143页。

胜天"者。因此，庄子在《大宗师》篇末，以"命"作为结语：

> 子舆与子桑友。而霖雨十日，子舆曰："子桑殆病矣！"裹饭而往食之。至子桑之门，则若歌若哭，鼓琴曰："父邪！母邪！天乎！人乎！"有不任其声而趋举其诗焉。子舆入，曰："子之歌诗，何故若是？"曰："吾思夫使我至此极者而弗得也。父母岂欲吾贫哉？天无私覆，地无私载，天地岂私贫我哉？求其为之者而不得也！然而至此极者，命也夫！"①

庄子以无限悲悯的情感与语言将我们人的无可奈何归结于不可抗拒的命，然因为人间世中我们的有限性、嘶吼与挣扎的无用，庄子又是无限清醒与冷静的，庄子在此虽极尽呐喊，然而亦希冀我们能够安时处顺于无情的命运，从而安顿我们敏感的神经、疲惫的心灵。此亦是宗师之旨，即庄子希望通过撄宁与坐忘而使处于无奈与冰冷的人间世中的我们能够闻道体道而有真知，从而能够与道合一、由人入天而过一种真正属于人的生活，而成为真人。真人的我们面对天下、面对外物、面对生死、面对命运，亦不改我们虚静安宁的心灵、不变我们自由逍遥的精神。

憨山德清以撄宁、坐忘为入道工夫，希冀如此而妙悟天之所赋而人人本有之真宰，如此有真知而为真人，则亦可物我两忘，通于大道而入自得超然之境：

> 真人所得，殊非妇人小子之所知，……必有真知，然后为真人。必若顺化而游，死生无变，无生可恋，无死可拒。要学人必造到如此超然独得之妙，纯一无疵，方为学问能事之究竟处，是可称为大宗师矣。②

因此综上而言，由人走向真人的道路，对于庄子，问题的出发点与落脚点都关切于人，人始终都是目的与归宿；对于憨山德清，由于其以佛学为本位的思想基础与背景，其问题的落脚点始终围绕佛家之真性与真宰，成为真人亦只是其找寻真宰的结果而非目的，是不期然而然的。然而憨山大师亦以其三教会通思想与其佛学体悟之功力，对庄子《大宗师》做出了

---

① 郭象注，成玄英疏：《庄子注疏》，第156～157页。
② 憨山德清：《庄子内篇注》，第121页。

不失庄子精神的诠释，使得儒释道三家思想在此得以贯通而得以全面展现；且其在一定程度上亦本着庄子的思想底稿而进一步挖掘佛学的现世价值，即在人而为真人的道路中，见得本有之真宰，如此形骸可外、生死可拒，而使人心得以安宁、社会得以稳定，从价值上体现了憨山大师的现世关怀。如此而言，憨山德清亦与庄子之内热之心有着一定程度上的统一。

第三节　性者生之主

如果说庄子的《大宗师》是在理论抑或精神层面为我们指明了一条通往朝彻，即由人入天、由人走向真人也即与道合一之路，使我们身处纷扰复杂的人间世亦能得到心灵的安宁、精神的自由，那么此亦是一条精神无限上拔的超越之旅，使得我们能够在大化之中独与天地精神相往来。但具体到现实的人间世层面，作为一个个体首先是应在保全生命的前提下才能有精神的自由，然而在庄子所经历的无道的时代，身体的全与不全亦是人所无可奈何的命之使然，因而，庄子从深层次进一步挖掘认为，养生之主即在于养心，心灵的从容与虚静亦会使身体得以自如而保全。因此在《养生主》中，庄子希冀为世间现实生活中的我们找到一个栖身之所，在复杂与拥挤的人间世中为我们寻找生存的缝隙，使我们能够从容而自由地活着，保身全生、养亲而尽己天年。在庄子，养生关键在体道而养心，而养心的关键则在缘督以为经、虚心以游世。

憨山德清在对《大宗师》的疏解中，也力图在理论精神层面使人通过对真知的探求，能够妙悟天之在我者，即人人本具之自性真宰，亦通过撄宁与坐忘之入道功夫使人由人而走向真人，也即妙悟天人合德者，从而可入于超然之境通于大道。其在《养生主》的疏解中，也继续着为世间之人找寻真宰之路，在更具体而现实的层面分析人迷失真宰的原因，以及解决之方，在实际操作层面深入阐释此入道之功夫，也即"性乃生之主也"：

　　此篇（《养生主》）教人养性全生，以性乃生之主也。意谓世人为一身口体之谋，逐逐于功名利禄，以为养生之策；残生伤性，终身役役而不知止，即所谓迷失真宰，与物相刃相靡，其形尽如驰而不知归者，可不谓大哀耶？故教人安时处顺，不必贪求以养形，但以清净离欲以养性。此示入道之功夫也。①

一　缘督以为经

在《养生主》开篇，庄子就简单明了地点明养生之关键，即在于"为善无近名，为恶无近刑，缘督以为经"，此即《骈拇》篇所谓"上不敢为仁义之操，下不敢为淫辟之行"，如此则可以保身，保全生命的存在；可以全生，使身体不受外界刑戮的残害；可以养亲，使父母得以奉养；可以尽年，使我们尽己之天数而不至中道夭亡。而养生之原因在庄子也即是因为在复杂冰凉且无道的人间世，"殆"也即危险是始终存在的，然人却往往认识不到这一点，在"名"与"刑"之间消磨尽甚至牺牲掉我们有限的生命。庄子于《养生主》篇首就为我们揭示出生命时刻处于危殆之中：

吾生也有涯，而知也无涯，以有涯随无涯，殆矣！已而为知者，殆而已矣！②

人的生命都是有限的，然外在的知识是无穷无尽的，因而人一旦以有限的生命去追寻无限的知识，人就会陷入危险的境地。然如"以其知之所知以养其知之所不知"，则将"终其天年而不中道夭"。也即庄子意在让我们守住知的界限，以不至于陷入无涯而危殆生命的境地。进而，庄子提出了《养生主》之所主，也即我们如何保全生命之方，为"缘督以为经"，如此，便可以保身，保全生命的存在；可以全生，使身体不受外界的残害；可以养亲，使父母得以奉养；可以尽年，也即我们尽己之天数而不至中道夭亡。此四者在庄子都属养生之范畴，所谓"保身""全生""尽年"：《孝经·开宗明义章》有"身体发肤，受之父母，不敢毁伤，孝之始也。"③《论语·泰伯》中亦有"曾子有疾，召门弟子曰：'启予足！启予手！'诗云：'战战兢兢，如临深渊，如履薄冰。'而今而后，吾知免夫，

① 憨山德清：《庄子内篇注》，第59页。
② 郭象注，成玄英疏：《庄子注疏》，第63～64页。
③ 顾迁注译：《孝经》，中州古籍出版社，2013，第23页。

小子!"① 在儒家看来，身体发肤受之父母，因此人一生保全身体不受毁伤，是今生对于父母的应答，更是孝道之根。对于曾子，更是一生处于戒慎恐惧中唯恐手足之不全。因此，在先秦时代，特别是儒家思想中，对于身体的保全更侧重于从亲情的角度去理解。然庄子则跳脱出此脉脉温情，而从更为深刻更为根本的人之为人的层面去探讨生命的意义，在《人间世》中，有：

> 天下有道，圣人成焉；天下无道，圣人生焉。方今之时，仅免刑焉。②

对于庄子，在有道的时代，圣人方能发挥其作用；处无道的时代，圣人则隐而不彰；然庄子所身处的时代，则是一个全然不能以"有道""无道"形容的人间，身处纷乱与复杂的人间世，庄子以人之为人的视角审视这个世界：当今之时，所首要保全的是自己的生命免遭刑戮而已，此即"为善无近名，为恶无尽刑"。庄子之"保身""全生""尽年"，使身体使生命免于刑罚免于杀戮而达致我们的天年，是处于不可逃之人间世的我们所应最先守住的根本。

所谓"养亲"，在《大宗师》中，有：

> 父母于子，东西南北，唯命之从。阴阳于人，不翅于父母。③

在《人间世》中，庄子借仲尼之口，有：

> 天下有大戒二：其一命也，其一义也。子之爱亲，命也，不可解于心；臣之事君，义也，无适而非君也，无所逃于天地之间，是之谓大戒。是以夫事其亲者，不择地而安之，孝之至也；夫事其君者，不择事而安之，忠之盛也；自事其心者，哀乐不易施乎前，知其不可奈何而安之若命，德之至也。④

---

① 杨伯峻：《论语译注》，第 42 页。
② 郭象注，成玄英疏：《庄子注疏》，第 99~100 页。
③ 郭象注，成玄英疏：《庄子注疏》，第 76 页。
④ 郭象注，成玄英疏：《庄子注疏》，第 144 页。

对于"子之爱亲",这种子与父母的关系,庄子认为此是无所逃于天地之间的,这是人一生下来就需要背负的命。对于庄子,其认为无论在何种境地都能使父母过得安适,如此方是最大的孝。庄子并没有为亲子关系附上一层温情脉脉的亲情面纱,亦没有从伦常仁义的角度论证"子之爱亲"的合理性。然而庄子却以其更为深沉的情感确证这种关系而使得这种子与亲的关系更为牢不可破,父母于子就像阴阳于人,是一种不可逃不可破的"大戒",此亦是我们的"命"。对于那些一切都不由自己决定的得与失,在庄子看来,此即是我们必须安的命,我们必须"安时处顺""知其不可奈何而安之若命",也即我们要保持平顺与安稳的心态而不使自己倒悬于世。对于命运之"安",我们由此也便摆脱了精神的威压与身体的束缚,使得我们的心灵得以平顺安宁而精神得以自由自在。

亲子关系得以可能之前提在于亲与子的存在,存在就涉及人之为人最为根本的问题,也即生命的问题,因此"保身""全生""养亲""尽年"的问题根本亦落脚于生命。因此在庄子,对于生命之保存、身体之保全、父母之奉养、天年之得尽,都是人之生而为人的根本,是最应为我们所守住的人生底线,此亦都是我们所不可逃于天地间的命,是人生之自然与当然:不需要理论的论证,亦不需要情感的绑架。此亦是天之所命,"养生"之根本。因此庄子《养生主》核心解决的问题也即是处于纷乱与冰冷的人间世的我们如何能够游刃有余地保全此天之所命的问题,此问题落脚于生命,指向于心灵。

然命的问题在庄子也即是道的问题。《德充符》有:

> 死生、存亡、穷达、贫富、贤与不肖、毁誉、饥渴、寒暑,是事之变,命之行也。①

在庄子,世间包括人在内的一切变化,都是事物的客观变换,也是命运之自然流转,是天地变化之自然,是大道使然。以道观之、在大道的运化之下,世间万物的流转变化都是自然而然的,因此万物也都是齐一而同的;然从人的视角来看,死生存亡等大化流行,亦是人不可与不能干预的命之所行,人在其面前是无可奈何的。人如若能够看清命背后的大道,则

---

① 郭象注,成玄英疏:《庄子注疏》,第85页。

我们亦会坦然于此，安时处顺，哀乐亦自然不会入于我身。因此，在庄子，"命"的实质亦是"道"，因为二者在实质上都是人所不能改变的大化流行。只是"命"更侧重于对现实的"人"而言，庄子意在使人知"命"、处"安"、归"顺"以安顿我们彷徨的心灵、消解我们紧张的精神，使我们真正懂得生命的真谛。懂得命的无可奈何，知晓生命的意义，保守心灵的安宁，我们方能在复杂拥挤的人间世找寻到生存的空隙而游刃有余、悠游自在，此寻觅的过程亦是一个由人入天、由人归道的过程。

因此庄子希冀在现实中的我们在处理与外界即他人与社会的关系时，能够始终把握住切己之生命，不使其处于危险的境地，亦能够寻找到我们的栖身之所而游刃其中，也即缘督以为经，尽己之天年。因此，在庄子，养生之关键即为缘督以为经。所谓"缘督以为经"，历代主要注家亦对其有所阐释，总结为以下三类：

首先以"督"为中者：郭象认为，

> 顺中以为常也。①

成玄英认为：

> 缘，顺也；督，中也；经，常也；夫善恶两忘，刑名双遣，故能顺一中之道，处真常之德，虚夷任物，与世推迁。养生之妙，在乎兹矣！②

褚伯秀认为：

> 人身皆有督脉循脊之中，贯彻上下，复有任脉为之配，乃命本所系，非精于养生，罕能究此。③

王夫之认为：

> 奇经八脉，以任督主呼吸之息……身前之中脉曰任，身后之中脉

---

① 郭象注，成玄英疏：《庄子注疏》，第 117 页。
② 郭象注，成玄英疏：《庄子注疏》，第 64 页。
③ 褚伯秀：《庄子义海纂微》，第 81 页。

曰督。督者居静，而不倚左右，有脉之位而无形质者也。缘督者，以清微纤妙之气，循虚而行，止于所不可行，而行自顺，以适得其中。①

宣颖认为：

> 缘督二字，一篇妙旨。惟循中之所在，自己毫不与力。……督之为中者，赵以夫曰：奇经八脉，中脉为督。衣背中缝谓之督。见《礼记·深衣》注。②

陆树芝认为：

> 缘，循也。督，中也。谓中，两间而立，俗所谓"骑缝"也。《六书故》曰："人身督脉，当身之中，贯彻山下，故衣缝当背之中，达上下者，亦谓之督。"据此则"督"字取中两间之义，不必指煞衣缝，即下文所谓"有间"是也。凡事莫不有当中之间，循此以为应物之常经者，因其自然之理路，不必劳神也。故云导引之法以督脉为经，亦谬。③

屈复认为：

> 缘，循也；督者，人之脊脉，骨节空虚处也。缘督者，神游于虚也。④

"缘"在以上注家的诠释中，也即为"循"，即遵循、因循之意；大体注家都以人体之中脉为督脉，因此，训"督"为"中"。

其次，以"督"为"迫"者：林希逸认为，

> 督者，迫也，即所谓迫而后应，不得已而后起也。游心斯世，无善恶可名之迹，但顺天理自然，迫而后应，应以无心，以此为常而已。缘，顺也，经，常也。顺迫而后起之意，以为常也。如此，则可

---

① 王夫之：《老子衍庄子通庄子解》，第78页。
② 宣颖：《南华经解》，第26页。
③ 陆树芝：《庄子雪》，第35页。
④ 《四库全书存目丛书·南华通》，第453页。

以保身，可以全其生生之理，可以孝养其父母，可以尽其天年。①

林希逸训"督"为"迫"，也即迫使、被迫之意，进而对其训"迫"而不训"中"进行了解释，认为：

> 晦庵以督训中，又看近名近刑两句语脉未尽，乃曰："若畏名之累己而不敢尽其为学之力，则稍入于恶矣。为恶无无近刑，是欲择其不至于犯刑者而为之，至于刑祸之所在，巧其途以避之。遂以为庄子乃无忌惮之中。"若以庄子语脉及骈拇篇参考之，意实不然。督虽可训中，然不若训迫，乃就其本书证之，尤为得当也。②

再次，以"督"为"理"者，憨山德清认为：

> 缘，顺也。督，理也。经，常也。言但安心顺天理之自然以为常，而无过求驰逐之心也。③

综上而言，庄子之"缘督以为经"，并非如晦庵所言是游离于善恶之间而为无忌惮之中，庄子并非以机巧之心迎合世间之人。就字义上讲，《说文》有："督，察也"，然根据《养生主》前后文意来看，名与刑也即是荣与辱的两个极端，因此由"无近名"与"无近刑"来看，所谓"督"亦不能以监察义解之，亦应循历代注家之大旨，以人身中虚之督脉作为庄子之"督"的本源意，因此，"督"在此也即有守中、中虚、虚空之意。然无论注家是将"督"训为"中"、训为"迫"，抑或训为"理"，在实质上，其都是基于《庄子》之本旨，发顺自然之情而无心应世之大义。庄子其实质亦是希冀在拥挤与复杂的人间世之中的我们能够游走于空隙之中，而不使自己处于危殆之境，因此，训"督"为"中"亦在整体上合于庄子之思想精神。庄子在下文以庖丁解牛的寓言为"缘督以为经"做了最好的注脚：

> 庖丁为文惠君解牛，手之所触，肩之所倚，足之所履，膝之所

---

① 林希逸：《庄子鬳斋口义校注》，第48～49页。
② 林希逸：《庄子鬳斋口义校注》，第48～49页。
③ 憨山德清：《庄子内篇注》，第59页。

踦，砉然向然，奏刀騞然，莫不中音，合于桑林之舞，乃中经首之会。文惠君曰："嘻，善哉！技盖至此乎？"庖丁释刀对曰："臣之所好者道也，进乎技矣。始臣之解牛之时，所见无非牛者；三年之后，未尝见全牛也；方今之时，臣以神遇而不以目视，官知止而神欲行。依乎天理，批大郤，导大窾，因其固然。技经肯綮之未尝，而况大軱乎！良庖岁更刀，割也；族庖月更刀，折也；今臣之刀十九年矣，所解数千牛矣，而刀刃若新发于硎。彼节者有间而刀刃者无厚，以无厚入有间，恢恢乎其于游刃必有余地矣。是以十九年而刀刃若新发于硎。虽然，每至于族，吾见其难为，怵然为戒，视为止，行为迟，动刀甚微，謋然已解，如土委地。提刀而立，为之四顾，为之踌躇满志，善刀而藏之。"文惠君曰："善哉！吾闻庖丁之言，得养生焉。"①

庄子以极具美感的语言畅快淋漓地完成了对庖丁解牛过程的描述，似乎庖丁并非在解牛，而是在完成一件作品，此即其所言"臣之所好者道也，进乎技矣"。"道"与"技"的差分也即在于"技"具有固定而可重复性的特点，而"道"则高于"技"且不可重复；"技"可授受而学，然"道"则只可依乎天理而不可授受而得；"技"是一种形而下的具体操作而有实际的功用，而"道"则更贴近一种精神上的指导与引领。因此在庖丁看来，其之所以"解"牛而非"宰"牛，亦缘于其以道为师，如此，其解牛方可"以无厚入有间，恢恢乎其于游刃必有余地"，而使刀可十九年而刀刃若新，没有受到损毁。因此，文惠君闻之而有"得养生"之叹。

庖丁解牛的关键在于其所好者道也，且依乎天理，以无厚的刀刃入于关节之中空处，如此刀在牛关节之间游走而没有阻碍，此即游刃有余。如此，庖丁之刀不似良庖岁更刀、族庖月更刀，因其没有割折之损，所以可十九年而刀刃亦如新发于硎。因此，庖丁解牛的过程也即是善其刀的过程，解牛之后，其亦有踌躇满志之感。刀在牛身之中游走也即如人在人间世中徘徊，人身处世间，必然会有与他人与外界之间的接触，此也即如牛身之中的关节，因此人亦会有"与物相刃相靡，其行尽如驰而莫知能止"之感，人亦会有疲役茫然之悲，如此的我们则亦会如良庖、族庖之刀而日

---

① 郭象注，成玄英疏：《庄子注疏》，第64~67页。

益受到损毁之伤。因此，欲使不断碰壁而彷徨不安的我们能够游刃有余于复杂冰凉的人间世，则我们必应以庖丁之刀为借鉴，即以道为师，不使自己的生命处于危殆之中，于拥挤中寻找缝隙、于紧张中寻找空间，悠游其中而得养生。老子有言：

> 盖闻善摄生者，陆行不遇兕虎，入军不被甲兵。兕无所投其角，虎无所措其爪，兵无所容其刃。夫何故？以其无死地也。①

因此，综上而言，"缘督以为经"也即为遵循、因循大道之理，以守中为根本而不使自己处于危险的境地。因而养生的关键并非积极奉养我们的身体使我们得以延年益寿，而是守住我们人之为人的根本而远离不属己之物，如此才能够在充满机心的人间世找到栖身之地。

身体的自在与闲适毕竟是有限的，人间世也毕竟是复杂而现实的。因而，在庄子，真正可以永恒而无限得以自由、得以保全的仍在于心灵与精神的解放。因此，在保全生命而不使其处于危殆之外，庄子进一步从更深刻的层面为人间世的我们阐释养生之主：

> 公文轩见右师而惊曰："是何人也？恶乎介也？天与？其人与？"曰："天也，非人也。天之生是使独也，人之貌有与也。以是知其天也，非人也。"②

形体之残缺于人祸之刑戮外，也是天生而使然。身处无道的人间世，身体遭受伤害甚或刑戮在庄子看来亦是必然之事，因此其发出"方今之世，仅免刑焉"的呼号；然除此，我们每个人生于此世间，都是"道与之貌，天与之形"，因此无论是人祸还是天生在无道之世间都是我们所无可奈何也是我们所无力改变的现实。因此在右师，其亦坦然于其天生而独的境况。对于以死生为昼夜的庄子，其亦以"不知说生，不知恶死"的态度泰然应对命运的无常，认为大喜于生、大悲于死在实质都是遁天倍情，有违天理之自然：

---

① 陈鼓应：《老子注译及评介》，第 110 页。
② 郭象注，成玄英疏：《庄子注疏》，第 67～68 页。

庄子妻死，惠子吊之，庄子则方箕踞鼓盆而歌。惠子曰："与人居，长子、老、身死，不哭亦足矣，又鼓盆而歌，不亦甚乎！"庄子曰："不然。是其始死也，我独何能无概然？然察其始而本无生；非徒无生也，而本无形；非徒无形也，而本无气。杂乎芒芴之间，变而有气，气变而有形，形变而有生，今又变而之死，是相与为春秋冬夏四时行也。人且偃然寝于巨室，而我噭噭然随而哭之，自以为不通乎命，故止也。"①

因此，在庄子，其以安时而处顺的态度对待自然之生死，如此哀乐之情感亦不能入于其心，亦不会动摇干扰其虚静安宁之心灵，此亦是"古者谓是帝之县解"。其所解的也就是我们世人的倒悬之心，安时处顺方能使我们的心灵真正不受干扰而游心于世。如此，心灵得以虚静，精神得以安宁，生命得以自由，此即是养生之主。因此养生之关键亦在于养心。

泽雉十步一啄，百步一饮，不蕲畜乎樊中。神虽王，不善也。②

泽雉十步方有一啄，百步得有一饮，其生命维系得十分艰难，然而就算如此其亦不希望被人饲养于笼中，如成玄英所言：

雉居山泽，饮啄自在，心神长王，志气盈豫。当此时也，忽然不觉善之为善。既遭樊笼，性情不适，方思昔日甚为清畅。鸟既如此，人亦宜然。③

所谓"当此之时"，也即泽雉被人关入笼中喂养，此虽出于人之善，然对于泽雉来讲，则是伤其自然之性而不善的，此亦无益于泽雉生命本然，于养生亦无所助益。因此，在庄子，养生之关键亦在于生命本然之自性与自由。庄子《马蹄》篇有：

马，蹄可以践霜雪，毛可以御风寒。龁草饮水，翘足而陆，此马

---

① 郭象注，成玄英疏：《庄子注疏》，第334～335页。
② 郭象注，成玄英疏：《庄子注疏》，第68页。
③ 郭象注，成玄英疏：《庄子注疏》，第68页。

之真性也。虽有义台路寝，无所用之。①

对于马而言，其天性就是吃草饮水、奔跑于野，纵有义台路寝之处可供停留休息，然对于马来说，这亦只是人的善，无益于马自身，反倒是对其本然真性的束缚。庄子《秋水》篇有：

> 庄子钓于濮水。楚王使大夫二人往先焉，曰："愿以境内累矣！"庄子持竿不顾，曰："吾闻楚有神龟，死已三千岁矣。王巾笥而藏之庙堂之上。此龟者，宁其死为留骨而贵乎？宁其生而曳尾于涂中乎？"二大夫曰："宁生而曳尾涂中。"庄子曰："往矣！吾将曳尾于涂中。"②

生命之自由永远都是首要的问题，对马如此，对神龟亦然。"宁死为留骨而贵"，其所贵之价值只是相对于人而言，然对于神龟来讲，其已然失去了生命，失去了自由，贵贱与否与它了无干系，因此"宁生而曳尾涂中"对于神龟才是真正获得其生命的本真与乐趣。庄子亦是站在生命本身的角度、以生命本然的立场来看待处理人与世间的关系，因此养生之主即在于保守生命而不使其处于危殆之中，此即缘督以为经，如此才能有真性的解放，心灵的自由与精神的快乐：

> 庄子与惠子游于濠梁之上。庄子曰："鲦鱼出游从容，是鱼之乐也。"惠子曰："子非鱼，安知鱼之乐？"庄子曰："子非我，安知我不知鱼之乐？"惠子曰："我非子，固不知子矣；子固非鱼也，子之不知鱼之乐，全矣！"庄子曰："请循其本。子曰'汝安知鱼乐'云者，既已知吾知之而问我。我知之濠上也。"③

庄子与惠子所争论的鱼之乐问题，关键并不在于知与不知，此并非一个认知的问题，实则亦是一个关于生命的问题。庄子所言"我知之濠上也"道出了问题的实质，也即鱼之为鱼在于其能自由地在水中游弋，然其一旦脱离水，如《大宗师》所言，纵使能够"相呴以湿，相濡以沫"，但

---

① 郭象注，成玄英疏：《庄子注疏》，第82页。
② 郭象注，成玄英疏：《庄子注疏》，第328页。
③ 郭象注，成玄英疏：《庄子注疏》，第329～330页。

毕竟鱼已然处于陆地而非水中，此鱼并没有得到其作为鱼的生命之本真，因而在庄子看来亦"不如相忘于江湖"。庄子与惠子游于濠梁之上，因着"游"，想必此时的庄子亦是悠游自在、自由而快乐的，再看到鲦鱼于水中出游从容、自由自在，生命之意义已然朗现，鱼之乐亦不待言。

养生之前提在于生命之保全，然对于庄子来说，保身全生在无道的人间世依然是命而不是人所能干预的，因而我们必须首先不使自己的生命处于危殆的境地，进而安时处顺于无可奈何的命运使得哀乐不入于心，就此而言外在之身体于养生而言依然是有限的。庄子以其冷峻的眼光旁观着这个世界，身体的保全纵然难以实现，然心灵的自由亦有道而行。因而在庄子养生之最为关键处即在于于有限的生存空间中找寻突破口，使我们人之为人的天性得以释放、使我们的心灵与精神得以真正自由、使得我们真正可以游心于世，此即要求我们缘督以为经。因此，在庄子，养生也即是守中、体道而养心，保持心灵的虚静与安宁，方能撄宁于人间世。心的从容亦会有形体的自如，如此的我们于复杂而拥挤的人间世中亦能游刃有余，保身、全生、养亲、尽年而感受到生命的自由与快乐。因此，善养生者，虚心以游世而能够随任变化，与物俱迁，如此而永续得存：

> 指穷于为薪，火传也，不知其尽也。①

二　养性而养生

庄子《养生主》之关键即在于缘督以为经而体道养心，使世间之人能够于紧张之中寻觅到喘息之所。因此养生在庄子也即为养心，使心灵保持虚静的状态，安时处顺于不可改变的命运与现实，如此，心灵方能得以安宁、精神方能得以自由，我们亦可于冰凉而拥挤的人间世中找到空隙而悠游其中，于自性与自乐中亦可保身、全生、养亲、尽年。憨山德清亦认为养生之主只在"缘督为经"一语，相对于庄子之养心以养生，在憨山德清，其认为关键在于安时处顺，不必贪求以养形、清净离欲以养性，此即养形、养性以养生——"性乃生之主也"。其有言：

---

① 郭象注，成玄英疏：《庄子注疏》，第70页。

《逍遥》之圣人，则忘己忘功忘名，故得超然于物外；《齐物》之愚夫，竞名好辩，迷真宰而不悟。此圣凡之辩也。故今示之以入圣之功夫，以养生主为首务也，然养生之主只在"缘督为经"一语而已。苟安命适时，顺乎天理之自然，则遇物忘怀，绝无意于人世，则若己若功若名，不待忘而自忘矣，此所以为养生主之妙术也。①

即在憨山德清，养生也即是由凡入圣、由人走向真人之入圣首要功夫。养生之所要达致之目的在憨山德清也即是要人忘己忘功忘名而绝无意于人间世，如此清净离欲方能养形养性而养生。憨山德清继而以庖丁解牛比喻圣人之治世，关键即在于以刀解牛，也即率性而行：

> 此《养生主》一篇立义，只一庖丁解牛之事，则尽养生之妙，以此乃一大譬喻耳。若一一合之，乃见其妙。庖丁喻圣人，牛喻世间之事，大而天下国家，小而日用常行，皆目前之事也。解牛之技，乃治天下国家，用世之术智也。刀喻本性，即生之主，率性而行，如以刀解牛也。言圣人学道，妙悟性真，推其绪余，以治天下国家，如庖丁先学道，而后用于解牛之技也。②

憨山德清以庖丁解牛而喻圣人治世，庖丁之所以解牛而使文惠君得养生之妙，原因即在于庖丁善用其刀，而圣人之所以可治世，原因亦在于其可妙悟真性，从而率性而行。而庖丁之解牛与圣人治世之前提都在于"学道"：

> 初未悟时，则见与世龃龉难行。……继而入道已深，性智日明，则看破世间之事，件件自有一定天然之理。……既看破世事，则一味顺乎天理而行，则不见有一毫难处之事，所谓"技经肯綮之未尝"也。以顺理而行，则无奔竞驰逐以伤性真，……以圣人明利之智，以应有理之事务，则事小而智钜，故如游刃其间，恢恢乎有余地矣。若遇难处没理之事，如筋骨之盘错者，不妨小心戒惕，缓缓斟酌于其间，则亦易可解，亦不见其难者。至人如此应世，又何役役疲劳，以

---

① 憨山德清：《庄子内篇注》，第60页。
② 憨山德清：《庄子内篇注》，第62页。

取残生伤性之患哉？故结之曰："闻庖丁之言，得养生焉。"而意在至人率性顺理，而无过中之行，则性自全而形不伤耳。善体会其意，妙超言外。此等譬喻，惟佛经有之，世典绝无而仅有者，最亦详玩，有深旨哉。①

因此，在憨山德清，庖丁解牛、圣人治世也即是妙悟真性的过程。此亦同于憨山德清《大宗师》之疏解，即认为人如能真知天人合德，了然天之在我者，则妙悟人人本有之真性，如此即为真人；在《养生主》中，憨山德清进一步将妙悟真性之真人下放到人间世的具体实际实现层面，也即在待人应世之中，如能顺理而行、率性而为，则不会有一毫难处之事，如此则性自全而形不伤，"性超物外，不为生死变迁"②，此即憨山德清养生之旨。"养性"之"性"在憨山德清也即妙悟人人本有真宰之"真性"，而其得养之方即在于清净离欲，从而可"养性复真"，而为真人。即在憨山德清，养生在养性，养性在清净离欲。

所谓"净"，从字形来看，其从水，有纯然不杂之意；《广韵·劲韵》有："净，无垢也"③，因此"净"在佛教用语中也即是与污、垢、尘、染相对的清净不杂之意。罗安宪在《敬、静、净：儒道佛心性论比较之一》④一文中的"佛家之'净'"的部分，具体讲佛学意义的"净"分为三种意涵，也即净土意义的净、净心意义的净与净性意义的净。

首先，作为净土意义的净。净土也即是佛教之佛国的清净国土，释迦牟尼之本愿就是希冀将娑婆秽土转化为清净国土，此净土思想对于现世信仰佛教的人士有着重要的导向作用，并对社会有着积极的意义与价值。狭义的净土即西方极乐世界，此是阿弥陀佛教化的国土。佛教认为，由于人间充满着罪恶、污垢、欲念等，因此世间众人之根本就在于解脱，从而摆脱世间的苦难，成佛而寻觅到极乐之彼岸世界，也即极乐世界。

其次，作为净心意义的净。净心也即是保持心的清净状态而没有一丝外界的尘染。《金刚经·净佛土分》有：

---

① 憨山德清：《庄子内篇注》，第 62～63 页。
② 憨山德清：《庄子内篇注》，第 44 页。
③ 黄侃：《广韵校录》，中华书局，2016，第 236 页。
④ 罗安宪，《敬、静、净：儒道佛心性论比较之一》，见《探索与争鸣》2010 年第 6 期。

当以明自性，清净尔心，斯真庄严耳。且此庄严云者，亦假名而已。凡诸菩萨，清净尔心，当见境无住，住即执着。又当见境而应，应而不染，以染即系缚，着即颠倒矣。①

在佛教看来，所谓"清净尔心"即是所谓的"见境无住"，不执着于外在世界与纷扰，如此则破除执着与束缚，心自然觉而悟而有解脱。因此在佛家看来，解脱之关键亦在于净心：

心净则佛土净，若取于相，不名庄严，若取于法，亦不名庄严，必通达无我无法二义，是堪利己利他者，名真是菩萨，此是自净其土之究竟当决定者。②

而净心之关键即在于以无念为宗，以无住为本，以无相为体。六祖慧能解释道：

何名无念？若见一切法，心不染着，是为无念。③
念念之中，不思前境。若前念今念后念，念念相续不断，名为系缚。于诸法上，念念不住，即无缚也。
于念而无念。④
外离一切相，名为无相。能离于相，则法体清净。⑤

所谓"无念"也即是见境而不起念，如此不执着于念，也即无住；所谓"无相"也即是外离一切相、众生相、寿者相等一切外在于人的特征，如此也即无住无念。因此综合而言，无念、无住、无相三者是相通而一的。此也即"虽有见闻之觉知，不染万境，而真性常自在。"⑥

最后，作为净性意义的净。在中国佛教中，除法相唯识宗以外，都认为人人本具佛性，均可通过渐悟或顿悟的方式而见性成佛。也即此性是人人本具的，且佛性亦不会因愚贤、智不肖而有所差分，佛性本来就是清净

---

① 赖永海：《金刚经》，第33页。
② 赖永海：《金刚经》，第51页。
③ 慧能：《坛经·般若品》，第22页。
④ 慧能：《坛经·定慧品》，第26页。
⑤ 慧能：《坛经·定慧品》，第26页。
⑥ 慧能：《坛经·定慧品》，第26页。

无染的。神秀认为："身是菩提树，心是明镜台，时时勤拂拭，勿使惹尘埃。"然慧能则认为："菩提本无树，明镜亦非台，佛性本清净，何处惹尘埃？"此即在慧能看来，人人本具之佛性本然就是清净无染的，只是由于现实中的人们受到外界尘世的污染遮蔽了本然清净的佛性，只要人人一旦由迷而悟，则"见性成佛"，也即人人都有成佛的可能。慧能认为：

> 自性迷，即是众生；自性觉，即是佛。①
> 本性是佛，离性本无佛。②

然对于如何见性，也即如何由迷而悟的问题，慧能说：

> 东方人造罪，念佛求生西方；西方人造罪，念佛求生何国？③

也即在慧能看来，由于人人本具佛性，因此对于佛性的由迷而悟也即是要向内而非向外求取，也是前述所谓的要以无念为宗、以无住为本、以无相为体，也即净心而净性，净性自然亦见性而成佛。在憨山德清，养性之关键在于清净离欲，因此，养性也即净性而要人悟得本有之真性真宰，于念而不起念、于相而不住于相，如此心净而性亦得以净，此即"性乃生之主也"：

> 性得所养，而天真自全，则去来生死，了无拘碍。故至人游世，形虽同人，而性超物外，不为生死变迁者，实由得其所养耳。能养性复真，所以为真人。④

对于憨山德清，一旦清净离欲而见得人所禀于天之真性真宰，则性得所养，人也由迷而妙悟佛性。如此，世间之欲念、生死等搅扰对于成佛之人，在此也即真人、至人，则了无拘碍。原因就在于其已然无念无住于此世间，也即"性超物外"，因此，对于若己若功若名者，真人亦不待忘而自忘，无心而游世。

---

① 慧能：《坛经·决疑品》，第43页。
② 慧能：《坛经·般若品》，第51页。
③ 慧能：《坛经·决疑品》，第44页。
④ 憨山德清：《庄子内篇注》，第65页。

此即在憨山德清，其通过本有的佛学佛性的思想对庄子之《养生主》以新的角度予以诠释与发明。以清净佛性解养生之主，将养生落实于人人本具的清净佛性，世人只要妙悟自性，由迷而悟，则离地成佛而为真人，因此，在具体到现实人间，只要人人顺此自然之本性，则大至天下国家、小至日用常行，皆了无拘碍，如以刀解牛也，如此人之在世亦可悠游其中，而无残生伤性之患。且在此憨山德清将养生落实于养性亦通于庄子之养心以养性，庄子意在使世人之心灵保持虚空、虚静的状态，于撄扰中不动心，虽撄而宁，此即缘督以为经而游刃有余于复杂的人间世，使生命得以自由而快乐，如此亦可保身而全生而不会有刑名之祸；憨山德清意在从佛教本位的思想角度出发，使人人得以真知天人合德，妙悟人人本有之自性，而此妙悟的过程也即是养性的过程，即通过无念、无相、无住使得世人祛除那些人间杂染的污垢与尘埃，得以自性朗现而率性而行，如此即为养生之主，也是由人而走向真人的过程。如果说憨山德清在《大宗师》中真知天人合德是一种外在的求取，则在《养生主》中妙悟人人本具之自性则是一种内向修为，此是一个不断剥落自身染污、做减法的见性之旅，与庄子之缘督以为经有异曲同工之妙。

然而，憨山德清与庄子养生之根本指向处仍有所差分。憨山德清明确以庖丁为圣人、以牛为世间之事、以刀为人之佛性，因此养生主在憨山德清也即圣人率性而为、依乎天理而以用世之术智解决世间纷扰，如此事事在圣人看来亦了无拘碍，因此养生可得，性自全而形不伤。此即憨山德清将养生之根本指向于外在的客观世界，虽然其养生功夫在于清净离欲妙悟本有之真性，然其仍落脚于外在的面向。反观庄子，其庖丁解牛寓言关键在于其善刀，其解牛之刀用十九年而刀刃如新，此即文惠君得养生之所在，是刀如何能在错综复杂的关节中游刃有余的问题，人如何能在复杂拥挤的人间世找寻到栖身之所的问题，当然，庄子养生之主即在于缘督以为经而养心，使得心灵虚静而能悠游于人间世，亦使天性得以解放，从而体会生命的意义与快乐，也即庄子问题的落脚点与归宿始终在人。然此亦分别体现了庄子与憨山德清所面对的根本问题：一个是人的问题，一个是世间的问题。

小 结

从《大宗师》以至《养生主》，二者所共同涉及的问题是如何由人而入天、与道合一的问题。《大宗师》从宏观的层面论述了由人走向真人的朝彻之路，《养生主》则从具体的现实层面论述了如何由人走向真人的入道之方。而庄子在这两个篇目中所实际希望解决的也即是人如何在人间世中处理与外部环境关系的问题，也即是人最现实的如何生存、如何生活的问题。庄子为我们指明了撄宁、坐忘之策，亦为我们点明了守中、养心之方，希冀身处复杂拥挤的人间世的你我能够真正自性而自乐地找寻到自己的栖身之所，游刃其中而体会到人之为人的乐趣。在憨山德清，其亦洞察庄子之大旨，然其所要解决的是佛家之问题而非庄子之问题，因而，在其对《大宗师》与《养生主》的疏解中，我们亦随处可见其以佛家本有之自性的理论诠释庄子的思想，如此所导致的结果也即是二者最终问题解决的价值指向的分立，也即一个指向的是内在人心的问题，一个指向的是外在世间的问题。然而不可否认的是，虽然憨山德清以佛家本位的理论来解读庄子的思想，其中亦不是简单的概念附会、思想搬套，而是深含丰富的理论旨趣：其以三教会通思想为基础，在《大宗师》中对真知的问题进行了儒释道思想间的会通阐释，也即通过真知天人一体、天人合德而为真人；其以佛教禅宗清净佛性的思想为基础，在《养生主》中以养性诠释养生，使人人通过清净离欲、无念无住无相的方式妙悟人人本具之清净佛性，率性而为，则养生可得，事事亦了无拘碍，此亦是完成了由人走向佛、由人走向真人的涅槃之旅。

因此，综上而言，憨山德清在对庄子《大宗师》与《养生主》的疏解中，二者虽有理论与方向的不一致之处，然憨山德清以其深厚的佛学体悟功力与庄学的思想理论基础，使得佛教与道家思想在文字的诠释过程中得以巧妙融合而得以会通，且二者之于问题的关注点与解决问题的落脚点都在于人与世间，充分说明庄子与憨山大师的人间情怀，深刻体现了中国文化之间的互摄性与和合性。

第四章　充德与应世

第一节　充德以至应世：心与命的归宿

在庄子，人始终是在世间之中而不能逃离于世间的，此是人所无可奈何的命，亦是人所无可逃于天地之间的大戒，正如子之爱亲、臣之事君。因着人与世间关系的不可离、不可弃，庄子所关切问题的重心在于围绕着人的世间以及此世间中的人。

庄子有言："六合之外，圣人存而不论；六合之内，圣人论而不议"，庄子之用心在于六合之内，因此，围绕着人与世间的论题也便是庄子永恒的关注点。如果说《逍遥游》在于人对于自身之超越境界、《齐物论》在于人对待外界之态度、《养生主》在于人自身生命之保全、《大宗师》在于由人而真人之道路指向，则在此充德与应世之间，庄子则将视角更加具体化而收摄至现实中的、与世间之人事有着相关关系的人，也即其所讨论的是真切的与世间相刃相靡的人。处此世间、处此种种关系之中，人应如何于此纷繁复杂的网络中剥离出自身？人又如何能于此拥挤冰凉的人间世中完成生命的退却而挺立自我真正的价值？此即是庄子所关涉的问题，也是本章讨论的重点。

庄子首先从对待关系之中独立的个体之人的角度作为切入点。在《德充符》中，庄子认为，作为于世间中游走之人，其首先应是一个有德之人，此亦是人之为人的关键所在，亦如老子所言之"含德之厚，比于赤子"①。庄子作为一个人间世的无奈之人、作为一个有感于"一受其成形，

---

① 陈鼓应：《老子注译及评介》，第 142 页。

不亡以待尽"的大哀之人，其恰以人外在形体的残缺极尽表现内在道德之充盈，用此反差之观感深刻展现人之为人的关键。在庄子，形骸之内与形骸之外对于人之为人者是有本质差分的，形骸之内在庄子即心灵，此是属人的、是人之为人者，然形骸之外在种种则是"道与之貌，天与之形"，是人所不能改变也是人无所作为的无可奈何之命，因此相比于形骸之内的心灵与精神，我们能做的除了消解、丧弃掉这种不属己的执着，更要安时处顺、不动心于外在之境，从而保守我们心灵精神的安宁。因此在庄子，为之所当为、不为之所不当为，此即是"德"。因而兀者如王骀因着其"不言之教，无形而心成"使得从之游者与仲尼相若；因而兀者如申徒嘉因着其"知其不可奈何而安之若命"而能与人游于形骸之内，而不索人于形骸之外。相比于《养生主》与《大宗师》为人之由人而入天指明朝彻之路，使得人在拥挤的人间世亦能寻觅到生存的空隙而游刃有余，体会到生命的乐趣，《德充符》则在动态的意义上为世人再次确证了生命之真正意义，为人间世中处于关系之中的人们指明保守心灵之良方、提供一种超越世俗而直指心灵的生活状态，如此，方能心游于世，应物不伤。

庄子所谓的人间世，是一个处于关系中的世界，处此世间亦是我们所无所逃于天地之间的命，因此，身处于此，我们所应做的也是接受它，然于庄子所处的无道的时代，在接受之后，我们又该何去何从？庄子的《人间世》意在试图为我们寻找答案。

人世之间、社会之中，处于人群之所，必然存在多种多样复杂的关系，然在庄子所处之时代，攻伐无道、命如草芥，人所面临的首先的问题就是生命问题，处于君臣的政治漩涡，意味着人本身亦处于人道与阴阳之危殆之中，因此，"存诸己"的问题再次凸显。如欲远离危殆之祸患，首先应无以求名求实之心、无以仁义之规矩劝诫在上之君主；其次作为在下者亦应保持心之虚静，以"形莫若就，心莫若和"的随顺平和而又戒慎的心态应世，如此方能胜物不伤，免于刑戮之患，亦免于一心之累。处于无道之世间，臣之事君亦如人之养虎，时刻处于危险之中，因此如若保全自己，就必须顺之而非逆之：

> 汝不知夫养虎者乎？不敢以生物与之，为其杀之之怒也；不敢以全物与之，为其决之之怒也。时其饥饱，达其怒心。虎之与人异类，

而媚养己者，顺也；故其杀者，逆也。①

如若不然，必如螳臂当车，"不知其不胜任也"，亦必如爱马者，"意有所至而爱有所亡"。然此生命问题的根源也是政治问题。庄子深刻有感于政治之于人的危险性，臣之事君是天下之大戒，所谓"大戒"也即是不能触犯、无所逃避的。人自生于此世间，即处于政治生活中，也即身处于政治关系中，虽不如子之爱亲的自然的必然性，然上之于下、君之于臣、王之于民的政治关系亦是我们所无法拒绝的，因而庄子也意在通过对政治关系的刻画深刻展现此人间世的紧张与血腥。在《人间世》中，庄子自积极希图入世参与政治的颜回始，进而剖析身处政治漩涡之中的叶公子高与颜阖，进而转为楚狂接舆于此人间世的退却，此亦是一个由进入而退却的过程。在此过程中，庄子希冀通过对此以政治生活为主导的人间世的解析，使得人们认识到在无道、德衰之世，来世与往世都是我们所不可期待与托付的，我们所能真正把握的只有此时而已，"临人以德""画地而趋"的方式都只能使我们处于已与殆的危险境地。因此，比之于形体的无奈，心灵的退却对于身处此人间世的我们来说亦是养生之主、真知之所、含德之方、应世之策，如此，方能齐物而逍遥。

继《人间世》之后，帝王的问题或许是在庄子的思考中不期然而至的问题，也是其于《人间世》之后的必然思考。相比于儒家孔孟对于圣帝明王的理想与老子对于社会治乱的关切，庄子似乎把更多的注意力投射于现实中的人，因此围绕世间之人的自由与自性的问题亦成为《庄子》内七篇的重点。在《人间世》中，庄子谈到天下有大戒者二，其一便是臣之恃君，也即君臣、上下的关系问题于人间世中的人来说是不可逃避的必然，如果说《人间世》的重点在于庄子从下、从臣的角度思考人如何应世的问题，则在《应帝王》中，庄子则以更宏观的视角对于帝王治道的问题加以思考与把握。

然而对于庄子所处之无道的人间世的现实，对于世世代代的后人所将永续面临的政治困境，圣帝明王只是可追忆、可期待而不必然的存在，而对于人间世中的我们来说，危险依然存在，难题亦不可免除。庄子之帝王

---

① 郭象注，成玄英疏：《庄子注疏》，第 91 页。

的问题亦不尽然是只可悬于高阁的假设，对于人间世中的我们来说亦有现实的意义与作用。此即对于将被动与役使已然视为必然的人来说，主动与独立似乎应该成为我们接下来思考的重点，此亦是庄子为人间世中的我们所提供的最后的锦囊：在人所不能决定的种种当中，我们所最后也是唯一能决定的是否可以是我们自身？如果我们自身也不是我们所能决定的，那么我们最起码可以决定我们心灵的走向，也即我们人人都可以成为我们自己心灵的帝王。如若我们能够保守心灵的虚与静，能够撄宁于世间的繁杂，能够体贴真人之路，能够含德之厚，能够游于逍遥之境，能够齐同大道，则我们亦是自己的主宰。

因此，如何保守心、如何对待命，此亦是我们人生境界的最终决定因素，也即人之为人的关键亦在于心与命的归宿。此亦是庄子之为庄子所为人间世中的我们能够由人入天、回归大道所提供的最终之路。

第二节　虚心而涉世

处春秋战国之纷乱危局，上层建筑与生产关系亦处于变动不居的状态，人所面对的境况与选择也愈发复杂而多变。对于以孔子为代表的维护奴隶主氏族阶级利益的儒家学者自身而言，其所要承担的社会责任与政治担当也愈发突显，因而孔子周游列国以行回复周礼之志；而以李斯、慎到、韩非为代表的法家学者亦通过不断地强化君权等改革措施以适应新的统治需要与生产关系。因此，总体来说，春秋战国时期是一个阶层关系不断变动、生产关系日益更新的时期，亦是一个"礼"与"法"不断斗争的时期。冯友兰认为，所谓"礼"即是：

> 先秦人所谓的礼包括奴隶主阶级的统治原则、政治制度、社会制度、社会秩序以及他们的生活方式。概括地说，礼就是奴隶社会包括意识形态在内的整个上层建筑。①

所谓"法"即是：

---

① 冯友兰：《中国哲学史新编》，第46页。

先秦人所谓法，也不是专指法律条文。其意义可以同"礼"一样广泛。①

因此，春秋战国也即先秦时期，整个社会关系以政治关系为主导，君臣关系颠倒而犯上作乱者是当时调整阶级利益、生产关系的必然结果，因此礼与法的交替斗争亦是当时时代的主要特征。然对于占大多数的社会底层的被统治阶级而言，其虽于上层政治斗争了无干涉，然其亦不得不身处此时代变局而彷徨于此政治漩涡，而往往沦为政治斗争的牺牲品。

儒家的奔走呼号、法家的强兵立法，春秋战国时期思想的百家争鸣其实质都体现了政治关系的不定与社会局面的多变，因而对于上层的士大夫知识分子而言，其"修身齐家治国平天下"的政治理想与社会担当意识天然地得到激发，因而其思想之根本指向仍在于国家机器之运转与帝王之威严。然亦不能说庄子最初没有治世救世之决心，其曾有漆园小吏之职，或许亦曾有如仲尼般的拳拳之心，然庄子之所以为当今世人所见之庄子，原因亦在于庄子看到了政治关系之中、政治斗争之下的惶惶人心。在庄子所处的无道时代，在人间世之复杂紧张的政治关系中，处于在下者、处于臣之位，人之所首先应做的是在此上下、君臣之关系中保守自身而不失。庄子从人的角度再次反观了时代全貌，人的生命问题亦再次凸显，且由于政治关系之中的复杂性而使得生命愈发地不定而多变，因而庄子立足先秦时代主题，在政治关系的背景下道出世人之悲歌：

> 凤兮凤兮，何如德之衰也。来世不可待，往世不可追也。天下有道，圣人成焉；天下无道，圣人生焉。方今之时，仅免刑焉！福轻乎羽，莫之知载；祸重乎地，莫之知避。已乎，已乎！临人以德。殆乎，殆乎！画地而趋。迷阳迷阳，无伤吾行。吾行却曲，无伤吾足。②

然作为冷峻的现实主义者的庄子，亦是问题的疏导与解决者，于此危险而紧张的人间世如何处世而应世、如何保守自我的问题亦是其《人间世》的关键所在，因此，心斋与无用之用亦是庄子之题中应有之义。

---

① 冯友兰：《中国哲学史新编》，第46页。
② 郭象注，成玄英疏：《庄子注疏》，第100~101页。

憨山德清所处的时代与社会亦面临着新的生产关系与新兴阶层出现的问题，因此处于时代变动更迭的节点，作为有着深沉入世情怀的憨山大师，其亦面临着安顿精神、抚慰人心的问题，于庄子的《人间世》，其亦认为：

> 此篇盖言圣人处世之道也。然养生主乃不以世务伤生者，而其所以养生之功夫，又从经涉世故以体验之。谓果能自有所养，即处世自无伐才求名、无事强行之过；其于辅君奉命，自无夸功溢美之嫌。而其功夫，又从心斋坐忘、虚己涉世，可无患矣。极言世故人情之难处，苟非虚而待物，少有才情求名之心，则不免于患矣，故篇终以不才为究竟。①

一　虚者心斋

在庄子，对于颜回请行之卫，对于其所要面对的"其年壮、其行独"的卫君，"轻用其国而不见其过，轻用民死，死者以国量，乎泽若蕉"的国之乱局、民之险境，对于其"治国去之，乱国就之"的儒家积极治世入世的决心，庄子借仲尼之口深入分析了其请行之卫的可能性以及其劝诫卫君的可能结果，进而提出了其于君臣关系中的自处之方，即"心斋"：

> 回曰："敢问心斋。"仲尼曰："若一志，无听之以耳而听之以心；无听之以心而听之以气。听止于耳，心止于符。气也者，虚而待物者也。唯道集虚。虚者，心斋也。"②

所谓"心斋"，即专一心志，对于外在事物，不要用耳朵去听，也不要用心去听，而要听之以气。耳朵只能限于听闻声音而已，心的思虑只能使人去寻找与之相符的外物，而所谓的气，由于其本身虚空的特性，因而可容纳万物。耳朵作为人的感官之一，其特点就在于听取他人之言，此即带有人的主观意愿；心作为人身体的灵觉者，其对于外物外事之思虑亦本身发自主观情意自身；然如若以虚灵不昧之心去看待对待外物，则作为个

---

① 憨山德清：《庄子内篇注》，第66页。
② 郭象注，成玄英疏：《庄子注疏》，第80~81页。

体之人亦不会迷失自我而使自己陷于危境。林希逸亦言：

> 听之以耳，则听犹在外；听之以心，则听犹在我；听之以气，则无物矣。听以耳则止于耳，而不入于心；听以心，则外物必有与我相符合者，便是物我对立也。气者，顺自然而待物以虚，虚即为道矣，虚者道之所在。①

心斋之关键也就在于心之虚空，而此也就意味着心之体道，因为"真道唯聚于空明虚静的心境"②，如此之心能包藏万物而与道合一。心斋之所以不同于颜回所说的"不饮酒不茹荤者数月矣"之斋，原因就在于此为"祭祀之斋"，祭祀是一种通过外在斋戒的方式来向先人寄托今人哀思之情，即祭祀之斋在根本上是一种外在的形式；而心斋则是内向性地通过不断自我消解、自我剥落，使得自我能够真正摆脱主观情意之我，而回归与大道相冥和的客观之吾，是一种内在的修为，林希逸亦言"祭祀之斋在外，心斋在内"③。庄子所言之"心斋"也即是心体道之状态，如此心灵方能保持虚灵空寂，能够涵藏万物而不动心于外境，如此之人，亦能"虚室生白，吉祥止止"，即心灵之虚静能使我们齐一外物，即看待万事万物亦如道体之空虚，则作为个体之人的我们亦能够散发出自然之天光。

且庄子仅以一"虚"字言"心斋"，说明心斋之所以不同于耳目、祭祀之斋的关键就在于其"虚"的特点。"虚"之本义为丘，《说文》中，有"虚，大丘也。昆仑丘谓之昆仑虚。"④ 作为形容词的"虚"则与"实"相对，意即空虚之意，《尔雅》中，有"虚，空也。"⑤ 在老庄道家体系中，老子有：

> 致虚极，守静笃；万物并作，吾以观复。夫物芸芸，各复归其根，归根曰静，静曰复命。复命曰常，知常曰明。不知常，妄作凶。知常容，容乃公，公乃全，全乃天，天乃道，道乃久，没身不殆。⑥

---

① 林希逸：《庄子鬳斋口义校注》，第 63 页。
② 方勇，陆永品：《庄子诠评》，第 86 页。
③ 林希逸：《庄子鬳斋口义校注》，第 71 页。
④ 许慎：《说文解字》，第 102 页。
⑤ 郭璞：《尔雅》，第 41 页。
⑥ 陈鼓应：《老子注译及评介》，第 61 页。

王弼在解《老子》中，有：

> 凡有起于虚，动起于静，故万物虽并动作，卒复归虚静，是物之极笃。①

即在老子，致虚守静不仅是观道体道的方式，虚静本身就是道。虚静是道体亦是体道之方。庄子进一步发展了老子的虚静之说，在《知北游》中，有：

> 孔子问于老聃曰："今日晏间，敢问至道。"老聃曰："汝齐戒，疏瀹而心，澡雪而精神，掊击而知。……"②

说明至道之方在庄子，亦需如以雪洗身，使神志精神得以清醒，此即是清除意念中的杂而不纯的部分，使心灵精神得以虚静安宁。

心斋之关键在虚，而虚之所以可能，原因就在于"通天下一气耳"：

> 人之生，气之聚也。聚则为生，散则为死。若死生为徒，吾又何患！故万物一也。是其所美者为神奇，其所恶者为臭腐。臭腐复化为神奇，神奇复化为臭腐。故曰：通天下一气耳。③

在庄子，人之生死也即气之聚散，天下也是由气而成，因此，作为万事万物之本根、本体之道，其在根本上亦是一气之虚无。气之虚的特性亦是道之特性，此即"唯道集虚"。而人之体道，也就是有心灵之虚空，此亦是达到心灵之静的前提。因此在庄子，心斋也即是心灵的虚静状态，如此之人面对外物之所不可改变之大戒，亦能安时处顺，知其不可奈何而安之若命；面对政治关系之复杂，亦能镇定以自处；面对人间世之紧张，亦能从容而不失。保有心灵之虚静，方能形莫若就、心莫若和，知进知止。因此，在《人间世》中，庄子所言之"心斋"亦是一种心灵的虚静状态，此也即同于《逍遥游》之"无己"、《齐物论》之"丧我"、《大宗师》之"坐忘"，是一种与道合一的境界。

---

① 王弼：《老子道德经注校释》，中华书局，2016，第46页。
② 郭象注，成玄英疏：《庄子注疏》，第395页。
③ 郭象注，成玄英疏：《庄子注疏》，第391页。

　　然处在人间世特定的政治环境与政治关系中，"心斋"在此之意涵亦不单纯是就体道之境界而言，其于人间世之中的我们来说，更是一种保身之策、全生之道：

　　　　若能入游其樊而无感其名，入则鸣，不入则止。无门无毒，一宅而寓于不得已则几矣。绝迹易，无行地难。为人使易以伪，为天使难以伪。闻以有翼飞者矣，未闻以无翼飞者也；闻以有知知者矣，未闻以无知知者也。瞻彼阕者，虚室生白，吉祥止止。夫且不止，是之谓坐驰。夫徇耳目内通而外于心知，鬼神将来舍，而况人乎！是万物之化也，禹、舜之所纽也，伏羲、几蘧之所行终，而况散焉者乎！①

　　不走路很容易，但是走路却不留痕迹则难成；有人欲之驱使易于使我们有所作为，然顺天道之自然，则作为难有；有翼高飞者常见，然无翼尚能高飞者则难见；以有知而知者是常人之所为，然不以一己之心智知者则乃近道之为。心斋之方是禹、舜治理天下的关键，亦是伏羲、几蘧行事之原则，此即说明如能保有心斋之方的人，亦是能观道体道而养生保身之人，有此心斋，万物亦能为之化。因此，心斋对于人间世中与物相刃相靡之中的我们而言，至关重要。处于紧张的君臣关系之中，心灵与精神难免受到威逼与压迫，因而面对在上的君主，会有"目将荧之，色将平之，口将营之，容将形之，心且成之"等不由己之变，且亦会有"灾人者，人必反灾之"之祸，此都是劳心怵形之人道与阴阳之患，亦无益于我们本有之生命。庄子正是看到此政治关系的危险性，因而以此心斋之方使我们能够保守生命不失。

　　庄子的心斋之于人间世，其于保身全生的意义之外，更是一种处世应世的智慧。保持心灵虚静不动，方能以客观而理性的视角观察这个世界与这个世界中的关系，明彻进退之时、应变之机。也即在现实而又复杂多变的政治环境中，如何能够随机应变而又能游刃有余，是处于人间世中之人的生存之道。因此，对于心斋，庄子除以观道体道之意义引出此之外，亦以政治生存之意义为其附上了浓重的现实色彩。宣颖言：

---

　　①　郭象注，成玄英疏：《庄子注疏》，第81～83页。

　　盖上古之世，尝少事矣，其人少也；中古之世，尝有事矣，其人多也；叔季之世，尝多事矣，其人纷不可纪也。今使一人处于寥廓之宇，优游自得，与太古何异。惟群萃杂处，而机变丛生。即是以观，可以知阅世之故矣。

　　人间世不过有两端：处人与自处而已。处人之道，在不见有人。不见有人，则无之而不可；自处之道，在不见有己。不见有己，则以无用而藏身。①

　　对于庄子所描写人间世之险恶政治环境，以及在下位者、为人臣者之处世应世之难，憨山德清作为晚明集儒释道三家思想于一体的佛学大师，其对于人间世的艰难亦感悟颇深。对于颜回之请行之卫，憨山德清认为：

　　此言辅君之难也。苟非物我两忘，虚心御物，不得已而应之，决不能感君而离患。若固执我见，持必然之志而强谏之，不但无补于君，且致杀身之祸。②

　　对于叶公子高将使于齐，憨山德清认为：

　　此言人臣以使命为难也。以为人臣者，但以一己功名为心，故事必求可，功必求成，以此横虑交错于胸中，劳身焦思之若此。乃举世人臣使命之难，绝不知有所处之道，故不免其患耳。故夫子教以处之之方，意有一定之命、一定之理，安顺处之，自无患耳。若持必可之心，固所不免也。③

　　加之颜阖将傅卫灵公太子辅君之难，憨山德清认为：

　　以上三者，皆人间世之难者。意谓夫游人间世者，必虚心安命，适时自慎，无可不可，乃可免患。若不能虚心，恃知妄作，无事而强行者，颜回是也；若不能安命，多忧自苦，当行而不形者，叶公是也。二者皆非圣人所以涉世之道，而当以孔子之言为准也。若其必不

---

① 宣颖：《南华经解》，第 29 页。
② 憨山德清：《庄子内篇注》，第 74 页。
③ 憨山德清：《庄子内篇注》，第 76 页。

得已而应世，以事人主，必将顺其美，匡救其恶，以竭其忠。尤当以戒慎恐惧，达变知机，不可轻忽，不可恃才轻触，以取杀身之祸。[1]

即在憨山德清，对于庄子人间世的辅君之难与使者之难，其亦认同应以庄子之心斋作为应世之方，虚心安命，适时自慎，无可不可，方可免患。然而对于庄子《人间世》之行文皆以儒家仲尼之口吻以为人间世出世应世之方，憨山德清认为：

> 《庄子》全书，皆以忠孝为要名誉、丧失天真之不可尚者，独《人间世》一篇，则极尽其忠孝之实，一字不可易者。谁言其人不达世故，而恣意其志耶？且借孔子之言者，曷尝侮圣人哉？盖学有方内、方外之分。在方外，必以放旷为高，特要归大道也；若方内，则于君臣、父子之分，一毫不敢假借者，以世之大经、大法，不可犯也。此所谓世出世间之道，无不包罗，无不尽理，岂可以一概目之哉？[2]

庄子于《人间世》中所举颜回、叶公子高及颜阖之例，皆在于此三者皆是以儒家传统之"知其不可而为之"思想行积极入世方，然对于庄子，儒家积极入世、辅君参政的实质都是以国家机器、帝王君主为价值指向，而对于其作为人臣、在下者本身则虑之不全。适逢无道世间，君臣之间的关系处于变动不居之中，新的生产关系亦希望通过政权的更迭得以实施，因此，于乱世之中而寄希望于通过劝诫之策以辅助君王，其实质不仅不能使暴君变为帝王，自身亦处于危殆之中。庄子正是深刻体察到无道之人间世生存的艰难，看到政治环境的险恶，因而借儒家孔子之口作为告诫世人之方，也意在通过孔孟与庄子自身思想间的反差而使世人真正看到生命的意义与人于无道世间所真正应做的是什么。即使对于处于君臣关系之中的臣子，在面对人道、阴阳之患之时，所应做的首先应当接受此不可解于天地之间的大戒，如此于君臣之间方能安命，如此哀乐不入于心，人亦可免于阴阳之患。其次，应该使心灵保持虚静的状态，即心斋，真正体道而与

---

① 憨山德清：《庄子内篇注》，第 82 页。
② 憨山德清：《庄子内篇注》，第 77 页。

万物冥合，以不动心甚或无心的状态去对待外物，以更加理智而冷静的头脑去处理外在关系，如此方可处变不惊，进退知时。因而，庄子之《人间世》并不在于以方内方外两种方式应对两种不同的生存境况，其实质是在保守人生命不失的前提下，对于方内不可逃避的政治生活、政治关系亦能以方外之心处之、应之，如此虚心涉世，两者都可保全。于人间世中游刃有余，亦能保守心灵之虚静、精神之安宁。

庄子思想本旨是一贯而统一的，其理论根本落脚点仍在于人心灵与精神的安宁与自由。其无意于以方内、方外两种不同的对待原则行两种不同的生存方式，此亦无助于人生命本身，对于人心灵精神在根本上亦是一种劳与伤。因此，庄子之所以为庄子，是深刻体察到儒家之积极入世对于其本身的戕害，于《人间世》中，庄子亦是在与儒家思想的反差中暗藏其真实本旨，即生命在何种情况、何种境遇下都应该是优先而首要的，不论生命之高低贵贱。因此，庄子在辅君之难、使者之难中以心斋对之，如此虚心安命，则人间世亦不能奈我何。诚如郭象所言：

> 与人群者，不得离人。然人间之变故，世世异，宜唯无心而不自用者，为能随变所适而不荷其累也。①

林希逸亦有言：

> 盖谓既有此身而处此世，岂能尽绝人事？但要人处得好耳。看这般意思，庄子何尝迂阔？何尝不理会事？便是外篇所谓"物莫足为也，而不可以不为"一段意思。②

胡朴安亦有言：

> 人生于世，不能不与世相接。所以不免有祸患者，以其利害之心太审；所以不能忘利害者，以其人我之见太明。无人无我，自忘利害，忘利害自无祸患。人间世者，不得已而入世，即以出世之法而为入世之方。③

---

① 郭象注，成玄英疏：《庄子注疏》，第72页。
② 林希逸：《庄子鬳斋口义校注》，第89页。
③ 胡朴安：《胡朴安讲文献》，第179页。

然对于憨山德清，其以方内方外之分立解读庄子处世应世之方，在此处并没有真正谙达庄子深意。正如东方朔所言：小隐隐于野，中隐隐于市，大隐隐于朝；亦如陶渊明所言：心远地自偏。真正的与大道合一、与万物冥合而达物我两忘之境，并不在于其身处方内或是方外，关键仍在于人之一心。如若心灵能够保守虚静而同于大通，则即使其身处市井之中，亦能够保守自身之不失。庄子于《人间世》"心斋"之用意亦在于此，即如若虚心安命，即使身处险恶复杂之政治漩涡，吾亦能游刃有余、全身而退，此即是庄子的生命智慧。憨山大师虽可体达心斋之境，其于庄子的人生境界仍有一定之差，然此亦无碍于憨山德清学问境界本身。毕竟二者身处不一样之时代，所处社会政治背景亦不相同。憨山大师此处以儒家思想解读庄子大旨，亦一定程度上体现以儒解庄的方法理路，深刻体现出憨山大师儒释道三教会通之学力基石。

二 无用之用以及无用

对于庄子而言，无道的人间世充满了紧张与危险的因素，因此我们要使心灵保持虚静的状态，此心斋之境不仅在于以不动心的心态对待外部世界，更在于庄子要我们与人间世保持一种虚的空间距离，不即不离、若即若离于此世间，如此，作为人的我们方能在君臣、上下关系中游刃有余，保守自身而不中道夭亡。

庄子继而再次将视角转向了作为独立个体的人，即作为处于此政治生活中的个体应如何生存的问题，此也即是宣颖所言人间世中人之自处的问题。在庄子，无道之人间世之所以充满了紧张与危险性，除了政治上层建筑本身的问题外，还在于有如颜回、叶公子高、颜阖之人，其人之所以处于政治关系中而有人道、阴阳之患，原因就在于此三者以其自身所保有之学识与才干方被上层统治阶级所用，也正是因为此三者之有用性，方会有求名求实之心而使自身处于危殆之中而不自觉。在庄子，其亦透彻问题之根本，认为由于世人往往以一己之用的角度来看待、对待外物，因此世界所呈现于人眼中的亦是一个人的世界、用的世界，而非世界之世界。世人亦往往因着自身的有用性而受到外在戕害，颜回等人也正是由于其本身有用的特点而使自身生命处于危殆。因而在《人间世》之中，对于颜回、叶公子高、颜阖所面临的政治困境，庄子所首先指出的是"存诸己"的问题，此源于"方今之世，仅免刑焉"的社会现实，反而如支离疏者，能"养其身，终其天年"，因此，与其有用，庄子更倡导无用之用，如此方能保身全生：

> 山木，自寇也；膏火，自煎也。桂可食，故伐之；漆可用，故割之。人皆知有用之用，而莫知无用之用也。①

憨山德清亦认为：

> 以不材而保其天年，全生远害，乃无用之大用。返显前之恃才妄作、要君求誉以自害者，实天壤矣。②

在《齐物论》中，庄子希冀人能够从外物世界中摆脱出来，使得心可以物物而不物于物，如此，人方可与道合一而独与天地精神相往来，获得心灵的自由与解放。而心灵得以自由的关键在庄子即为"吾丧我"，丧弃掉主观情意我的部分，而回归到本之于道之真性的客观之吾，如此，外在事物、外在世界对于吾而言亦是齐一而同的，没有善恶、美丑、是非之分辨与对立。《齐物论》的实质在庄子意在高扬一种以道的眼光和心态看待、对待外在世界的生活态度与生活方式，此在根本上亦是不以用的视角来观照世界，如此，世界呈现在我们眼前的亦是顺其自然、顺其本性的样态，此即世界的世界，亦是道的世界。然在《人间世》中，生存的压力与紧张已然使庄子的关注点不仅仅局限于人之以用的态度观照外在世界的视角之中，人本身的有用性亦对人的生命构成了直接的威胁。因此，在《人间世》篇中，庄子侧重于人的自处之方而展开了对有用之用、无用之用的讨论。

"用"的甲骨文字形如桶状，桶可用，故引申为用，使用、采用之意。《说文》解之为"用，可施行也"③；《诗经·小雅》中，有"谋夫孔多，是用不集"④；《仓颉篇》中有"用，以也"⑤；《易·系词》中有"显诸

---

① 郭象注，成玄英疏：《庄子注疏》，第101页。
② 憨山德清：《庄子内篇注》，第84页。
③ 许慎：《说文解字》，第112页。
④ 程俊英：《诗经译注》，第166页。
⑤ 孙星衍：《仓颉篇》，中华书局，1985，第95页。

仁, 藏诸用";《论语》中有"礼之用, 和为贵""用之则行, 舍之则藏"①;《尚书·大禹谟》中, 有"正德利用厚生"②。即"用"是一种以人为主体中心而对外在事物使用价值的判断, 因而外物于人亦有"有用""无用"之分, 而对人而言, 之所以以用的视角作为判断事物的标准, 其原因就在于物的功能与价值, 如若物丧失或不具备人希望的功能与价值, 此物对于人则无所谓有用与否。因而"用"是属人的而具有功能性; 且"用"对于人来讲亦有时效性, 使用价值毕竟不同于价值之永恒性。因此, 总体而言, 所谓"用"即是一物相对于人而言, 所具有的某种具体的功用与用途。而庄子有用之用亦在此含义范围之内, 指相对于人而言的外物包括人在内的有用性; 然对于物之本身来讲, 则亦无所谓用之与否, 用之本身则是对物之本性的戕害。

所谓有用之用, 即对人而言, 物具体的有用性:

> 匠石之齐, 至于曲辕, 见栎社树。其大蔽数千牛, 絜之百围, 其高临山十仞而后有枝, 其可以为舟者旁十数。观者如市, 匠伯不顾, 遂行不辍。弟子厌观之, 走及匠石, 曰:"自吾执斧斤以随夫子, 未尝见材如此其美也。先生不肯视, 行不辍, 何邪?"曰:"已矣, 勿言之矣! 散木也。以为舟则沉, 以为棺椁则速腐, 以为器则速毁, 以为门户则液樠, 以为柱则蠹, 是不材之木也。无所可用, 故能若是之寿。"③

对于有材如此之美的栎社树, 匠石却遂行而不辍, 其原因就在于以工匠眼光来看待此树, 此树不可为舟、不可为棺椁、不可为器、不可为门户, 亦不可为柱之散木, 由其无所可用而能不被砍伐, 观者如市。也即在匠石眼中, 木材之为木材正在于其可塑性与可使用性, 否则, 其只能被观赏而为不材之木。此亦如南伯子綦游乎商之丘所见不材之大木:

> 南伯子綦游乎商之丘, 见大木焉, 有异: 结驷千乘, 将芘其所藉。子綦曰:"此何木也哉! 此必有异材夫!"仰而见其细枝, 则拳曲

---

① 杨伯峻:《论语译注》, 第 134 页。
② 《尚书》: 第 36 页。
③ 郭象注, 成玄英疏:《庄子注疏》, 第 92~93 页。

而不可以为栋梁；俯而见其大根，则轴解而不可以为棺椁；舐其叶，则口烂而为伤；嗅之，则使人狂醒，三日而不已。子綦曰："此果不材之木也，以至于此其大也。嗟乎，神人以此不材。"

宋有荆氏者，宜楸柏桑。其拱把而上者，求狙猴之杙斩之；三围四围，求高名之丽者斩之；七围八围，贵人富商之家求樿傍者斩之。故未终其天年而中道之夭于斧斤，此材之患也。故解之以牛之白颡者，与豚之亢鼻者，与人有痔病者，不可以适河。此皆巫祝以知之矣，所以为不祥也。此乃神人之所以为大祥也。①

世人皆以用的态度作为看待外物的出发点，因而外物亦只能在人力的干涉下损生伤性。因此不材之木在匠石、在人眼中看来是无所可用的；毛色不均之牛、形体不美之豚之在巫祝眼中亦不能作为祭祀上的牺牲，然而从木、从牛、从豚自身，则是对自身真性与生命的保全，避免受到人的荼毒与戕害。憨山德清亦认为：

此极言不材之自全，甚明材美之自害也。唯神人知其材之为患，故绝圣弃智，昏昏闷闷，而无意于人间者。此其所以无用，得以全生，以尽其天年也。②

树木、牛马之于人亦如人间世中的臣之于君、下之于上，弱者在残酷的社会，特别是于无道的时代中往往亦会如树木、牛马为人所砍伐、役使而沦为政治斗争的牺牲品。因此，在庄子，人若希图存活于人间世保全自身，则必须逆人道而行，在世人皆以用的视角看待对待外物、君主在上位者皆以用的态度对待人时，人不能如颜回之徒顺其道而行，否则只能有"灾人者，人必反灾之"的大患与结局，反倒应如支离疏之人、不材之木，得以全生远害而尽其天年：

支离疏者，颐隐于齐，肩高于脐，会撮指天，五管在上，两髀为胁。挫针治繲，足以糊口；鼓筴播精，足以食十人。上征武士，则支离攘臂于其间；上有大役，则支离以有常疾不受功；上与病者粟，则

---

① 郭象注，成玄英疏：《庄子注疏》，第95～98页。
② 憨山德清：《庄子内篇注》，第85页。

受三钟与十束薪。夫支离其形者，犹足以养其身，终其天年，又况支离其德者乎!①

　　然对于身处人间世的我们来说，形体之貌由天与道所赋予，此是我们所不可改变而又无可奈何的命，因而形体上的残缺如支离疏者虽能全生远害，然此亦是客观而人力所不可干涉的。因此对于人间世中的大部分形体健全之人来说，无用全生之方亦不能从此外在形体角度切入，庄子此处以支离疏为例亦只是以极端笔法刻画出人间世之于生命的威压。因此，在庄子，无用之用只是一种看待问题、对待外物的眼光与态度，如若能够不以用的心态处理人间世之复杂而又紧张的关系，绝圣弃智而远离计度分辨的漩涡，则人亦可游刃其中，远离人道、阴阳之祸患。无用之用对人的关键在于人使人之自身无所用处，如此亦不会被他人所用，此亦是"堕肢体，黜聪明，离形去知，同于大通"的坐忘之境，因此在庄子之至人，亦无己、无功、无名于无何有之乡，能丧我而和之以天倪而齐一万物、能缘督以为经而得养生之主、亦能宗师于天道而得真知而真人，关键皆在于至人心灵虚静安宁，如此，精神亦自由而不被束缚，生命自然不失而天性自足。因此，无用之用于生存智慧而言亦是心斋之"虚"的极致，宣颖即言：

　　　　自处无用，则我与人无争，则人与我且不得所争。堕聪黜明，逍遥无竟，处人又复何尤。此虚字彻底处也。②

陆树芝有言：

　　　　天位乎上，地位乎下，而人与人并生其间，则天地之间，一人间也。阅人成世而我亦同处其间，适当此世，世涂中之险阻艰虞，有不可胜穷者，岂不危哉! 必备极虚灵，因物以付，无不委曲周匝，庶世藉身而有功，身涉世而无患也。要而言之，欲以身入世，而一如出世，又必其身之不为世用而后得成其大用焉。③

---

① 郭象注，成玄英疏：《庄子注疏》，第98～99页。
② 宣颖：《南华经解》，第38页。
③ 陆树芝：《庄子雪》，第45页。

然无用之用相比于有用之用，材之相较于不材，只能作为乱世之中人保守自身的生存法则与生存智慧。然而无用之用之终极指向不可否认仍然在于用，也即无用之用的目的在于人之生存，然而对于人是否真正能够体会到生存的意义与快乐，则亦不尽然于此。《山木》篇有：

> 庄子行于山中，见大木，枝叶盛茂。伐木者止其旁而不取也。问其故，曰："无所可用。"庄子曰："木以不材得终其天年。"夫子出于山，舍于故人之家。故人喜，命竖子杀雁而烹之。竖子请曰："其一能鸣，其一不能鸣，请奚杀？"主人曰："杀不能鸣者。"明日，弟子问于庄子曰："昨日山中之木，以不材得终其天年；今主人之雁，以不材死。先生将何处？"庄子笑曰："周将处乎材与不材之间。材与不材之间，似之而非也，故未免乎累。若夫乘道德而浮游则不然，无誉无訾，一龙一蛇，与时俱化，而无肯专为。一上一下，以和为量，浮游乎万物之祖。物物而不物于物，则胡可得而累邪！……"①

在庄子，纠结于有用无用、材与不材，对于人心灵本身就是一种负累，其实质亦如叶公子高的阴阳之患，因为其终极价值指向仍在于用，即如何能够保守生命的问题。然而在庄子，生命当然是重要而且首要的，但是心灵之安宁与精神之自由则更加可贵。因此庄子亦言"周将处乎材与不材之间"，此亦是一种守中之道，如此亦能与时俱化而从容自处，此亦是体道之真境。也即相比于无用之用，庄子认为"用"在根本上是有局限的，人最高的境界最终应是不被"用"所牵累、拘碍，也即生命之最终价值在于"无用"。罗安宪在《"有用之用""无用之用"以及"无用"》一文中，亦认为：

> 在庄子看来，人可以利用外物，但人不要以为利用外物为理所当然；不要以为只有利用某物，才使某物真正成为某物。因为任何物都不是为了满足人的需要才存在的，不是因为能够满足人的某种需要才有了生存的权利。……任何物与人一样，是自在而自足的，是平等的；从人的实用的功利的立场出发，自以为是地以为何者有用、何者

---

① 郭象注，成玄英疏：《庄子注疏》，第 359~360 页。

无用，是非常狭隘的。①

庄子有言：

> 且也若与予也皆物也，奈何哉其相物也？②

憨山德清于此亦言：

> 言汝与我，同为天地间之一物耳，奈何汝恃有用，而以我为无用耶？③

也即在庄子，万事万物包括人在内都是由道而生，因此万事万物包括人在内是齐一而平等的，然以用的视角看待对待外物有违大道自然，孔子亦有"君子不器"之语。因此，无论是有用之用，还是无用之用，最终都应舍弃而归于"无用"，此亦是对于生命的尊重。对待外物外事，如以一己之用、以主观情意我的态度视之，则外物所展现于人的已然脱离了其作为物本身的性。因此以用的态度看待对待世间之人之事，人与事所显现的在实质上是属人的特性，在根本上则是对于外物本性的戕害，正如《秋水》篇所言：

> 曰："何谓天？何谓人？"北海若曰："牛马四足，是谓天；落马首，穿牛鼻，是谓人。故曰：'无以人灭天，无以故灭命，无以得殉名。谨守而勿失，是谓反其真。'"④
> 儵鱼出游从容，是鱼之乐也。⑤

世俗之人正因以用的眼光看待世间，忽略了事物的无用之用以及无用。如树木之不材、形体之残缺，正是因为在世人眼中的无用，方能保其全生，尽其天年。无用之用，在庄子的无道时代，反而能保守生命之本性

---

① 罗安宪：《"有用之用""无用之用"以及"无用"——庄子对外物态度的分析》，《哲学研究》2015 年第 7 期。
② 郭象注，成玄英疏：《庄子注疏》，第 94 页。
③ 憨山德清：《庄子内篇注》，第 84 页。
④ 郭象注，成玄英疏：《庄子注疏》，第 221 页。
⑤ 郭象注，成玄英疏：《庄子注疏》，第 329 页。

而不伤其真，此亦透彻出庄子于人间世的深深无奈。庄子并不生而为庄子，其亦必有如孔孟之救世之心，然面对政治之纷乱、生命如敝屣的无道世间，此内热之心也必将转为饮冰之心，以更加冷峻的视角观察着这个世间而选择了退却，然此世间于形体而言，是无法退却而逃避的，此是我们所无所逃于天地之间的命，我们必须安时而处顺，使哀乐不入于心；因此，相对于形体之无奈，心灵之退却就成了必然选择，因此保守心灵虚静、无丧己于物，不以用的态度对待外物，如此则身处此紧张而无道的人间世，才能使我们真正成为人之为人者，而不被外物役使，亦不至沦落为政治的牺牲品。

在庄子，人之为人的关键在于心灵的安宁与自由，使人能够自性而自乐地生活；牛马之为牛马、鱼之为鱼亦如此，不以用的视角、不以利害之心对待它们，则它们所展现出的亦是牛马、倏鱼的自性本质，其所呈现的状态亦是禀赋于大道的本然。人如若能以道的视角观照这个世界，则此世界呈现于人的亦是诗意与美感，人亦能够领略到世间之美。因此，无用的心态与视角对于人而言亦是一种境界的超脱与生命的放达。

憨山德清于庄子之《人间世》有言：

> 《人间世》，乃涉世之学问，谓世事不可以有心要为，不是轻易可涉。若有心要名干誉，恃才妄作，未有不伤生戕性者。若颜子、叶公，皆不安命、不自知而强行者也。必若圣人，忘己虚心以游世，迫不得已而应，乃免患耳。其涉世之难，委曲毕见。能涉世无患，乃圣人之大用也。[①]

憨山德清虽体察到庄子《人间世》之用心，然其于根本处仍有所未竟。即庄子之于《人间世》的根本意旨在于对人间世的超越。庄子以"心斋"与"无用"作为对处于人间世之中的我们的告慰之方，以安顿我们紧张的心灵与疲惫的精神。处于人间世之中，面对危险复杂的政治关系、不可逃避的政治生活，作为处于被动状态的在下位者如欲保守生命不失且能够体达大道之精神，重点在于使我们自身心灵处于虚而静的状态，如此的我们能够无心任化，冥合于大道；如此我们亦无所用于人间世，且能够

---

① 憨山德清：《庄子内篇注》，第 102 页。

以无用的心态与视角观照这个世间，则我们亦能够体会到人之为人的意义与生命的乐趣，世间亦不再只有危险与血腥，我们亦可游心于此世间无言的大美之境。诚如宋代画家郭熙所言："看山水亦有体，以林泉之心临之则价高，以骄侈之目临之则价低。"庄子于《人间世》中，所希冀带给世人的并不仅仅是于人间世的自处之方，更是一种看待外物、对待问题的心智与态度，我们不仅仅要悠游于人间世，更要超越人间世，虚心而安命，如此，生命则为生命，世界亦为世界。诚如王夫之所言：

> 人间世无不可游也，而入之也难。既生于其间，则虽乱世暴君，不能逃也。乱世者，善恶相轧之积。恶之轧善也方酷，而善复挟其有用之材，以轧恶而取其名。名之所在，即刑之所愚矣。唯养无用，而去知以集虚，则存诸己者定而忘人。生死可外，而况于名？物不能伤，而后庶几于化。①

处此无道时代，庄子从来就不是一个积极的入世之人，然其于世间的态度又非逃避隐匿，原因即在于庄子深谙世间之不可回避，人生而处于此世间的种种关系中，这是人无可逃于天地之间的命。因此相比于儒家"知其不可而为之"的积极入世精神，庄子的精神实质则并非是世间与非世间、入世与离世的问题，而是世间中人的问题。无道的世间是先秦儒家学者与庄子所共同面对的，然对于儒家学者来说，无道纷乱的时代特征正为其创造了入世的客观条件，或者说，正是因着无奈与冰冷的世间，儒家学者方要去积极改变，纵使"再逐于鲁，削迹于卫，伐树于宋，穷于商周，围于陈蔡"②、惶惶如丧家之犬，仲尼亦不改其克己复礼之志。因此，儒家所涉及问题的指向与目的即在于社会秩序之安、在于国家社稷之兴，其外在性的价值指向使得作为人性导向的仁义礼智信已然成为国家政治、帝王统治的工具。因此，正是由于儒家学者与庄子的思想指向性的差异，使得二者涉及问题的切入点与落脚点也截然不同。庄子的问题也即是属人的问题，其对于世间的态度当然不似儒家之积极与进取，因为在庄子看来，身处无道时代，生命是应当首先保全的，因此与其积极入世而得到如仲尼般

① 王夫之：《老子衍庄子通庄子解》，第113页。
② 郭象注，成玄英疏：《庄子注疏》，第511页。

的求之不得、为而不用的结局，不如将视角转向自我。当然，避世如伯夷叔齐，在庄子亦不过是"欲洁其身而乱大伦"，此是对于不可逃避之所的逃避，亦是精神的麻醉与自我催眠，此当然不符合庄子之精神。因此在庄子，对于世间，与其进入与离开，不如与世间保持着一种虚的状态与距离，选择不即不离、若即若离，此即虚心游世，应而不藏。因此，相比于有着治世理想的孔孟，庄子始终是现实的庄子。

第三节　德有所长而形有所忘

德与形的关系问题在中国古代哲学中亦可引申为内与外、实与名的关系问题，其对于个体价值的确立亦成为先秦时期各学派主要讨论的主题，继而由对个体的思考转向对于国家社会的合理性的考量。因此，就《德充符》篇而言，庄子亦意在通过对个体之人的考察，在德与形的反差之间，再次确证人之所以为人者，即德有所长而形有所忘；对于憨山德清而言，德与形的关系亦是佛家真性与形骸之间的分立，因此在其对《德充符》篇的疏解中，以破分别我障之方来具体诠释得道之关键：

> 德充实于内者，必能游于形骸之外，而不寝处躯壳之间。盖以知身为大患之本，故不是物欲，而心与天游。故见之者，自能神符心会，忘形释智，而不知其所以然也。故学道者，唯务实德充于内，不必计其虚名见乎外，虽不求知于世，而世未有不知者也。①

一　德与形之间

儒家孔子之德以仁为中心，此德行之外延含摄忠、孝、仁、义、温良、恭敬、谦让等，此在儒家虽是天命于人而使人修身成贤之关键，然对于上层统治者而言其实质亦是约束人、使人人承担一定社会责任与义务之规矩绳墨，因此儒家道德之归旨在于社会、政治，而非人。而对于老庄道家之德，我们须从"德"之本义切入："德"的甲骨文从直，金文从心从

---

① 憨山德清：《庄子内篇注》，第 88 页。

直，因此从字形来讲，"德"关涉人之心、人之行，《说文》解"德"为"德，升也"①，因此，其也有遵循本心本性之自然而行之意。具体到"道"与"德"的关系，《老子》三十八章有"上德不德，是以有德。下德不失德，是以无德。上德无为而无以为，下德为之而有以为"②，在老子看来，道之本性即自然无为、顺自然之性，因而上德不以德为德，此即是合道之德，是道"为而不恃，生而不有"之性；《老子》亦有"常德不离，复归于婴儿"③，"含德之厚，比于赤子"④，道生万物，对于尚处混沌之中的婴儿与赤子，其亦合于大道之自然而没有人为之矫饰，且婴儿与赤子皆不离于德，如此德亦是人之天然本性，是道在人身上的具体展现。王弼对《老子》的第三十八章注有"德者，得也，常得而无丧，利而不害，故以德为名焉，何以得德，由乎道也"⑤；其于五十一章，注有"道者，物之所由也；德者，物之所得也，由之乃得"⑥。《管子》中有"德者，道之舍。物得以生，生知得以知道之精，故德者，得也；得也者，其谓所得以然也，以无为之谓道，舍之之谓德，故道之与德无间，故言之者不别也，间之理者，谓其所以舍也。"⑦《文子·上礼》中，有"循性而行谓之道，得其天性谓之德。"⑧因此综上而言，道家之德即所谓得之于道者，是人之所得于道的自然本性，是对于道在人间的现实下贯与落实，因此此"德"之性亦如道，是自然无为的。人之含德，亦即顺人之性、顺物之情，而非以好恶内伤其身。因此，在庄子，德的最终指向在于内在之人，其实质落脚于心灵之虚静。

在《德充符》篇中，所谓"充"，在《说文》中，即"充，长也，高也"⑨；在《广雅》中，有"充，满也"⑩；在《荀子·子道》中，有"颜

---

① 许慎：《说文解字》，第 85 页。
② 陈鼓应：《老子注译及评介》，第 23 页。
③ 陈鼓应：《老子注译及评介》，第 55 页。
④ 陈鼓应：《老子注译及评介》，第 74 页。
⑤ 王弼：《老子道德经注校释》，第 68 页。
⑥ 王弼：《老子道德经注校释》，第 81 页。
⑦ 李山译《管子》，中华书局，2016，第 44 页。
⑧ 王利器撰《文子疏义》，中华书局，2012，第 63 页。
⑨ 许慎：《说文解字》，第 77 页。
⑩ 王念孙：《广雅疏证》，第 112 页。

色充盈"①。因此，"充"有"满"之意。所谓"符"，从字形看从竹，与竹子相关，表示古代朝廷传达命令或调兵所用的凭证，《说文》解此为"符，信也。汉制以竹长六寸分而相合"②；《周礼·掌节》中，有"门关用符节"③；因此，"符"在本意上亦有显示于外在的凭据、信号以与某物某事相合之意。郭象解此"德充符"三字为：

> 德充于内，物应于外，外内玄合，信若符命，而遗其形骸也。④

林希逸解为：

> 符，应也，有诸己则可以应诸外。充，足也，德足于己，则随所应而应也。⑤

憨山德清解为：

> 德充实于内者，必能游于形骸之外，而不寝处躯壳之间。⑥

宣颖解为：

> 传曰：有诸内，必形诸外。身怀一得，意气炯如，况盛德之士欤？修之宥密之中，达之名物之表。⑦

陆树芝解为：

> 克全其天，之谓德。德充于己，而验应于人，若符节之相合然，故曰符。⑧

因此，在庄子之"德充符"也即是德于人之内而显于人之外的问题。

---

① 王先谦：《荀子集解》，第 142 页。
② 许慎：《说文解字》，第 121 页。
③ 吕友仁、李正辉注：《周礼》，中州古籍出版社，2014，第 220 页。
④ 郭象注，成玄英疏：《庄子注疏》，第 103 页。
⑤ 林希逸：《庄子鬳斋口义校注》，第 81 页。
⑥ 憨山德清：《庄子内篇注》，第 88 页。
⑦ 宣颖：《南华经解》，第 39 页。
⑧ 陆树芝：《庄子雪》，第 57 页。

内与外之分立亦是庄子讨论问题之重要关涉点，处于复杂之人间世，人不可避免也不可逃避地会与他人与外物相接触，有了接触便会使双方处于对立的关系之中，因此如何处理关系的问题，亦是人游刃于人间世的关键之前提。如果说庄子于《人间世》中重点考察讨论的是与君相对的臣与民的生存境况与生存方法问题，在《德充符》中，庄子的讨论重点则再次落实到具体的个人，即人之所以为人者。然庄子所讨论此问题之问题域仍然在于人间世，因此是有所前提的问题讨论，即在充满着世俗眼光中的人间世中，何者方为人之根本。庄子于此所讨论的并非于人间世中人之处人的问题、也并非人之自处的问题，而是在无道的人间世中、在种种社会关系中、在德与形之间，我们应舍弃什么，我们应保守什么的问题。

先秦时期，由于社会纷乱、政治更迭，生产关系处于不断变化之中，社会阶层面临重新定位的问题。因此，对于个人的价值判断不能再以传统的政治地位作为定位的依据，君与臣、上与下的政治属性的对立逐渐转变为君子与小人的道德属性的分立，即道德的划分逐渐取代地位的等级划分而日益成为人之为人的评判标准，由此先秦时期特别是儒家学者所讨论的主题也由民的问题转移到了人的问题，由此希冀通过名与实的归位而矫正错节的政治关系。

以儒家的孔子为代表，由于礼崩乐坏的社会现实，使得孔子裹挟"克己复礼"之志而辗转奔走于各国之间的同时，亦开始了对于社会之大多数即人的思考。由于政治关系的不确定性，因此对于与君相对的民的约束已然不能解决无道的社会现实，因而孔子试图从更为根本的角度、从将君民融于一体的人的立场来作为问题的出发点，以期达到重构社会关系的目的而回到"君君、臣臣、父父、子子"的政治宏图。由于民是相对于君而言的，因而对于民的讨论必须局限于政治秩序的范围内，而人是相对于禽兽的概念，且涵盖了君与臣、上与下的一切等级秩序，因此对于人的讨论也因着无道的社会时代背景而变得更为迫切与必须。具体到《论语》中孔子与学生的对话，人的问题在此进而转化为君子与小人的关系问题，君子与小人的政治意义被无限下放与弱化，而成为一个道德品质上的意义与标准的分界。对于君子与小人，在《论语》中，有：

> 君子固穷，小人穷斯滥矣。①
>
> 君子和而不同，小人同而不和。②
>
> 君子哉伯玉！邦有道则仕，邦无道则可卷而怀之。③
>
> 君子成人之美，不成人之恶，小人反是。④
>
> 人不知而不愠，不亦君子乎？⑤

即在孔子，君子与小人的分立已然是道德品质的分立，而非上层阶级与下层阶级的等级对立。而君子与小人分立之根本在孔子，就在于二者道德品质的差距问题，此即是"仁"的问题。在儒家孔子的仁学体系中，孔子呼吁人人都要有士君子之行，以君子的规范要求自身，此即：

> 为政在人，取人以身，修身以道，修道以仁。⑥

也即在儒家之孔子，相对于外在之等级地位，内在之道德品质更为重要而可成为判断人之为人的价值标准，因此，人之所以为人而称得上君子的关键在德，德的关键则在仁。

在孔子的仁学体系中，仁的出发点实为匡正礼崩乐坏的统治秩序，即其落脚点在于为社会大众、人间世之人承担社会责任、履行社会义务、扮演自身社会角色提供一套行之有效的理论依据，以正名的方式使君臣礼法更归其位，以维护上层建筑、君主统治。具体到"仁"的内涵，孔子以亲亲之情作为仁的源发点，即"孝悌，仁之本也"，也即子之爱亲在孔子是人之而为人所本然具有的情感的自然流露，因此仁的关键也就在于顺己自然之情，即"仁者，爱人"。李泽厚将孔子的亲亲之情归结为其仁学结构的心理原则，认为：

> 孔子并没有把人的情感心理引导向外在的崇拜对象或神秘境界，而是把它消溶满足在以亲子关系为核心的人与人的世间关系之中，使

---

① 杨伯峻：《论语译注·卫灵公》，第 159 页。

② 杨伯峻：《论语译注·子路》，第 131 页。

③ 杨伯峻：《论语译注·卫灵公》，第 163 页。

④ 杨伯峻：《论语译注·颜渊》，第 121 页。

⑤ 杨伯峻：《论语译注·学而》，第 5 页。

⑥ 朱熹：《中庸章句》，第 21 页。

构成宗教三要素的观念、情感和仪式统统环绕和沉浸在这一世俗伦理
和日常心理的综合统一体中，而不必去建立另外的神学信仰大
厦。……这样一种现实的伦理——心理模式，正是仁学思想和儒学文
化的关键所在。①

且此亲亲仁爱之情的关键并不仅在己之一身，而是要本着忠恕之道的
原则，"己欲立而立人，己欲达而达人"，即孔子将此亲亲之情进一步展开
外延，而达到推己及人的目的。在此过程中，由于人本身所沾染的社会上
的恶、欲的因素，因此，我们亦要"克己"，如此方能"复礼"，孔子有
言："克己复礼为仁。一日克己复礼，天下归仁焉。"② 朱子认为：

> 克是克去己私。己私既克，天理自复，譬如尘垢既去，则镜自
> 明；瓦砾既扫，则室自清。
> 克己复礼，间不容发，无私便是仁。
> 天理人欲，相为消长，克得人欲，乃能复礼。③

王阳明亦有言：

> 去山中贼易，去心中贼难。④

因此，在孔子，为仁之关键不仅在于自身感情的本然外流，更在于对
一己私欲的克除，如此方能回复周礼。因此孔子之德在于仁，而仁之所源
发虽本自人的真情实感，但是其价值指向则在于"礼"，此是根本的社会
性指向，也即"礼"方是孔子仁德之目的。冯友兰认为：

> 在古代思想中，特别是儒家的思想中，所谓"礼"的意义，相当
> 广泛。《左传》引"君子"的话说："礼，经国家，定社稷，序民人，
> 利后嗣者也。"（隐公十一年）这个"君子"，指的就是孔丘。照这个
> 意思说，"礼"包括社会组织，政治体制，社会秩序等上层建筑。⑤

① 李泽厚：《中国古代思想史论》，三联书店，2008，第77页。
② 杨伯峻：《论语译注·颜渊》，第123页。
③ 黎靖德编《朱子语类》，中华书局，2015，第342页。
④ 王阳明：《传习录》，第52页。
⑤ 冯友兰：《中国哲学史新编》，第86页。

因此，有了礼，方能达到孔子正名的目的，从而可以匡正不正的政治秩序、匡扶日益下坠的君主权威，如此无道的社会亦会变为有道的世间：

> 道之以政，齐之以刑，民免而无耻；道之以德，齐之以礼，有耻且格。①

否则"名不正，则言不顺"，人间世自然混乱，百姓自然无所适从。

在阶级地位与道德品质之间，孔子重视以道德品质来作为区分君子小人的评判标准，与此相似，在庄子，就德与形而言，其亦认为相较于形体的完全，人道德的内充方是人之为人的根本，然此道德之内充亦在于对德与形的安顿之方。在《德充符》中，庄子就以形体残缺之人的道德内充来彰显人之为人的关键，在此极端的反差中展现出于此无道的人间世中，对于人而言，最为迫切与关键的并不在于秩序与伦常，而在于人之切己的生命，因此在德与形之间的张力中，作为有着个体生命自觉的人似乎亦可在无可奈何中开辟出属于自己的一扇天窗，此即安命而体道。

首先，对于个体之人而言，身处无道的人间世，外在形体的保全与否并不在我们所能及的范围之内，且其亦是我们所不能选择的命，然而对于心灵的持守则是我们可以作为的，此亦是德。诚如兀者申徒嘉所言：

> 自状其过以不当亡者众；不状其过以不当存者寡。知不可奈何而安之若命，唯有德者能之。游于羿之彀中。中央者，中地也；然而不中者，命也。②

对于孔子与庄子而言，其所面对的是同一个世间，因此二者亦面临着相同的社会问题，此即在无道的人间世中，政治秩序混乱而民如草芥。然而孔子与庄子在解决问题的方式上却为我们展现了两种不同的思想路径，此即在孔子，欲回复周礼以维护上层统治秩序，就必须人人以士君子之行要求自己，克己复礼为仁，知其不可而为之；在庄子，则欲安稳人心、安顿精神，以使人真正过一种人的生活，就必须虚心充德，知其不可奈何而安之若命。

---

① 杨伯峻：《论语·为政》，第13页。
② 郭象注，成玄英疏：《庄子注疏》，第109~110页。

在孔子与庄子，此也即是"为"与"安"的分立。"安"所体现的并不是不为，而是一种在头脑透彻的基础上对于客观外在条件的理智分析。在无道的人间世，"为"与"不为"对于人本身而言都是一种戕害，人道之患与阴阳之患并存；且"为"与"不为"无论是在孔子还是在老子，最终价值的指向都是在于外在的统治与君主，对于人本身而言并不能起到真正的解放与引导的作用，其目的仅在于将无道之世变为有道人间，并不知"来世不可待，往世不可追"，"方今之时，仅免刑焉"的社会现实。庄子正是透彻于此人间世的无奈与人身处其中的艰难之境，因此方有"安之若命"的人生感叹，对于我们人无法干涉改变之事，我们所能做的就是保守我们内心的安宁与虚静而安时处顺于无奈之命运。对于个体的人而言，其本身并无统治之权，亦没有干政之资，因此"安"相对于"为"与"不为"而言其实质是一种更难达到的境界，这是一种对现实无奈的清醒认知，更是一种对于现实生活的超越与放达。如此，人安于命运，方能不动心于外境，方能保守心灵之安宁、本性之纯真、精神之自由，人才能真正过一种属人的生活，一种离人而入天的生活。因此，在庄子，内充之德在实质上亦是对命运的清楚认知，即安时处顺于无可奈何之命，"不论处逆处顺，不论遭遇何事，均能泰然处之。既不怨天，亦不尤人；既不抗拒，亦不逃避；既不喜，亦不忧"①。此亦是对大道的体认而达到的德之极致处：

> 不就利，不违害，不喜求，不缘道。② 不乐寿，不哀夭，不荣通，不丑穷。③
>
> 死生亦大矣，而不得与之变；虽天地覆坠，亦将不与之遗；审乎无假而不与物迁，命物之化而守其宗也。④

庄子意在通过一己之内在与外在的反差、方内之人与方外之人的思想冲突而展现人之为人的关键所在。对于方内之人，其看待、对待外在世界的态度是以其个我之角度，即主观情意我、以用的视角来分辨事物，因

---

① 罗安宪：《道家天命论的精神追求》，《中国人民大学学报》2007 年第 3 期。
② 郭象注，成玄英疏：《庄子注疏》，第 53 页。
③ 郭象注，成玄英疏：《庄子注疏》，第 221 页。
④ 郭象注，成玄英疏：《庄子注疏》，第 104 页。

此，世间有了美丑、善恶、是非之分辨，然而此健全的方内之人则并非庄子意义上的真人，正是有此计度与分辨，其心灵因而受到桎梏，其所能看到的世界也即是狭隘的一方，此即如叔山无趾所言"天刑之，安可解"，相比于外在形体，心灵的残缺更加难以复原；然对于兀者、无趾、丑恶、伛偻等人，此在方内之人看来是形体残缺之人，其内在则是纯而真，能够安时处顺，保守了心灵的虚与静，如此，其作为人之为人者也就得以保全，此即才全而德不形：

> 哀公曰："何谓才全？"仲尼曰："死生、存亡、穷达、贫富、贤与不肖、毁誉、饥渴、寒暑，是事之变、命之行也。日夜相代乎前，而知不能规乎其始者也。故不足以滑和，不可入于灵府。使之和豫，通而不失于兑。使日夜无隙，而与物为春，是接而生时乎心者也。是之谓才全。""何谓德不形？"曰："平者，水停之盛也。其可以为法也，内保之而外不荡也。德者，成和之修也。德不形者，物不能离也。"①

对于死生存亡，此是人之所不能改变的大化流行，因此，不动心于外在事物的变化，亦不使哀乐入于心灵，此即是保守内在心灵的虚静而安时处顺于外在的命运，如此，人之所得于天者亦得以保全：水停方能有平稳之色，心静方能有和顺之态。因此，德不形于外而心游于形骸之内也即是成和之修，使得我们身处世间之中亦能攖宁不动。

其次，相比于孔子以仁作为德之内容，在庄子，其内充之德不仅在于安命之心，更在于体道之性。在《老子》有"上德不德，是以有德"，在老子所谓的"德"即不以德为求，其所生发之德不过是人自然之情的发显与流露，而非无德；老子所谓的"上德"也即是"常德"，《老子》二十八章有言："常德乃足，复归于朴"②，也即此"常德"具有大道素朴之特点，是自然无为的；《老子》二十八章亦有："常德不离，复归于婴儿"③，五十五章有"含德之厚，比于赤子"④，婴儿与赤子即处于人之于道的浑沌

---

① 郭象注，成玄英疏：《庄子注疏》，第117～119页。
② 陈鼓应：《老子注译及评介》，第55页。
③ 陈鼓应：《老子注译及评介》，第55页。
④ 陈鼓应：《老子注译及评介》，第64页。

状态，此状态也是最接近于大道自然无为之本性的，因而在老子，所谓的"德"也即是人得之于道的天然本性，此也即是大道在人身上的现实下贯与落实。因此，在老庄之道家系统中，德与性是一体两面的，德与道二者亦是一种不离的状态，此即是"常"，也即是自然而原初的状态，道即是德之体，德即是道之用。因此，在庄子《德充符》中，人之所内充之德其实质亦是大道在人身上的体现，所体现的也即是人得之于道的本然真性。在庄子，人之本性亦如大道是自然、自在而自由的，在《庚桑楚》有：

> 道者，德之钦也；生者，德之光也；性者，生之质也。性之动谓之为，为之伪谓之失。①

也即，人之性是自生而有的，是得道而有之德，此是顺人之天然的自然，而非有人为的矫饰，万物包括人在内都是一种"莫之为而常自然"的状态：

> 缮性于俗学，以求复其初；滑欲于俗思，以求致其明：谓之蔽蒙之民。古之治道者，以恬养知。生而无以知为也，谓之以知养恬。知与恬交相养，而和理出其性。夫德，和也；道，理也。德无不容，仁也；道无不理，义也；义明而物亲，忠也；中纯实而反乎情，乐也；信行容体而顺乎文，礼也。礼乐遍行，则天下乱矣。彼正而蒙己德，德则不冒。冒则物必失其性也。古之人，在混芒之中，与一世而得淡漠焉。当是时也，阴阳和静，鬼神不扰，四时得节，万物不伤，群生不夭，人虽有知，无所用之，此之谓至一。当是时也，莫之为而常自然。②

因此，在庄子，内充之德即是得之于大道、顺己之天然本性而看待对待外在之人与事，此亦是人之为人的内在修为，亦是一种体道的生活态度。因而由此内充之德，对于外在形体之残缺亦会有"德有所长而形有所忘"之感，此是对于心灵的真正解放，亦是成和之修。也即在庄子，人之为人的关键并不在于外在形体之完全与否，相反在《德充符》中，庄子正

---

① 郭象注，成玄英疏：《庄子注疏》，第 429 页。
② 郭象注，成玄英疏：《庄子注疏》，第 297~299 页。

是通过人外在形体的残缺与德之内充的反差展现人之真正为人者，此即在于心灵之虚静与安顺。因此，"德有所长而形有所忘，人不忘其所忘而忘其所不忘，此谓诚忘"，外在形骸的喜怒即是所忘者，德于人即是内在的心灵之于我，此即是所不忘者，然人若不忘其形而忘其德，此即是真正的忘，如此的忘也即把人的心灵真正束缚住，即"天刑"。庄子意在通过《德充符》中对德与形的分立，而使人真正放弃那些出于人伪的情意：

> 有人之形，无人之情。有人之形，故群于人；无人之情，故是非不得于身。眇乎小哉，所以属于人也；謷乎大哉，独成其天。①

在庄子，人之为人的前提即是"道与之貌，天与之形"，此即有人之形；然人之为人的关键在于"不以好恶内伤其身，常因自然而不益生"，此即无人之情。无人之情并非惠子所言之"无情"，即"人而无情，何以谓之人"，而是无人情而有天情。庄子所言无情并非没有情，其所无之情是无人情，即无主观之情意，也即好恶、美丑、是非分立之情；然其所含之情，即天情，即是因顺自然之情，如此亦能胜物而不伤。因此在庄子，其《德充符》所描写的形骸残缺之人，虽外在有所不全，然其内在却能因顺天地自然之情，安时处顺于无可奈何之命，是真正的全人且德充符之人；然其所描写的外在完全之人，虽有人之形，却因着人情，以自身之好恶作为评判外在事物的标准，因而其亦不能称为德充符者。形体是人之为人的外在轮廓，亦是包藏人内心的天命属性，此是得之于天道者，而非人所能选择；然而对于情而言，人由道而生，因而人自有得之于大道的天情，此情不杂任何人为因素，是出于人天然自然之本性，人亦当由此天情而过着真正属人的生活：

> 古者禽兽多而人少，于是民皆巢居以避之。昼拾橡栗，暮栖木上，故命之曰有巢氏之民。古者民不知衣服，夏多积薪，冬则炀之，故命之曰知生之民。神农之世，卧则居居，起则于于。民知其母，不知其父，与麋鹿共处，耕而食，织而衣，无有相害之心。此至德之

---

① 郭象注，成玄英疏：《庄子注疏》，第 121 页。

隆也。①

然而，由于至德之世的落幕，人间世因而有了争斗与纷乱，人伪与人情因此而出现：

> 然而黄帝不能致德，与蚩尤战于涿鹿之野，流血百里。尧、舜作，立群臣，汤放其主，武王杀纣。自是之后，以强陵弱，以众暴寡。汤、武以来，皆乱人之徒也。今子（孔子）修文、武之道，掌天下之辩，以教后世。缝衣浅带，矫言伪行，以迷惑天下之主，而欲求富贵焉。②

因此，在庄子，其于《德充符》中在倡导"德有所长而形有所忘"之外，更在于使人通过对本于大道之德的再发现，而认识到本有之天然自性，如此实德内充、安时处顺，心灵保持着纯真之情，如此精神亦得以自由，人亦不会如惠子般固守着坚白的差异，而劳乎本该逍遥的神与精。因此，在庄子，德与形之间终究是一种对立着的和同，其根本落脚处仍在于人对于生命的态度，此即体道而安命。即在庄子，内充之德是安顺命运之形而坚守本然之性。

因此，相比于儒家之孔子所希冀的有道之世，庄子则在无可奈何的人间世、在一己之德形间坚守着心灵的大道。此即：

> 德充符者，言德充于内，自然征验于外，非形所能为损益，非智所能我隐现。③

二　破分别我障

在憨山德清，庄子之德与形之间的分立也即是佛家之心知与形骸的分立，因此在对《德充符》的疏解中，憨山德清以佛家之破分别我障作为对庄子内充之德而应符于外的解读之方：

---

① 郭象注，成玄英疏：《庄子注疏》，第 518 页。
② 郭象注，成玄英疏：《庄子注疏》，第 518 页。
③ 方勇、陆永品：《庄子校诠·庄子口义补注》，第 243 页。

此篇立意，谓德充实于内者，必能游于形骸之外，而不寝处躯壳之间。盖以知身为大患之本，故不事物欲，而心与天游。故见之者，自能神符心会，忘形释智，而不知其所以然也。故学道者，唯务实德充乎内，不必计其虚名见乎外，虽不求知于世，而世未有不知者也。①

即在憨山德清，学道关键在于德充实于内而心游于形骸之外，即通过破除障碍而得以解脱，使心灵得以超乎外在形骸的负累而逍遥于外。因此在憨山德清，德充实于内的过程也即是"不计虚名见乎外，不求知于世"——忘己、忘功、忘名而得逍遥的过程。在憨山德清，所谓逍遥也即是了悟本有之真性、解脱而破除生死的轮回，因此，此逍遥也即是明心见性而成佛之境。因此，在憨山德清，形骸与心知也便是一个对立的双方。在庄子，形是一个我们所不能选择的命，此是"道与之貌，天与之形"，是人所不能干涉与改变的，因此对于外在之形，我们必须安时处顺，知其不可奈何而安之若命，亦是德之至；相比于形，德则是我们生来禀赋自大道的天然本性，在庄子，此亦是我们人之为人的关键所在，因此我们人所能做的就是不断通过消解与丧弃掉主观情意之我，保持我们本有之天情，而回归到与大道合一的客观之吾。因此，对于德与形之间，在庄子，此二者并不是一个根本对立的双方，而是作为一个独立个体的人，应该如何安放德与形的问题，此亦是对于生命的态度，即体道而安命，从而使得心灵安宁、精神自由，此便是德之内充而应符于外。即在庄子，内充之德即是安顺命运之形而坚守本然之性，德与形之间并不存在根本上的对立。然对于憨山德清，德与形也即心知与形骸的对立，修行之人必须通过忘形方能解放一己之心知，如此方能了悟本有之真宰而立地成佛：

此篇以《德充符》为名，首以介者王骀发挥，只在末后数语，便是实德内充，故符于外。而人多从之，非有心要人从之。盖忘形骸，一心知，即佛说破分别我障也。能破分别我障，则成阿罗汉果，即得神通变化。今庄子但就人中，说老子忘形释智之功夫，即能到此境界耳，即所谓"至人忘己"也。此"寓六骸，象耳目，一知之所知"，

---

① 憨山德清：《庄子内篇注》，第88页。

即佛说假观，乃即世间出生死之妙诀，正予所谓修离欲禅也。①

所谓"破障"，也即是破除障碍，在佛家看来，世界本是一个整体，假有而不真，因而世界本身并没有障碍，是由于人们自己内心中有了障碍，才使得六根、六触、六识产生了十八界，这些界也就是自身给自己心里所设定的障碍，因此修行之人如欲真知本性真宰，必须破除自己心中的一切障碍。然在佛家看来，人心中之所以有障碍，原因在于人受一身假有之形骸的负累，有此假有之一身，也便对生死有了执着。因而，憨山德清所谓"破分别我障"，即是忘记一身假有之形骸，使心知专一而宁静，从而破除虚妄计度和我身业障，如此也就可成佛教小乘所谓的能了断一切嗜欲和烦恼、脱离三界生死轮回而入四圣法界、不再分段生死的阿罗汉果。此即憨山德清在疏解《德充符》篇中，带有明显的以佛解庄的佛理化倾向。因此对于兀者王骀之"死生亦大矣，而不得与之变；虽天地覆坠，亦将不与之遗；审乎无假而不与物迁，命物之化而守其宗"的特点，憨山德清以忘死生、忘外在之形骸，也即以忘己、忘功、忘名而解之，认为此即世间出生死之妙诀：

> 人于规规是非、善恶之间，殊不知至人超乎生死之外，而视世之浮名为桎梏。盖未能忘死生、一是非，故未免落于世之常情耳。②

在憨山德清，德与形之间，形即是其所外者；所内充之德，也即是"真宰"，憨山德清认为：

> 形者，假物也。使其形者，真宰也。……是知所爱者，非形骸，乃爱使其形骸之真宰也。③

在憨山德清看来，对于物之为物、人之为人者，其关键所在亦非外在之形，而是使其形的真宰。所谓"真宰"，也即是"性真"：

① 憨山德清：《庄子内篇注》，第 90～91 页。
② 憨山德清：《庄子内篇注》，第 94 页。
③ 憨山德清：《庄子内篇注》，第 95 页。

所谓性真，庄子指为真宰是也。①

也即在憨山德清，所内充之德也是在忘掉外在假有形骸的基础上，对于本性真宰的保守与明见。在佛教看来，所谓的一己本性之真宰也即是人人本具之佛性，佛教认为，只要"识自本心，见自本性"，就可以成佛，只要人人了悟世间万事万物皆为缘起之假有，而见得本有自性，则人人都可见性成佛。天台山云居智禅师，尝有华严院。僧继宗问："见性成佛，其义云何？"师曰："清净之性，本来湛然。无有动摇，不属有无、净秽、长短、取舍、体自倏然。如是明见，乃名见性。性即佛，佛即性。故曰见性成佛。"因此，憨山德清以破分别我障作为人忘形而明心见性之功夫，以期通过顿渐之力而去除人伪之扰：

直达谓之顿，密造谓之渐。直达诣真，密造除伪。真不诣，伪不除；伪不除，真不极。由是观夫伪也者，真之蔽欤！道之害欤！德之累欤！②

憨山德清以此对庄子之德充符做出了符合佛教理趣的阐释。因此，庄子之符应于外的内充之德在憨山德清即是佛家明心见性的成佛之境。

具体到破分别我障之功夫方法，在憨山德清也即是通过忘情绝欲的方式，忘掉假有之形骸，而使人能够真正体贴到自性真宰，即"忘形全性"：

圣人之德，必须忘形全性，体用不二，内外一如，平等湛一，方为全功。故才全德不形，为圣人之极致。盖才全，则内外不二；德不形，则物我一如。此圣人之成功。③

在憨山德清，外在之形骸与内在之真性实为体用不二、内外一如的，此即体现出憨山德清基于其佛教本位的角度而提出的平等观。在佛教体系中，其所主张的平等是诸法体相，即一切现象在假有、空性以及真宰本性

---

① 憨山德清：《庄子内篇注》，第96页。
② 憨山德清：《庄子内篇注·憨山绪言》，第150页。
③ 憨山德清：《庄子内篇注》，第98页。

上是没有差别的。在此处，憨山德清亦借助中国传统的"体用观"① 分析了人之内在心知与外在形骸的关系。也即在憨山德清看来，内与外在根本上并不是实然对立的状态，而是如众生本具佛性一样是体用不二、平等湛一、内外一如的：

> 体寂用照。用不失体，即照而寂；体不离用，用寂而照。是以体寂若太虚，用照如白日，故万变无亏，无幽不鉴。②

只是在体道成佛的过程中，我们不能只偏重于外在假有之形骸，一旦以形骸为重，便会有人情与私欲的干扰，如此，天德自然不全、成佛亦不可能。

在憨山德清，成佛之关键即在于忘掉外在之假有形骸，如此也即可忘情却欲，而妙悟本有自性。虽然其借助佛家平等观念与中国传统的体用观念来阐释德与形之间的分立，虽然二者在根本上并非对立的双方，然在憨山德清，如欲实现内充之德，关键在于忘己、忘功、忘名，即其通过"忘"的方式一定程度上消解了德与形之间的紧张关系，也为明心见性实现成佛的目的提供了客观基础。然而憨山德清忘形释智之功、体用两全之策在根本上亦不同于庄子之安命、体道而充德之方，首先即在于庄子是以更为近道的方式实现对命运的超越，因此对于无可奈何的形能够做到安之若命，然憨山德清则是以忘的方式以实现平等之体用不二，因此其对于形的消解并不根本。其次，在德的方面，庄子实现了德与形在体道基础上的

---

① "体用不二"论，是熊十力现代新儒学思想体系中最基本的观念。此观念主要展现在其原创性的经典之作《新唯识论》之中。他所谓的"体"是心体、性体，即人的生命存在的本体。宇宙万物之本根以及其生生不息的源头活水，在一定意义上也是道德的本体和道德的主体。其所谓的"体用不二"，也就是肯定生命的意义和人生的价值，是为了在物欲横流的世界中重新寻找"人生本质"和"宇宙本体"。熊十力认为，吾人与天地万物所同具的仁心本体，内蕴着极大的力量，可以创造出、生化出整个人文世界。他高扬了仁心本体刚健、创生的特质，实际上是以积极的人生态度、生命意识和人本精神去面对世界、创造世界，同时又主张不被人们所创造出来的物质世界和人文建制所异化、所遮蔽，以致忘却、沦丧了人之所以为人的根蒂。熊十力的"体用不二"与程朱的"体用一源"的不同在于：程朱虽然肯定体在用中，体不离于用，但体是存藏于用中的，是与用不离不杂的一种抽象实体；熊十力所坚持的实体则不在功用之外，肯定精神对于物质的主导作用，认定实体自身是变动而生生不息的，他的体用观可视为儒家刚健、崇德、用世等价值的本体论基础。

② 憨山德清：《庄子内篇注·憨山绪言》，第 148 页。

圆融，而憨山德清则是在忘形的基础上的见性，此亦是二者的差分。

憨山德清在对庄子《德充符》篇的疏解中，充分展现了其以佛解庄的佛学化倾向，其以佛教的破分别我障、平等观念作为对庄子德与形的解读之方，征引了中国传统的体用观念，实现了"德有所长而形有所忘"的佛学化诠释，亦为理解庄子的"德充符"提供了创新性的解读思路。且憨山德清亦以庄子的思想理论为蓝本再次向人间世之大众指明了学道之方、成佛之路。

第四节　止观不二以应世

由对于人间世君臣关系的思考，继而转至于对人间世中的人的思考，如果说庄子对于《人间世》《德充符》的思考与讨论都是于客观现实环境下的被动使然，以为处于无道人间世中的人的生命提供保守之策、慰藉之方，则在《应帝王》中，庄子将视角毅然转向人间世的在上位者，转向人间世中臣民的对立方，也即庄子进一步展开了对君王的思考。在此篇中，庄子希冀此人间世之客观主导者能够成为其所渴望的有道世间的"帝王"而虚心无为，此也即是庄子理想中的君主。憨山德清对《应帝王》篇的疏解亦以佛教止观不二法门发明帝王之义，对此问题做出了不失理论旨趣的创新性诠释，充分体现了憨山德清在解庄过程中的佛理化倾向。

"帝"与"王"是周之前就存在的概念，然自秦始皇开始，帝王就有了王霸的意义，庄子所希冀的理想帝王也是存于有道之世间，因此庄子所应用的"帝王"概念也具有相当的复古意义，即此概念与君王之治术、霸业并无干涉。[①] 宣颖即认为：

> 自有天下以来，为君者凡几氏矣。前谓之帝，后谓之王，指各不胜屈矣。而克当乎其职者，何不数数见也？天生民而立之君，自天言之为天子，必体天之心，而后为肖子；自民言之为民牧，必顺民之

---

① 王博认为："根据战国时期流行的'皇帝王霸'的理论，帝王是历史上曾经出现和存在过的，现在的君主则基本上是霸。霸是以力服人者，他们把自己的意志强加于人，而帝王则显然不是如此。"王博：《庄子哲学》，北京大学出版社，2015，第177页。

性，而后为良牧。乃由古及今，而德合天人者，几帝几王耶！然则亦居帝位而谓之帝，备王数而谓之王耳，未可谓之应帝应王者也。①

且对于庄子而言，由于其所讨论问题的问题域不离人间世，其内在精神的根本落脚点亦在于人间世中的人，因而，庄子"帝王"的概念在此就不单纯是一个理想的在上位者与民的对立方的问题，亦关涉现实中人的生命的问题，因为在关乎人之切己生命的关系中，帝王始终是处于主动的一方，因而其对人生命的作用与影响也更加显著而强大，因此，对于帝王问题的思考也即是庄子从治道的角度对于生命意义的再次确证；且帝王的问题从另一方面来看，亦是庄子对于人间世之"世"的思考，因为"世"的好坏、有道与否在很大程度上取决于在上位之君王。因而《应帝王》在根本上是庄子植根于现实而又放眼于未来、为其心中理想之帝王与人间世所绘制的美好蓝图，然其在此意义上对生命的确证亦反衬出庄子心中对于现实的无奈与悲凉之感。从微观具体而现实的层面来讲，帝王的问题在无道的世间是一个只可追忆与向往的所在，因而，回到此现实、冰冷而又复杂的人间世，在上位之明君贤主、圣帝明王已然不可期，所以，帝王的问题在实质上又是个我的问题，即人人如能为古之帝王虚静自守、无心顺化，则人人都是个我生命中的主宰与帝王，此即如王博所言，"在政治的意义上，帝王只有一个。但是在生命意义上，每个人都可以是帝王"②，是庄子将处于被动状态中的人在确证生命意义的前提下再次挺立起其作为人的价值，是主动而非被动的生命自觉。因此，庄子之《应帝王》在此有两方面的意义：其一是庄子对于有道人间世的向往，及其对于至德之世圣帝明王的希冀，一定程度上反映了庄子"无为而治"的思想；其二是庄子落脚于现实无道人间世，以挺立作为独立个体之人的主体价值，使人在确证自身生命意义的基础上做自己生命的主宰与帝王。此亦是庄子起于政治哲学，而落脚于人生哲学的价值转向。

憨山德清在庄子《应帝王》篇的疏解中认为：

> 庄子之学，以内圣外王为体用。如前《逍遥》之至人、神人、圣

___

① 宣颖：《南华经解》，第61页。
② 王博：《庄子哲学》，第178页。

人，即此所谓大宗师也。且云以尘垢秕糠，犹能陶铸尧舜，故云"道之真以治身，其绪余土苴以为天下国家"。所谓治天下者，圣人之余事也。以前六篇发挥大道之妙，而大宗师乃得道之人，是圣人之全体已得乎己也。有体必有用，故此《应帝王》，以显大道之用。若圣人时运将出，迫不得已而应命，则为圣帝明王；推其绪余，则无为而化，绝无有意而作为也，此显无为之大用。①

即在憨山德清看来，《应帝王》篇是庄子全其内圣外王之体用、以显大道之用之作。《庄子》内篇之前六篇中，皆是庄子所诠释的大道之体，憨山德清进一步以体用不二之观念阐释庄子"应帝王"的主旨，在于通过体以显其用，即帝王之存在于其对大道的体认，从而能够以无为任化之资而使天下得治。憨山德清着重于庄子"应帝王"义的第一层次，即从内圣外王的政治哲学意义上为此篇疏解立旨：

> 庄子著书，自谓"言有宗，事有君"，盖言有所主，非漫谈也。其篇分内外者，以其所学，乃内圣外王之道。谓得此大道于心，则内为圣人；迫不得已而应世，则外为帝王。乃有体有用之学，非空言也。②

而由庄子"帝王"义的两种意向，"应帝王"之"应"应有两种价值指向：其一从帝王的角度而言，作为理想之世的圣帝明王应该如何治世的问题，也即"帝王应"的问题，在此"应"有"应该"的意涵，郭象亦认为"夫无心而任乎自化者，应为帝王也"③，也即以"应"为"应该"；其二是从独立个体之人的角度来讲，做自我生命的主宰与帝王应该如何的问题，也即"应"的实然义、"帝王"之内容义，在此之"应"也不当再以"应该"比之，而应取自篇中"应而不藏"之意，作"顺应""因顺"讲，褚伯秀也以此为"应天顺人"④之意。此外，对于"应帝王"之"应"，憨山德清认为："若圣人时运将出，迫不得已而应命，则为圣帝明

---

① 憨山德清：《庄子内篇注》，第130页。
② 憨山德清：《庄子内篇注》，第101页。
③ 郭象注，成玄英疏：《庄子注疏》，第158页。
④ 林希逸：《庄子义海纂微》，第25页。

王"①，也即以"应"为"接受"义，在此处，"应"虽有此意向，然不应全然以此意为准。综合而言，"应帝王"之"应"义既有应然之义，也包含因顺之旨，然帝王之所以为帝王之本身亦内含了应然的关系层次，所以其重点应侧重于"帝王"之该当如何的内容意义而言，也即本于"应而不藏"之"应"的因顺、顺应之义。所因顺者也当是本之于大道者，如此之"应"义，似乎也更合文章之大旨，即不论以何者的角度来阐释帝王义，此不仅是应该的问题，更是如何做的问题。因此，"应帝王"之义也就是只有因顺，方可成为帝王。

而对于所因顺者何，庄子在开篇以有虞氏与泰氏的差分作为问题的切入点：

> 有虞氏不及泰氏。有虞氏其犹藏仁以要人，亦得人矣，而未始出于非人。泰氏其卧徐徐，其觉于于。一以己为马，一以己为牛。其知情信，其德甚真，而未始入于非人。②

在此，有虞氏与泰氏之间便也代表了儒道两种不同的治世方式：儒家之孔孟为使社会得以稳定、政治秩序得以稳固，以仁义礼智为人之天然本具者，"仁义礼智非由外烁我也，我固有之也"③，此即"藏仁以要人"，而希冀人人都得以有士君子之行，因而人人亦不会有犯上作乱者。儒家虽以一种比法家更为柔和的方式使得人人得以承担社会责任与社会义务，然其在根本处仍与法家之强制性有着相同的指向性，即"未始出于非人"，二者在本然处仍是以在上者之德威霸力使在下位之人得以服从其政治目的。而有虞氏之所以不及泰氏，原因在于：

> （泰氏）虚怀以游世，心闲而自得，且物我兼忘。人呼以为牛，则以牛应之；人呼以为马，则以马应之。未尝坚执我见，与物俱化。其知则非妄知，而悟其性真然。……至其德用甚真，不以人伪。④

即相比于儒家以其知使人知，庄子则更推崇无知，即不以一己之知加

① 憨山德清：《庄子内篇注》，第130页。
② 郭象注，成玄英疏：《庄子注疏》，第158～159页。
③ 焦循：《孟子正义·告子上》，第731页。
④ 憨山德清：《庄子内篇注》，第131页。

诸于人，此即"未使入于非人"，庄子所认同的帝王从来就不是一个谆谆不悔的教化者，其所希冀的帝王也即是本之于大道自然的无为之性，而顺人之天然自然，使人能够依着其本性而自由自在地生活：

> 门无鬼与赤张满稽观于武王之师，赤张满稽曰："不及有虞氏乎！故离此患也。"门无鬼曰："天下均治而有虞氏治之邪？其乱而后治之与？"赤张满稽曰："天下均治之为愿，而何计以有虞氏为！有虞氏之药疡也，秃而施髢，病而求医。孝子操药以修慈父，其色燋然，圣人羞之。至德之世，不尚贤，不使能，上如标枝，民如野鹿。端正而不知以为义，相爱而不知以为仁，实而不知以为忠，当而不知以为信，蠢动而相使不以为赐。是故行而无迹，事而无传。……"①

庄子所希冀与渴望的至德之世也即是不以仁义礼智撄扰人心之世，在此至德之世的人亦是无心而顺化者，因着其本于大道之性而生活，无所谓知与不知。然如若以儒家之德服人、以法家之力服人的治世之方，以人君之一心而欲使百姓归顺，其实质不过是"君人者以己出经式义度，人孰敢不听而化诸"，即人人在服从之下，心灵亦会惊惧而惶恐不安，亦会陷入与物相刃相靡的悲哀之境，在根本上亦是欺德治世、戕害人心。此亦如憨山德清所言：

> 鸟鼠二虫，天性自得，但人心以机械而欲取之，故高飞深藏而避之，而人曾谓二虫之无知乎？百姓天性，犹鸟鼠也，人君有心欲治之，能不惊而避之乎？②

因此，从在下位之百姓的立场、从人之本性的角度出发，由于本之于自然的天性，其本然端正而相爱，因而无需规矩绳墨的束缚，无需君主之强力干涉，亦无需外力的虚心弱知，更无需缮性于俗学，因为人之内在本性就是天然如此，如若假之以外力，则人亦会如鸟鼠之高飞深藏。因此，作为在上位者之君王，对于本性自然之百姓，亦无需有为而治：

---

① 郭象注，成玄英疏：《庄子注疏》，第 240～241 页。
② 憨山德清：《庄子内篇注》，第 132 页。

> 汝游心于淡，合气于漠，顺物自然而无容私焉，而天下治矣。
>
> 明王之治：功盖天下而似不自己，化贷万物而民弗恃。有莫举名，使物自喜。立乎不测，而游于无有者也。①

对于无为而治的思想，始出于《老子》：

> 我无为，而民自化；我好静，而民自正；我无事，而民自富；我无欲，而民自朴。②

即在老子，所谓的"无为而治"并不是强调不作为，而是要不妄为。其强调作为在上的君主不要过度干预百姓，而应顺其自然，充分发挥百姓自身的价值，而达到无为而无不为的治道效果。相比于儒家的尚贤使能，老子则从大道的角度对君主之治国理政之方做出了创新性的诠释与解读。然无论是儒家之有为而治还是老子之无为而治，其所提出的治国方略都是以在上位者为价值指向，即其根本目的是服务于国家的统治机器。在庄子，其进一步发展而深入了老子的无为而治思想，然庄子切入问题的角度则并不是从君王的角度，而是以人为本位作为问题思考的出发点，以此反思帝王之应的问题。

庄子通过《应帝王》首先以宏观的角度集中展现了理想帝王所应有之质。首先以王倪"四问四不知"为开篇，即在庄子，所谓的帝王不以知为知，亦不以不知为不知，"一以己为马，一以己为牛"，此也即如《齐物论》之以天下一指万物一马而物我两忘，如此而没有人为的矫饰，不入是非之境地。其次，所谓帝王之治天下，不以一己之私而制物，而是游心于淡、顺物之自然，保全物之自然之性。再次，所谓的明王之治，也如老子所言，"为而不恃，功而弗居"，不以一己之力为力，无为而无不为，立乎不测之境，以万物为体而游于无有，如此则能应而不藏，胜物不伤。因此相较于儒家孔孟之圣帝明王的仁政爱民，庄子以知其不可而为之的态度积极入世，希冀通过有为的方式使帝王君主能够成为天下百姓仿效的对象，以达到天下大治之目的。在道家之老子看来，天下"失道而后德，失德而

---

① 郭象注，成玄英疏：《庄子注疏》，第160～162页。
② 陈鼓应：《老子注译及评介》，第52页。

后仁，失仁而后义，失义而后礼。夫礼者，忠信之薄而乱之首也"，"大道废有仁义，慧智出有大伪，六亲不合有孝慈，国家昏乱有忠臣"①，也即在老子，仁义礼智之兴起是大道衰落的标志，标志着社会从有道进入无道之纷乱，因此，在老子，其所希冀的社会是一个"小国寡民。使有什伯之器而不用；使民重死而不远徙；虽有舟舆，无所乘之；虽有甲兵，无所陈之。使人复结绳而用之。至治之极，甘其食，美其服，安其居，乐其俗，邻国相望，鸡犬之声相闻，民至老死不相往来"②的社会，即此社会完全自然而没有规矩绳墨，在老子有道之社会，有道之君主也即是以无为治天下，而达到无为而无不为的治世目的。不管是儒家之无道仁义礼智，还是老子之有道小国寡民，二者最终目的之于帝王都是要使国家达到"治"的效果，也即二者虽然治世方略有所不同，其最终指向都在于外向性的社会。在庄子，《应帝王》虽亦是阐述帝王所应有之质，然其旨归仍在于社会世间之人，帝王所应有的顺物自然、用心若镜，所终的目的是使人人都可尽己之天然本性而不受外界荼毒与戕害：

> 南海之帝为倏北海之帝为忽，中央之帝为浑沌。倏与忽时相与遇于浑沌之地，浑沌待之甚善。倏与忽谋报浑沌之德，曰："人皆有七窍以视听食息此独无有，尝试凿之。"日凿一窍，七日而浑沌死。③

在庄子，中央之帝的浑沌本是无心而任化的，然世人却以己欲己私而使浑沌之帝入于死地。由此浑沌之帝所治之人间世也必将是顺大道之自然的浑沌之世，因此，庄子所希冀之社会、所渴望之世间亦如此浑沌之地，庄子所仰叹之真人亦如浑沌之婴儿，因为如此之世间与人才是与道合一、与万物冥合的人间世。然而人却往往由于一己之私以度人之情，其本身在劳形怵心而有阴阳之患的同时，妨害了他人他物的自然本性，亦如《至乐》篇中之"以己养鸟"者：

> 昔者海鸟止于鲁郊，鲁侯御而觞之于庙，奏九韶以为乐，具太牢以为膳。鸟乃眩视忧悲，不敢食一脔，不敢饮一杯，三日而死。此以

---

① 陈鼓应：《老子注译及评介》，第30页。
② 陈鼓应：《老子注译及评介》，第93页。
③ 郭象注，成玄英疏：《庄子注疏》，第167～168页。

己养养鸟也，非以鸟养养鸟也。夫以鸟养养鸟者，宜栖之深林，游之坛陆，浮之江湖，食之鳅鲦，随行列而止，逶蛇而处。①

因此，庄子所希冀的帝王应是保此浑沌之世间而不使其入于死地、无心而任化之人，此亦如宣颖所言："庄子作《应帝王》，亦愿人君常为天下留其浑沌而已矣。浑沌者，天心也。"② 对于庄子希冀的帝王与世间，王夫之认为：

> 应者，物适至而我应之也。不自任以帝王，而独其全天，以命物之化而使自治，则天下莫能出吾宗，而天下无不治。非私智小材，辨是非、治乱、利害、吉凶者之所可测也。③

陆树芝亦认为：

> 帝王治人也，应帝王治法也，治天下则其事治纷矣。而有为之治不若无为之治，无为则游于虚而实不可测，有为则击破浑沌而反有大害，太史公所谓"要归于老子之言"者也。然不特无为而原于无知，极之于不知其不知，则有高出老氏者矣。④

庄子所渴望的有道世间，也必将有一与此世间相应的帝王，因着二者的互相发明，在庄子，帝王与世间、帝王与道也即是合而为一的关系。帝王必将是游心于道、与道合一之人，如此之人亦保有心灵之虚静，故能逍遥任化、胜物不伤，其之下之世间亦将是静而净的人间世。因此，从本质上讲，庄子对于帝王义的发明根本上也意在使人间世于无道走向有道，使人人保有心灵的虚与静。因而庄子所渴望的有道世间也必是虚静之世，如此人人方可保全自身生命，养生自然可致，逍遥自然可达。

庄子继而以季咸与壶子的三次会面展现了帝王所当有的不测境地：

> 无为名尸，无为谋府，无为事任，无为知主。体尽无穷，而游无

---

① 郭象注，成玄英疏：《庄子注疏》，第338页。
② 宣颖：《南华经解》，第88页。
③ 王夫之：《老子衍庄子通庄子解》，第101页。
④ 陆树芝：《庄子雪》，第82页。

朕。尽其所受乎天而无见得，亦虚而已！不将不迎，应而不藏，故能胜物而不伤。①

壶子虚己无为，立乎不测之境地，而使季咸无法窥探其意，原因就在于壶子之心如明镜当台，物来而顺照，没有以一己私心应之，此即虚心应世而因顺万物之本性，所以能够物物而不物于物，胜物而不伤。此也即是帝王所因顺者，即所谓的"虚"，应而不藏，因着不藏，才有虚空之所，所以物来即可顺照。帝王因顺万物之本性，顺应大道之自然，虚己无为，方可立乎不测之境，方可成就至德之世。

《管子·心术上》有"虚也者，无藏也。"② 因着无藏，心灵方可有虚空之所，因此如此虚心的帝王亦不会以一己之私、一己之意加诸百姓之上；且虚亦是观道体道之后方有的心理状态，因着"唯道集虚"，因此虚己也是心斋之境。虚己亦是无为的前提，如能虚心，则亦会顺化万物。因此，人君如若能以无己、无功、无名的至人之境应世，则此人间世亦不会有仁义之撄扰、是非之分辨、战争之纷乱。此即庄子所希冀的帝王之应。

憨山德清以其佛教本位的思想作为理论基础，以佛教止观不二之法诠释庄子帝王之应的问题，在疏解壶子一段时，他认为：

> 壶子示之安心不测之境，此即佛门之止观，乃安心之法也。地文，乃安心于至静之帝，此止也。……天壤，谓高明昭旷之地，此即观也。……踵，最深深处也。言自从至深静之地，而发起照用，如所云即止之观也。……太冲莫胜，言动静不二也。初偏于静，次偏于动，今则安心于极虚动静不二，犹言止观双运，不二之境也。衡气机，言平等持心，动静不二，故气机亦和融而不测也。下壶子由讲明前所示者，乃三种观法，故彼莫测耳。鲵桓之审为渊，乃止观之名，然鲵桓之所处于深泥，以喻至静，即初之止也。止水之审为渊，此喻观也。止水澄清，万象斯鉴，即次之天壤之观也。流水之审为渊，流水虽动，而水性湛然不动，此喻即动而静，即静而动，动静不二，平等安心，即末后太冲莫胜，止观不二也。……未始出吾宗，宗者谓虚

① 郭象注，成玄英疏：《庄子注疏》，第 166 ~ 167 页。
② 李山译：《管子》，第 43 页。

无大道之根宗，安心于无有，了无动静之相，即佛氏之摄三观于一心也。①

止观是佛教禅定的修行法门，所谓"止"，乃是心灵处于专一、不动的状态，而达到无烦恼、安宁的境界；所谓"观"，乃是在"止"的基础上生发出的智慧，以此来辨清事理，明了世间一切皆是假有而妙悟本有之真性。禅宗也将"止""观"看成"体"与"用"的关系。憨山德清认为壶子虚己无为而使自己立乎不测之境，而神巫无法窥探己意也正合佛家止观修行之法门。壶子所显示的"地文"即是"止"，所显示的"天壤"即是"观"，"太冲莫胜"即是"止观双运"，"未始出吾宗"即是"摄三观于一心"。此也契合佛家修行禅定的要求。然憨山德清认为季咸不能相壶子，也即是让君王明彻应如壶子一样立乎不测之境，以虚己无为的态度来治理国家，即憨山德清亦从根本上把握了庄子帝王之应的大意。其认为：

> 但以佛法中人天止观而参证之，所谓天乘止观，即《宗镜》亦云：老氏所宗，自然清净无为之道，即初禅天通明禅也。吾徒观者，幸无以佛法妄拟为过也。②

所谓的《宗镜》所云，也即是《宗镜录》所宗奉的《楞伽经》"佛语心为宗"之说，此说认为"举一心为宗，照万法如镜"。憨山德清亦认为：

> 一心而观十界之象，是则四圣六凡，皆一心之影响也。③

因此，憨山德清以佛教止观重"一心之影响"来诠释庄子帝王虚心任化之应，以止观不二之法诠释帝王体道应世之用，充分显示了其以佛解庄进而以佛化庄的明显佛理化倾向。憨山德清以止观不二法门而使人君入于动静不二之境，其亦是本于佛教天台宗之"一心三观"。"三观"指空观、假观、中观，即于一心之中修三观，观圆融之三谛，称为不可思议观。所谓"一心"，是能观的心。一空观，也就是从假入空观，谓观一念之心，不在内、不在外、不在中间，称之为空，由观一念空之故，而一空一切

---

① 憨山德清：《庄子内篇注》，第 135 ~ 137 页。
② 憨山德清：《庄子内篇注》，第 140 页。
③ 憨山德清：《老子道德经解·观老庄影响论》，第 121 页。

空；二假观，即从空入假观，谓观一念之心，具足一切诸法，此即是假，由观一念之假故，而一假一切假；三中观，也即中道第一义谛观，中，即中正而泯绝对待之义。观一念之心，非空非假，即空即假，称为中，由观一念中之故，故一中一切中。所以能够不执空观、不执假观，而使空假圆融，此即中道观，是性常自空，不定于空，亦不定于假，即三而一，即一而三，谓一心三观。憨山德清以一心三观为基础，以动静不二的止观双修的佛教理论作为帝王立乎不测的思想基础，充分展现了憨山大师融合佛道的体悟诠释功力。然而其亦不是简单地将佛法附会于庄子思想，本着其深厚的佛教体悟功力，其亦对庄子之应帝王义做出了符合理论旨趣的阐释。对于"倏忽"一章，憨山德清认为：

> 此"倏忽"一章，不独结《应帝王》一篇，其实总结内七篇之大意。前言逍遥，则总归大宗师。前频言小知伤生、养形而忘生之主、以物伤生，种种不得逍遥，皆知巧之过。盖都为凿破混沌，丧失天真者。即古今宇宙两间之人，自尧舜以来，未有一人而不是凿破混沌之人也。

> 此特寓言，大地皆凡夫愚迷之人，概若此耳。以俗眼观之，似乎不经，其实所言，无一字不是救世愍迷之心也，岂可以文字视之哉？①

庄子以"疏忽"一节作为《应帝王》篇的收束，意在回到大道之本原处，也即大化最初、浑沌未分之时。所谓的"浑沌"，是万事万物都出于纯然大道而无情意、无分辨、无计度的状态，在此状态，人之本性亦是由之于天道而自然无为，此也即是庄子所谓的有道世间、至德之世的境地。然而自大道废之始，仁义礼乐并出而行，此亦如凿破浑沌之倏与忽，在一刻之间使得本然天然的大道与人性受到荼毒与戕害。庄子在此立意，意谓作为在上位者之人君应使人间保持此浑沌之境地，虚心无为、顺物之自然，而不要凿破这理想的至德治世。此亦诚如宣颖所言：

> 天下一浑沌之天下也，古今一浑沌之古今也。今日立一法，明日设一政，机智豁尽，元气消亡矣。从来帝王除去几人，其余皆倏也、

---

① 憨山德清：《庄子内篇注》，第139页。

忽也，皆凿浑沌之窍而致之死者也。何以取名倏忽而言其凿窍？帝王相禅，一事倏造而有，一事忽造而无，数番因革之后，淳朴琢尽矣。解此方知帝倏帝忽取义之妙。中央之帝为浑沌者，守中则自完之道全也。七日而浑沌死，庄子于此，不胜大悲。①

在庄子，其以虚心无为为帝王之应，如此，人间世亦可处于浑沌至德之境，而人间世之人亦可顺其本然自性，自由而自乐地生活。庄子以"虚"点明帝王之应，此亦意在于帝王应与世间保持一种虚的距离，不要过近，亦不过远、不即不离、若即若离于此人间世，如此帝王亦是取守中之道而应世。在道家老庄的政治系统中，帝王并不是一个统治者的概念，在老子，其往往以"圣人"作为君主之称，也意在弱化君主的统治干涉的意义。帝王君主在此只是作为人间世的观照者，是一个无为而无不为的存在，其并非儒家政治体系中的一个需要积极作为的圣王形象。老庄理想的圣人、帝王本之于大道，是一个"为而不恃、生而不有"、立乎不测的存在，其"游心于淡，合气于漠，顺物自然而无容私"，如此天下得治。此亦诚如《尚书·武成》中所言：

> 惇信明义，崇德报功，垂拱而天下治。②

在憨山德清，其以佛教之止观不二的修行法门解读庄子帝王之应的问题，实质亦是以动静不二、即动而静、即静而动的止观双修之法使帝王处于守中之道而应世。其以佛学之理论思想对庄子之帝王义做出了合理而创新性的诠释。

然在老庄道家系统中，老子理想的圣人无为而治的最终指向毕竟在于社会政治的治理；而庄子理想的帝王虚心无为则是立足于人间世中人之自然的本性，其最终的价值指向亦在人，是由对人的本性的反思上溯至帝王之应的问题，而非以帝王作为问题的切入点。因此庄子之帝王相较老子之圣人，对于人间世的意义也更为根本，其是对于人的自由、自性、自乐的体贴与观照。清末启蒙思想家严复亦正是本于庄子的帝王思想而欲为中国

---

① 宣颖：《南华经解》，第 65 页。
② 《尚书》，第 144 页。

近代政治提供新的出路，他认为：

> 此篇言治国宜听民之自由自化，故狂接舆以日中始之言为欺德。无名人之告殷阳曰："顺物自然而无容私焉，而天下治矣。"老聃告阳子居曰："明王之治，功盖天下而似不自己，化贷万物而民弗恃。"郭注云："夫无心而任乎自化者，应为帝王也。"此解与挽近欧西言治者所主张合。凡国无论其为君主，为民主，其主治行政者，即帝王也。为帝王者，其主治行政，凡可以听民自为自由者，应一切听其自为自由，而后国民得各尽其天职，各自奋于义务，而民生始有进化之可期。[1]

帝王作为一复古概念，毕竟存在于有道的至德之世，正如帝王之应的问题在庄子的指向亦存在于对理想的追溯之中，现实仍然无奈而复杂，生命依然面临种种威压。于庄子，人间世的帝王虽然只可追忆，然作为独立个体的人仍然可为作为自己生命的帝王而努力，此是个体生命如何挺立自我价值的问题。面对现实的人间世，在上位者之作为是我们不能改变的，然而自我的心灵则是我们可保守的，因为心灵的走向往往也决定着人的外在生活境遇。如若我们能够以帝王之应而虚心顺化、自然无为、安时处顺，则我们亦可游刃于错综复杂的人间世，亦能体会逍遥而不断上升的境界，外物对于我们来说也不再有是非的分立，而是齐一而同的，自我与外物物化在这大道之中，而能独与天地精神相往来，而过着一种真正属人的、离人而入天的生活，我们也是我们自身的主宰、自身的帝王。庄子本之于生命的价值指向，使得帝王义不再高高在上，亦不再深不可测，其亦是我们人人都可期待而拥有之质，生命亦是我们真切可把握的。即使身处无道的人间世，我们亦可做自己的帝王，感受到生命的快乐。憨山德清以止观不二之法疏解庄子之应帝王义，亦在社会动荡更迭之际，为人间世之人指明人生的方向，以安稳现世人心，给人以生活的勇气与希望。

---

① 严复：《庄子评点》，福建人民出版社，2009，第50页。

小 结

在《德充符》中，庄子以德与形之间的反差彰显人之为人者，即相对于外在之形体，内充之德方是人之为人的关键，人如若能安顺命运之形、保守得道之性，虚心而安命，此即是有德之极致，此即"有人之形，无人之情"。庄子通过德与形展现内充之德而应符于外，其关键点并不在于对外在之形的忘记与丧弃，而是要安于此种人之所无可奈何的境况，"知其不可奈何而安之若命，德之至也"，此是比有为、无为更加能达到的生命境界，因此庄子告诉我们要安时处顺，对于"道之于貌，天与之形"亦是如此，无论是形体的完整还是残缺，我们都无须以外在形貌作为评判他人的标准，此是人所不可改变的现实，因此安命亦是德。庄子所以能够俯瞰人间世，就在于其深谙现实的冷峻，然而庄子又是深情之人，对于人间世之人，他始终都有一种无法割舍的情感，希冀能够使人摆脱疲役的状态，自性而自乐地生活。于是庄子在安于命运的同时，另一方面又高扬人的主体价值，使人不为之所不当为而为之所当为，保守心灵的虚静，使人的精神真正回归大道之乡、游于广漠之野，积极地延伸外扩自己的生存空间，真正过一种由人而天的生活。因此在《德充符》中，庄子将背景设定于真实的社会关系中，通过形体健全之人与形体残缺之人对话的方式向我们真切展现了何为内充之至德，以此为我们提供了德与形的安顿之方。由此，庄子进一步将视角具体到人间世中的政治关系中，通过臣与君的紧张关系再现着人间世的复杂与紧张，生命时刻面临着威压，庄子以"虚者，心斋"使人保守心灵的虚静，如此方能在君臣之间进退有时、游刃而有余地，免于人道、阴阳之患。回归到具体的个人，庄子通过有用之用与无用之用的对比，使得人真切感受在无道的人间世，恰恰无用方是最大的用，方能保全生命而不中道夭亡，此亦透彻出庄子于人间世的无奈至悲之情。然而庄子亦不会停留此哀叹之中，因为哀叹亦无涉于人之真实的生命，庄子真正着眼点在于使人以无用的态度与眼光观照这个世界，使世界成为世界本身，亦使人成为真正的人，虚心安命于大道之原，复归于人的自然无为之性，如此之人间世亦是庄子所希冀的至德之世。对于至德之世的遥望当然也使帝王成了摆在庄子面前不期然而然的问题，在《应帝王》篇中，庄子以人性作为切入点，以此上溯至帝王之应的问题，如能虚心无为、顺乎自然、立乎不测之境，使人真正能够顺其自然无为的本性而生活，则可为有道世间、至德之世。然而，立足现实的人间世，帝王显然是只可追忆而不可期待的现实，对于个人的人而言，于无道的人间世之中，如若能虚心任化，则我们亦可作为我们自己生命的帝王，成为生命的主宰，此即是庄子高扬人之自我生命的主体价值，而从紧张、黑暗的现实中找寻到生命之光。从"德充符"到"人间世"再到"应帝王"，庄子立足于现实之人间世，向我们展现了生命的维度与张力，如若虚心安命、任化自然，则于现实无道的世间，我们亦可高扬自我而游刃有余，做自己生命的主人。心与命于庄子在根本上亦指向人，此即是心与命的归宿。

憨山德清所身处的晚明社会亦处于思想变革、时代更迭之际，作为一位有着深刻入世情怀的晚明佛学大师，其所面对的问题也更加紧张而急迫，在对《庄子》内篇的疏解中，其忧世济民的情怀亦饱含于其字里行间。以佛教为本位的思维体系，加之儒释道三教会通的理论背景，使其在理论上将庄子的思想精神基于其佛学的诠释下而更加贴近晚明社会现实。在对《德充符》篇的疏解中，憨山德清以破分别我障解读人之德与形的关系，认为德与形虽为平等一如、体用不二者，然人忘掉假有之形骸方能破除生死之迷雾、了悟人之为人者，在憨山德清也即为内在于人的本性真宰。憨山德清以佛教破分别我障之法诠释庄子德与形的分立，在一定程度上亦合于文本大意。在对《人间世》的疏解中，憨山德清以儒家忠孝之实解读人间世涉世之难，以庄子之心斋作为方外应对之法，以儒家之忠孝作为方内处世之则，认为：

> 学有方内、方外之分。在方外，必以方旷为高，特要归大道也；若方内，则于君臣、父子之分，一毫不敢假借者，亦世之大经、大法，不可犯也。①

在对《人间世》的疏解中，体现了憨山德清以儒解庄的方法理路，亦体现了憨山德清三教会通的深刻的思想理论基础。然而其以方内、方外之

---

① 憨山德清：《庄子内篇注》，第 77 页。

分立解读庄子人间世的应对之策，在一定程度上弱化了庄子对于人间世的批判程度，即其在对庄子思想的贯彻程度上并不彻底，但亦基于其本有的晚明社会现实做出了符合时代风向的阐释。在对《应帝王》篇的疏解中，憨山德清以佛教止观不二法门解读庄子帝王应世之方，基于天台宗的"一心三观"，以动静不二之止观双修诠释帝王之虚心无为、立乎不测之境。憨山德清立足其佛学的知识理论背景，从政治哲学的角度深刻阐释了庄子帝王之应的思想意涵，深刻体现了憨山德清的佛学体悟功力，也正是基于此，憨山德清方能在佛学本位的基础上，对庄子的思想做出了不失庄子思想精神的把握与诠释，亦基于晚明的社会时代现实，为现世人生指明了存在的方向。

庄子与憨山大师正是本着其内心深沉的济世情怀，方能在道、佛之间找到交会之处，在思想与文字的沟通中，使得二者的精神得以流动互通。思想精神即使历经千年之沧海桑田亦闪烁着璀璨的光芒，今人与古人于此得以相契、冥合于大道之乡。

第五章　憨山德清注庄动机之再思考

　　《庄子内篇注》创意于万历十六年（1588）后，卒稿于万历三十四年前，克成于万历四十八年（1620），前后共计达三十二年之久，可以说此书是憨山德清后半生倾注其全部心血之作，亦可想见憨山德清对此书用意之深，因此考察《庄子内篇注》成书之动机与用意也便是此文继续之必然。任何理论的形成与产生都必因着一定的条件与因缘，此也即是动机，而动机的造就往往又因着个人的际会，因此，对于动机的挖掘与考察有利于我们从根源处与根本处理解此思想理论之其人的合理性与必需性。因而，在本章对于憨山德清《庄子内篇注》动机的考察中，笔者试图不再仅仅是局限于憨山德清所处的时代政治背景，而是试图以晚明"士人以能参禅为风雅，僧人以能为士人赏识为高明"之时代思想风尚作为线索、以憨山德清本人的思想脉络、思想重心作为原点，找寻《庄子内篇注》成书之外在动因与内在动因，如此再次深入憨山德清《庄子内篇注》的思想内核，透过晚明的时代、政治背景发掘时人思想动态，回溯憨山德清作为一代佛僧的真正价值指向。

第一节　憨山德清注庄之外在动因

　　对于《庄子内篇注》成书的外在动因，当然不能跳过其成书的时代政治、文化背景，以及晚明处于时代商品生产与思想转型之特殊历史时期的儒、释、道三教的思想发展状况，因为外部环境的动态对于所处此环境的每一个个体都会发生潜移默化而又至关重要的影响，此影响对于一思想理论的形成亦有相同作用。时代环境问题在本书第二章有所阐释与交代，因此在本章不再对此问题加以重复论述。然而对于思想本身形成的动机而言，此动机对于思想就不再仅限于影响，而直截涉及此思想的产生问题。有动因就意味着有外在动因与内在动因的双方，就憨山德清所著《庄子内篇注》之外在动因而言，我们仍需关注憨山德清的精神归宿点与价值指向点，即作为佛教丛林的一员其所希冀的目标是何的问题。从第二章的文字，透过晚明的时代政治背景与社会思想风向，加之儒释道三教的整体发展状况，佛教面临着外部政治政策挤压与内部禅僧混乱的双重困境与压力，因此对于憨山德清而言，头角峥嵘而振兴佛教丛林也便是他一生的价值追求——"他日长养，头角峥嵘，终当遂此振兴之愿。"① 《庄子内篇注》的著成也即是此"振兴之愿"的果实之一，其外在动因亦落定于此价值追求。就《庄子内篇注》而言，憨山德清创作此书的根本意图在于沟通儒、释、道三教之思想，使佛教在作为统治者政治工具与本身的外来性的双重劣势下，能够通过中国传统的儒家、道家思想的沟通得以在上层士人阶层扩大影响，由此下贯到更广阔的社会大众。此即是憨山德清以入世的手段扩大佛教影响，从而达到振兴丛林、遂此宏愿之目的。然就《庄子内篇注》成书之外在动因，总体有三：一是明代士人之好《庄》风尚；二是明代道教学者陆西星所著《南华真经副墨》中对佛教的阐释；三是明代士人对佛教的态度。

一 明代士人之好《庄》风尚

明代三教合流的思想趋向与潮流相比于唐宋时期更加显著，原因就在于佛教作为一种宗教日益失去了其教理所固有的特征与性质，受儒、道思想的影响明显，因而导致了儒、释、道三教合流的思想发展倾向与潮流。然明代儒、释、道三教合流的学术发展态势亦从侧面反映出佛教地位之旁落，即佛教欲寻求自身转型必须依托儒家、道家思想共同的发展，单纯依靠一己之力已然不足以解决明代佛教所面临的内外困境。因此，在这种时代思潮的作用与佛教自身所面临的发展困境之下，明代诸多有担当的佛学

---

① 憨山德清：《憨山大师全集》，第 2009 页。

大师包括憨山德清在内亦不得不通过释儒注庄、沟通三教的方式来达成挺立佛教之目的。

就憨山德清而言，本着振兴佛教的目的，其注解儒家经典、阐释老庄思想都在于厘清佛学之真正所涵，以儒家、道家思想作为连接大众与佛教的媒介，以为佛教开拓更广阔的发展空间，为佛教树立起积极入世的社会形象。在《观老庄影响论·叙意》中，憨山大师有言：

> 西域诸祖，造论以破外道之执，须善自他宗。此方，从古经论诸师，未有不善自他宗者。吾宗末学，安于孤陋，昧于同体，视为异物，不能融通教观，难于利俗。其有初信之士，不能深穷教典，苦于名相支离，难于理会，至于酷嗜老庄为文章渊薮，及其言论指归，莫不望洋而叹也。迨观诸家注释，各徇所见，难以折中，及见口义副墨，深引佛经，每一言有当，且谓一大藏经皆从此出，而惑者以为必当，深有慨焉。①

从憨山大师以上所及，可窥探《庄子内篇注》的创作初衷，总结为两点。首先，佛门内部人士往往安于一己之孤陋，将佛法以外的思想视为异端，不能融通，亦不能利俗。其次，部分道教人士与解庄者，往往以佛法附会老庄思想，又或以己见为一，难以折中。此两点都说明在憨山德清所处的晚明时期，注家对于老庄思想的解读与阐释往往囿于一己之见，或以佛法简单附会，此二者都不能得老庄真意。然憨山德清之深意则在于，由于经典思想沟通的不畅，反方面来讲不利于佛法之发展，使得士人知识分子阶层与普通社会大众都不能从根本上体贴佛理，亦使佛家内部人士在学理上流于孤陋与表面。

然憨山德清以《庄子》作为注解对象，除因为本身对庄子思想的喜好之外，更重要的是《庄子》在明代特别是上层知识分子阶层的广泛流通。《庄子》之所以在士人阶层中占据重要位置得益于《庄子》在中国传统思想文化中的特有属性：作为一种学术思想在长期的历史发展中与儒家、佛教思想相互补益；作为一种精神价值又是中国传统士大夫的内在归依之所。因此，憨山德清借助《庄子内篇注》，在以佛化庄的方法进路下，通

---

① 憨山德清：《老子道德经解·观老庄影响论》，第167页。

过对庄子思想的体贴与体认、阐释与解读，从而透彻、浮现出佛学思想本身，还佛教一个清净面目，重塑佛教在世人社会中的新形象。

具体到庄子学在明代士人阶层中的发展，经历了一个逐渐复苏进而走向复兴的过程。由于"金元时代的庄子研究远已失去两宋时期的盛势"①，因而，由金元过渡到明初的庄子学亦处于空白与失落状态。除此以外，由于明初开国统治阶级对于意识形态的严格把控，庄子学在明初的发展总体上受到束缚与限制。宋濂作为明朝"开国文人之首"，其学以孔孟儒学为旨归，著有《庄子辨》，其文有：

> 《庄子》十卷，战国时蒙人漆园吏庄周撰。……其书本《老子》，其学无所不窥。其文辞汪洋凌厉，若乘如月，骑风云，下上星辰，而莫测其所之，诚有未易及者。然所见过高，虽圣帝经天纬地之大业，曾不满其一哂，盖仿佛所谓古之狂者。惜其与孟轲氏同时不一见而闻孔子之大道。苟闻之，则其损过就中，岂在轲之下哉！呜呼！周不足语此也。孔子百代之标准，周何人，敢掊击之，又从而狎侮之，自古著书之士，虽甚无顾忌，亦不至是也。②

从宋濂对《庄子》文辞的评价，可以看出其对《庄子》思想的体会较深刻地贴近《庄子》之精神本旨；然由于宋濂遵从孔孟之道，因而当庄子有诋訾孔子之处，他不得不对庄子采取批判的态度。方孝孺作为宋濂的学生，其对《庄子》的评判亦受其老师的影响，认为庄子的文辞虽有缥缈之感，然其相对于孔孟之道而言，亦属于"不足以明道"的文章。宋濂对于《庄子》的态度亦在一定程度上反映与影响了庄子学在明初发展的整体态势，从侧面亦反映出上层统治阶级对庄子学的官方意识形态，即在明初，庄子学仍处于发展中的紧张阶段。

然庄子学的发展亦继续而未有停滞。由于明代中叶商品生产与贸易的发展，社会大众的思想意识亦处于转型阶段，又统治阶级对意识形态的把控已不比开国初期严格，因而无论是社会环境，还是政治政策上都给予了庄子学一定的发展空间。加之此时明代心学的发展及其对于禅宗、老庄思

---

① 方勇：《庄子学史》第二册，第 22 页。
② 宋濂：《宋濂全集·庄子辨》，人民文学出版社，2014，第 653 页。

想一定程度的吸收，给明朝士人阶层更广泛地接触庄子学提供了重要依托。因此，明代中期的庄子学亦显有发展之态。由于明代思想界的整体发展呈现出儒、释、道合流的学术倾向，因而在此时期，无论是儒家学者，还是道教界人士，抑或是佛学大师都有对《庄子》的著作或文意阐发：

	人数	学者	著作
儒学学者	22人	朱得之	《庄子通义》
		杨起元	《南华经品节》
		王世贞	《读庄子》《南华经评点》
		唐顺之	《南华经略释》
		归有光、文震孟	《南华真经评注》
		杨慎	《庄子解》《庄子阙误》《庄子难字》
		沈一贯	《庄子通》
		焦竑	《庄子翼》
		李贽	《庄子解》
		袁宏道	《广庄》
		袁中道	《导庄》
		陶望龄	《解庄》
		谭元春	《庄子南华真经评点》
		方以智	《药地炮庄》
		王夫之	《庄子解》
		陈深	《庄子品节》
		李光缙	《南华肤解》
		李腾芳	《说庄》
		陈治安	《南华真经本义》
		周拱辰	《南华真经影史》
		程以宁	《南华真经注疏》
佛教学者	2人	释性通	《南华发覆》
		憨山德清	《观老庄影响论》《庄子内篇注》
道教学者	1人	陆西星	《南华真经副墨》

从明代中叶以至明代晚期的大量庄子学著作的喷涌之态可想见彼时庄子学所呈现的活跃发展态势，及其在士人阶层中的受欢迎程度。然对于庄

子学在明代中叶之后所呈现出的勃兴状态，除社会、政治及学术交流上必需的客观条件之外，不可否认，以主观方面来讲，《庄子》文本自身超越脱俗、任性自由的精神内核一直都是中国古代士人心灵的慰藉之方、栖息之所，此也是庄子学能够从先秦至今绵延不断的根本所在。在以上所列举的以儒家学者为代表的主要庄子学著作中，其文除有义理上的解读与阐释之外，在语脉之外也透彻出上层知识分子阶层对于《庄子》所描绘的世界与所突出的境界的向往之情，亦反映出长期受封建道德与传统观念及政治政策影响下士人们对于自心本性的解放欲求。例如著有《读庄子》《南华经评点》的王世贞就曾作诗云：

> 失意则蓬累，且诵《逍遥》篇。（《莫公远移居武林》）①
> 还将吾乐同鱼乐，三复庄生濠上篇。（《玉泉寺观鱼》）②
> 久将情字付庄周，有泪何曾汉漫流。（《哭敬美弟二十四首》之五）③

李贽的《童心说》亦有言：

> 夫童心者，真心也。若以童心为不可，是以真心为不可也。夫童心者，绝假纯真，最初一念之本心也。若失却童心，便失却真心。失却真心，便失却真人。人而非真，全不复有初矣。④

袁宏道亦有言：

> 五石之瓢，浮游于江海，参天之树，逍遥乎广漠之野，大人之用，亦若此而已矣。⑤

陆西星在《南华真经副墨自叙》中，亦希望通过为《庄子》作注，而彻悟庄子之精神所涵：

① 王世贞：《王世贞文选》，苏州大学出版社，2001，第62页。
② 王世贞：《王世贞文选》，第34页。
③ 王世贞：《王世贞文选》，第64页。
④ 李贽：《焚书续焚书》，中华书局，2012，第145页。
⑤ 袁宏道：《袁中郎随笔·汤义仍》，中华工商联合出版社，2016，第154页。

呜呼！文字上起唐虞，以逮邹鲁，称性之谭，精绝闳肆，孰逾《南华》矣！尔其矢口语言，正而若反，从心曼衍，废而中权，以通神明之德，以类万物之情。①

憨山德清在《观老庄影响论》中，亦十分推崇庄子，认为：

间尝私谓中国去圣人，即上下千古，负超世之见者，去老唯庄一人而已。载道之言，广大自在，除佛经即诸子百氏，究天人之学者，唯《庄》一书而已。藉令中国无此人，万世之下不知有真人；中国无此书，万世之下不知有妙论。②

因此，综上而言，在受社会政治以及学术思想潮流等客观作用与庄子学自身虚静恬淡思想特点之主观作用的双重影响下，明代的庄子学得以有由空白低迷而渐趋复兴蓬勃之态势，亦使得《庄子》在士人阶层得以广泛传播与流通，《庄子》思想也在一定程度上影响着上层知识分子与更加广阔的社会大众阶层。正是因为庄子学在明代中叶以至晚明时期的复兴，特别是其在统治阶级上层中所能体现出的思想力量，为憨山德清以振兴佛教为目的而沟通佛庄思想所著成的《庄子内篇注》提供了客观的手段工具与受众基础，此也是憨山德清能够以《庄子》为注疏对象，积三十二余年之心力著成《庄子内篇注》的主要原因之一。

二 明代道教学者陆西星对《庄子》的阐释

在明代以佛教思想阐释庄子学的著作中，主要为憨山德清《庄子内篇注》与陆西星《南华真经副墨》，释性通虽为佛教人士，然其所著《南华发覆》是一以庄解庄之作。陆西星《南华真经副墨》著于憨山德清《庄子内篇注》之前，且其虽为道教内丹东派之祖，在解庄过程中除以道教思想运用其中，亦引大量佛经印证《庄子》之说，其所采用的是以道教与佛教理论共同印证《庄子》思想的阐释指向。憨山德清《庄子内篇注》之成书一主要原因亦是对陆西星《南华真经副墨》以佛解庄思想的回应。在憨山

---

① 陆西星：《南华真经副墨》，中华书局，2016，第 235 页。
② 憨山德清：《老子道德经解·观老庄影响论》，第 152 页。

德清的《观老庄影响论·叙意》中，有：

> ……其有初信之士，不能深穷教典，苦于名相支离，难于理会，至于酷嗜老庄为文章渊薮，及其言论指归，莫不望洋而叹也。迨观诸家注释，各徇所见，难以折中，及见口义副墨，深引佛经，每一言有当，且谓一大藏经皆从此出，而惑者以为必当，深有慨焉。

> 余居海上枯坐之余，因阅楞严、法华次，有请益老庄之旨者，遂蔓衍及此以自决，非敢求知于真人，以为必当之论也。且慨从古原教破敌者，发药居多，而启膏肓之疾者少，非不妙投，第未诊其病源耳。是故，余以唯心识观而印决之，如摩尼圆照，五色相鲜，空谷传声，众响斯应，苟唯心识而观诸法，则彼自不出影响间也，故以名论。①

从憨山德清《叙意》中可知，其注《庄子》，大有以庄显佛之意。且由于南宋林希逸所著《庄子口义》与憨山德清之前、陆西星所著《南华真经副墨》都有以佛解庄之思想理路，然在憨山德清看来，二者引佛经所注之《庄子》，皆是概念的简单对应、思想的简单附会，而非在深究思想内涵、精神所指之下所成，因而造成"惑者以为必当"的假象。憨山德清所注的《庄子内篇注》亦有在林希逸之《口义》与陆西星之《副墨》的前提下为佛教正本清源之深意。本节中，笔者仅以明代为时间点，以道教学者陆西星之《南华真经副墨》为对象，以求厘清憨山德清所著《庄子内篇注》之用意所在。

首先，从引佛典解庄之方法上而言。陆西星本是道教内丹派人士，因此，其注庄必然会以道教概念作为阐释解读《庄子》的思想基础，然陆西星晚年亦喜好佛学，并倡导佛教与道教为一家，因此在《副墨》文本中，以佛经作为思想解读的引领指向似乎更大于以道教为基础的阐释篇幅，也即，陆西星注庄的佛理性倾向更加显著。其在《南华真经副墨自叙》中有言："予尝谓震旦之有《南华》，竺西之贝典也"；于解《德充符》篇中，亦有"当时西竺之经未至，而佛法已在中国"。也即在陆西星看来，佛经与《庄子》完全是二而一的关系，因此，佛教思想当然可以完全与《庄

---

① 憨山德清：《老子道德经解·观老庄影响论》，第130页。

子》思想相对应。由其《自叙》之语，可侧面想见其《副墨》之思想内容也便是佛典与《庄子》文本的相互印证。然此亦是有悖于憨山德清解《庄》之旨的：

> 余每见学者披阅经疏，忽撞引及子史之言者，如拦路虎，必惊怖不前，及教之亲习，则曰："彼外家言耳。"掉头弗顾。抑尝见士君子为庄子语者，必引佛语为证，或一言有当，且曰："佛一大藏尽出于此。"嗟乎！是岂通达之谓耶？质斯二者学佛而不通百氏，不但不知世法，而亦不知佛法；解庄而谓尽佛经，不但不知佛意，而亦不知庄意，此其所以难明也。故曰："自大视细者不尽，自细视大者不明。"①

在憨山德清看来，如陆西星解庄之必引佛语、而以此为必当者，其实质是"不但不知佛意，而亦不知庄意"。憨山德清虽亦倡导三教会通，主张"不知春秋，不能涉世；不知老庄，不能忘世；不参禅，不能出世"，然憨山德清所秉承的治老庄之道立志于求得老庄之老庄，而非人人之老庄，其在《道德经解·发明归趣》中，对三教之旨趣、关系做了发人深省而又十分庄子式的耐人寻味的总结：

> 是知三教圣人所同者心，所异者迹也。以迹求心，则如蠡测海；以心融迹，则似芥含空。心迹相忘，则万派朝宗，百川一味。②

也即在憨山德清看来，儒释道三教之间虽分属于不同的学问归属，然而三者亦有相通之处，治学向路不能因为相通而使之相同，此即"以迹求心"；憨山德清所真正向往的治学之道在于"以心融迹"而"心迹相忘"，也即不执着于概念思想之间的简单比附，更重要的是内在的精神实质是否相通，如能相通，则"百川一味"，又何必计较字面上的同与不同呢？

其次，就陆西星《南华真经副墨》以佛解庄之具体文意阐释方面而言。以其阐释《齐物论》为例，其有言：

> 古之达人，皆以还于造化为大解脱，大了当。故佛氏以涅槃为至

---

① 憨山德清：《老子道德经解·观老庄影响论》，第132页。
② 憨山德清：《老子道德经解》，第10页。

乐，其言生灭灭已，寂灭为乐。盖必平日于性命根宗，力到功身，的知此身假合不常，四大分散之后，有不受变灭，超然独存者在，然后可以言乐。古之至人，所以旁日月，挟宇宙，乘云气，御飞龙，而游乎四海之外者，盖是物也。①

在陆西星，以《庄子》"旁日月，挟宇宙，乘云气，御飞龙"之至人，为摆脱生死而得涅槃之佛、为四大分散之后而有超然之独存者。对于地、火、水、风之"四大"，陆西星在《大宗师》中，有言：

假于异物，托于同体，即《圆觉经》所谓地、火、水、风，四大假合而成幻身；及其死地，精津血液归之于水，暖气归火，动转归风。今者幻身复在何处，故忘其肝胆，遗其耳目，反复终始，不知端倪，芒然彷徨乎尘垢之外而不知身世之何有，逍遥乎无为之业而一任来去之自然。②

所谓地、火、水、风之四大假合而成假有之肉身，对于佛家来说是形骸之大累，除此大累便得佛家解脱之旨。然陆西星以四大合成而至分散的过程为佛家涅槃解脱之结果，为《庄子》"乘天地之正，而御六气之辩"而后所得的逍遥境界，此以佛、庄思想概念之过程、目的相似性而为概念之比附，其解庄之方法虽以释、道为共同理论基础，亦为后世学者解庄开创了新的治学思路，然而对于在学问根本处不同的两种学说，陆西星却不真正追究二者在精神实质、价值指向上的差分，亦不从理论上找寻二者思想精神相通之处，此亦有失佛学于明代士人阶层中的学术地位与思想价值。在憨山德清对庄子"逍遥"义的解读中，其认为：

逍遥者，广大自在之意，即如佛经无碍解脱。佛以断尽烦恼为解脱，庄子以超脱形骸、泯绝知巧、不以生人一身功名为累为解脱，盖指虚无自然为大道之乡，为逍遥之境，如下云"无何有之乡""广漠之野"等语是也。……世人不得如此逍遥者，只被一个"我"字拘碍，故凡有所作，只为自己一身之求功求名。……独有大圣人，忘了

---

① 陆西星：《南华真经副墨》，第 133 页。
② 陆西星：《南华真经副墨》，第 154 页。

此三件事，故得无穷广大自在、逍遥快活。①

即在憨山德清，其所谓的"逍遥"虽以佛教无碍解脱思想加以阐释，然从文字之间亦可看出其在解庄精神的实质上不同于陆西星的《副墨》，憨山德清重点并不是以二者思想概念之相叠加比附为解庄之方法理路，而是重在找寻佛庄在理论精神实质上的相似点，通过提纲挈领而抓住二者立言之宗旨，即佛家以肉身假我之形骸为人生之大累，因而不能见性成佛而得生命之解脱；庄子思想则以主观情意之我为突破口，如能"无己"则可齐同万物、心与天游而得逍遥之境。此"解脱"与"逍遥"虽有相通之处，然憨山德清没有在二者之间画上等号，憨山德清认为，佛教之"解脱"是要摆脱生死负累，是一种宗教精神上无束缚的自由状态；而庄子之"逍遥"是一种"无己""无功""无名"，是精神上对世俗功名利害的超越与放达状态，二者概念的内涵指向是不同的。因此，憨山德清之解庄不同于其他佛理化倾向的庄子学著作，实质就在于憨山德清虽是以佛教思想阐释庄子意涵，认为"看《老》《庄》者，先要熟览教乘，精透《楞严》，融会吾佛破执之论，则不被他文字迷惑"②，虽其目的在于重新树立、重新塑造佛教在晚明时代的新形象，然而其《庄子内篇注》仍是忠实于《庄子》文本、精神本身。受其早年问学及其自身学术喜好的影响，本着以《副墨》为比对而为佛教正本清源之目的，憨山德清《庄子内篇注》不可能从根本上放弃《庄子》本身，而只以其为弘扬佛法、振兴佛教的工具，因而其解庄的方法理路亦不能说是以佛解庄，而应理解为以佛化庄或以佛通庄，即憨山德清的《庄子内篇注》是在尊重、理解《庄子》的思想意涵、价值指向的前提下，以佛学思想理论为指导，对《庄子》做出了不失其精神本旨的佛学化的解读与阐释，因而《庄子内篇注》在具有佛理化倾向的庄子学著作中仍具有相当的价值与代表性。

因此，综上所述，憨山德清之所以选择以《庄子》为文本注疏对象，以以佛化庄作为阐释解读《庄子》思想的方法理路，不得否认原因之一在于受之前陆西星《南华真经副墨》的影响。即憨山德清著成《庄子内篇注》的又一原因除明代庄子学的发展与复兴，及其在上层士人阶层的传播

---

① 憨山德清：《庄子内篇注》，第 3 页。
② 憨山德清：《老子道德经解发题》，第 4 页。

之外，源于陆西星《南华真经副墨》对以佛典印证《庄子》文本而对庄子学、佛学本身所造成的学术思想上的差分。憨山德清亦是本着其作为一佛门僧人之担当、本着其对振兴佛教之热忱，本着对学术之尊重，以此精神作为《庄子内篇注》写作注疏之根本原则，以补偏救弊、正本清源为其行走学术之中的根本目的指向。正如其《憨山绪言》中所言：

> 陆鱼不忘濡沫，笼鸟不忘理翰，以其失常思返也。人而失常，不思返，是不如鱼鸟也。悲夫！①

三 明代士人对佛教之态度

由于明代中叶社会经济形态的转变与商品经济的发展，明代社会在整体上趋向于世俗化，此世俗化亦由此而影响、波及整个社会政治、经济、学术等领域。就思想层面看，明代学术在整体上呈现出儒释道三教大融合的特点，此亦深深影响着明代士人阶层对佛教的看法与评价。《中国儒学史·明代卷》中，就对此时期的儒释道融合的原因做了精炼总结：

> 明代自弘治、正德以后，经济快速发展，商业、贸易活跃，中小城市增长很快，市民人数激增，城市生活逐渐奢靡化。学术文化下移，整个文化呈现出很强的世俗形态。这种状况在嘉靖、隆庆以后愈加明显，至万历朝达于高潮。这些因素对世风士风发生了强烈影响。俗文化中儒释道界限模糊混杂不清为它们相互渗透创造了条件。②

就佛教而言，儒释道三教的融合，亦是儒家思想不断渗透而使佛教逐渐中国化的过程。在此过程中，佛教一定程度上接受儒家传统思想而呈现出人间佛教的倾向。明代的士人阶层亦在此儒佛相互渗透中转变着对佛教的态度，而对晚明佛教走向产生了不小的影响。

印度佛教自东汉末传入中土以来，其作为外来宗教一直受制于中国本有之儒、道思想以及政治制度因素的影响，因此，佛教于中国的传播与发展，可以说是伴随着中国统治阶层的更迭、政治政策的变化而谨慎地变化

---

① 憨山德清：《庄子内篇注·憨山绪言》，第 142 页。
② 张学智：《中国儒学史·明代卷》，北京大学出版社，2011，第 684 页。

着自身的学说思想，以适应中国的社会、政治、学术发展要求。因此，至唐朝中期，由于唐朝统治者兼容并包的文化政策，此时的佛教中国化发展呈现出鼎盛之势头，华严宗、天台宗，以及最具佛教中国化代表的禅宗纷纷建立，形成自己的宗派学说。然而此时佛教逐渐中国化的过程亦从侧面反映出此时佛教于中国发展所面临的窘境与其所能发展的极限，即佛教此时已经不得不转变思想方向，或者另创新说，以适应融合传统中国的儒家语境系统，不得不低头于封建统治，从而求得自身的生存与发展空间。心性问题一直是自先秦以来传统儒学所讨论的重点问题之一，而天台宗之"心生万法"、华严宗之融"佛性"于"真心"、禅宗之"明心见性"，在实质上都是宗派学术问题的价值转向。孝道亦是中国传统士人所坚守的德性之一，封建统治更是重视"孝"的社会与政治作用，因为孝道的进一步延伸与外扩便是于国于君之"忠"道，因此，"孝道"不仅于中国之社会大众是一个不能够割舍的为仁之根本，于国于君而言，更是一个不能够放弃的维护、坚挺国家统治的精神屏障。然而由于佛门僧人的剃度出家，其行为本身便不符合中国传统价值观之行孝的操行，其出家行为的本身便是对世俗生活的断割，因而，佛教于中国的发展亦往往受制于中土之人伦理念与道德价值，因此，为适应佛教的中国发展，中国化的佛教往往在面对价值观的差异上，选择退让与融合。明初儒者、政治家宋濂在其《金华清隐禅林记》中，就记载有元末明初一僧人因推崇孝道、以孝道化诸众生，而受到地方人士供养的事例，其记曰：

> 当是时，五山十刹，钟鱼绝响，游方之士至无憩足之所，君子为之慨焉咏叹。独此禅林，僻处斗隅，往来者憧憧非绝，靡所不容，多或一二千指，皆使其忘行役之劳，饱香积之味。[①]

因此，面对佛教与中国传统思想、价值观的差异，作为佛教中的学者、僧人，其所做的工作便是不断地在融合中找寻自身生存发展的契机与空间，然融合也就意味着一定程度的妥协与退让；而与佛教相对的中国儒家传统思想，其儒者大家亦在自己的学术领域发出自身对差异的看法，这其中当然有兼容儒释者、有反佛排佛者、亦有近佛崇佛者，然而无论对差

---

① 宋濂：《宋濂全集》，第 321 页。

异有如何之看法，我们必须承认，对差异存有看法本身，就是对学术思想双方客观的促进与推动。晚明佛学高僧憨山德清亦是面对着此思想上的差异，面对着明代士人对佛教这一思想本身的千种评说，因此，对于掌握着主流话语权的明代士人、对于其在本着自身出于儒学正统身份的基础上而对于佛教所做的判断，亦是憨山德清在通往弘扬佛法、振兴佛学的道路中所不得不直面的问题之一。

在本小结中，笔者将以明代士人对于佛教的不同态度作为考察重点，以个案探讨作为切入点，从侧面反映憨山德清所处的历史时期，佛教于上层知识分子阶层中的思想价值。

第一，倡儒佛调和论者。明初开国文臣宋濂即主张儒释融合，而其儒释融合思想的目的仍是出于辅助统治的政治原因。其在《金刚般若经新解序》中有言：

> 皇上自临御以来，宵衣旰食，励精图治，礼乐刑政，灿然备举，所以裁成天地之道，辅相天地之宜以左右民者，既无所不用其极。今又彰明内典，以资化导，唯恐一夫不获其所。其设心措虑，实与诸佛同一慈悯有情。所谓仁之至义之尽者也。①

明初开国以来，朱元璋以儒家学说为治国之根本理念原则，然亦提倡佛教，认为佛教之因果报应理论有助于其封建统治，因此佛教对于明初上层统治集团、对于上层知识分子阶层，亦是一种愚民而御民之术。因此，不得不承认，宋濂对于儒释二教融合的真实想法亦是出于维护统治的政治目的。钱谦益亦有言：

> 圣祖（朱元璋）称佛氏之教幽赞王纲。开国以来，凡所以裁成辅相，设教佑神，靡不原本一大事因缘。而文宪（宋濂）则见而知之，为能识其大者，广荐之记，《楞伽》《金刚》之叙，通幽明，显权实，大圣人之作用存焉。圣祖现身皇觉，乘愿轮以御天，文宪应运而起，典司禁林，辅皇猷而宣佛教。……文宪三阅大藏，入海算沙，有如指章，在儒门中当为多闻总持。至其悟因证地，著见于文字中，必有能

---

① 宋濂：《宋濂全集》，第1293页。

勘辨之者。①

然宋濂之于佛教的态度除政治导向目的之外，亦由于其中年以后对佛学的学术喜好，特别是其晚年对佛学尤其酷嗜，其有言："予本章逢之流，四库书颇尝习读。逮至壮龄，又极潜心于内典，往往见其说广博殊胜，方信柳宗元所谓'与《易》、《论语》合'者为不妄，故多著见于文辞间。"②因此，宋濂对于佛教之喜好，不得不说亦是出于其本身的学养性情所致，其在临终前，书《观化帖》端坐而逝，充分体现了其佛学之性情："君子观化，小人怛化，中心既怛，何以能观。我心情识尽空，等于太虚。不见空空，不见不空。大小乘法门不过如此，人自不信，可怜可笑。"③或者说，佛学之于宋濂本身首先是由于二者于人格理想的相契，使得宋濂能够参透生死、透彻人生。其次是佛学对于政治统治的辅助作用、对于世俗人心的导向作用。因此在这内外双重因素影响下，宋濂作为一受儒家传统影响至深的儒者，对于佛教亦是本着吸收、利用的观点而主张儒释二者可相通为一。具体到宋濂对儒释通而为一的思想阐发，其在为契嵩《夹注辅教编》所作的序中表明了他的思想观点，他认为：

> 天生东鲁、西竺之圣人，化导烝民，虽设教不同，其使人趋于善道，则一而已。为东鲁之学者则曰：我存心养性也；为西竺之学者则曰：我明心见性也。究其实，虽若稍殊，世间之理，其有出一心之外者哉？传有之：东海有圣人出焉，其心同，其理同也；西海有圣人出，其心同，其理同也；南海、北海有圣人出焉，其心同，其理同也。是则心者，万理之原，大无不包，小无不摄，能充之则为贤知，反之则愚不肖矣。觉之则为四圣，反之则为六凡矣。世之人，但见修明礼乐刑政为制治之具，持守戒定慧为入道之要。一处世间，一出世间，有若冰炭、昼夜之相反。殊不知春夏之伸，而万汇为之欣荣；秋冬之屈，而庶物为之藏息，皆出乎一元之气运行。气之外，不见有他物也。达人大观，洞然八荒，无藩篱之限，无户阖之封，故其吐言持

---

① 宋濂：《宋濂全集》，第 2522 页。
② 宋濂：《宋濂全集》，第 940 页。
③ 宋濂：《宋濂全集》，第 2730 页。

论，不事行迹，而一趋于大同。小夫浅知，肝胆自相胡越者，恶足以
与于此哉？①

契嵩禅师是北宋佛学大师，其注重著书立说，提倡儒佛调和，认为儒
家重在治世，佛家重在治心，二者根本目的是统一的；且契嵩禅师宣扬儒
家孝道思想，提出"孝为戒先"的重要命题，由此而弘扬佛教理论与教
义。因此，由宋濂为其书所作之序亦可看出其在一定程度上继承了契嵩的
儒佛调和思想。在宋濂看来，儒、释之差别仅存在于具体方法上的差别，
而在根本理论上则是统一的，也即儒家之"存心养性"，亦同于佛家之
"明心见性"，虽涵养之方法不同，然而世间之理，未"有出一心之外者"。
宋濂借引陆九渊"同心同理"之说，在陆九渊看来，人人都具有的相同之
"心"，在内容上亦是相同之"理"。其后王阳明进一步继承并发展了陆九
渊"心即理"的思想，而对于所谓的"理"的内容，王阳明认为："心之
体，性也；性即理也。故有孝亲之心，即有孝之理，无孝亲之心，即无孝
之理矣。有忠君之心，即有忠之理，无忠君之心，即无忠之理矣。"② 其亦
有言："是理也，发之于亲则为孝，发之于君则为忠，发之于朋友则为
信。"③ 也即在陆王处，其"同心同理"之"理"是所谓"忠""孝"
"信"的伦理之理。宋濂在此引"同心同理"说，其所认为的"理"非单
纯儒家之伦理义，而是意在说明儒、释二者思想虽有世间、出世间之不
同，其不同虽如春夏秋冬之交替，然其内在都是"出乎一元之气运行"，
也即儒、释二者在根本之"理"处、在事物之所以如此处是相同而相通
的。此即宋濂所认同的儒释相通、为一之学理上的原因。

宋濂作为明代"开国文臣之首"，因其思想并政治上的双重地位与作
用，使之对于儒释关系的观点在很大程度上影响着明初士人与社会，特别
是对其弟子于僧俗之间的具体关系产生着广泛的影响，亦为明初对佛教的
政治政策开启了一个较好的发展方向，使得明初之三教发展得以在思想上
完成对宋元三教思想的递接，亦使得明初的社会大众得以人心安稳，为其
后明代三教思想更深入的发展奠定了扎实的社会基础。因此亦可说，宋濂

---

① 宋濂：《宋濂全集》，第 939 ~ 949 页。
② 王阳明：《王阳明全集》，第 42 页。
③ 王阳明：《王阳明全集》，第 277 页。

儒释调和为一的思想"为这一思想界的大趋势、大活动奠定了局面,开创了规模,树立了典范,进而影响了整个思想文化界"①。

第二,反佛、排佛者。明初之政治制度、学术面向依然承继宋代之政治框架与学术余波,特别是在明代早期的学术文化界,接续宋儒之学而极力推崇朱子学,《明史》有言:"明初诸儒,皆朱子门人之支流余裔"②。因此明代初期的总体学术状况呈现出躬行践履、谨遵绳墨的特征,史学家对此儒林之状况给予了很低的评价,认为明初"经学非汉、唐之精专,性理袭宋、元之糟粕"③。且明初开国之政治亦实行文化上的专制高压,因而此时的读书人大都埋头于八股应试之策,而投意于科举。学术上的整体走向势必会影响至社会风气,因而,社会亦呈现出"科举盛而儒术微"④的平庸现实。正因为明代早期之儒学因袭宋代朱子学,因而明初士人对佛学观念的态度亦很大程度上受朱子影响。

朱子对于佛教的态度在总体上是既反对又排斥,然在其理学的构建上又一定程度上吸收、融摄了佛学思想。首先在本体论的建构上,朱子以天理为本体而建构了其理本论的框架,在本体与现象的关系上,以"理一分殊"概之,认为万物由于所禀之气的差分,万物因此而为各个不同的彼此,然而万物之内在的理都是同一个,其所禀赋的都是纯然不杂之天理,只是由于气的清浊不同,而有万物之别。朱子用华严宗人永嘉的《证道歌》来进一步阐释其"理一分殊",即"一月普现一切水,一切水月一月摄"⑤。且朱子此本体与现象之关系亦与华严宗之"一真法界""四法界"之说相似。其次,在心性论的阐释上,朱子认为性属理而心属气,人人之性因其禀赋天理而至善不杂,然受气禀影响有善恶之分,此即现实性的人人所有之心。此心性论亦有似于佛家之一心所开真如、生灭之二门,只是由于在佛家所言"明心见性"之"心"与"性",在实质上是等同关系,然在朱子处,心与性二者有实质上的不同。再次,在修养工夫上,朱子主张"涵养需用敬,进学则在致知",然其在具体工夫实践上,又一定程度

---

① 张学智:《中国儒学史·明代卷》,第51页。
② 张廷玉:《明史·儒林一·列传第一百七十》,中华书局,2015,第1879页。
③ 张廷玉:《明史·儒林一·列传第一百七十》,第1879页。
④ 张廷玉:《明史·儒林一·列传第一百七十》,第1879页。
⑤ 朱熹:《朱子语类·卷十八》,中华书局,2015,第399页。

上等同于佛家之静坐的修为。因此，在总体上，朱子之理学与佛家立论之根基有所不同，然在具体学问建构上，又一定程度吸收了佛教的思维架构。朱熹自认其承儒学之正统、继儒学之道统，因而其在对佛教的根本立场上，以反对、排斥为主，其有言"吾儒万理皆实，释氏万理皆空"，即朱子所谓的本体之理，是一实有之存在，其在很大程度上指的是伦理之理。老庄道家之形而上的本体"道"，依旧是有而非无，而在朱子看来，释氏以天地为幻象，以四大为假有，因而在根本上是空而非有，虽然朱子在此处并没有对佛家之空做更多关注，没有深入了解佛教之空更多为假有、不真之意。因此，朱子之排佛、批佛在很大程度上是因为传统儒家对佛教一贯的态度，即其因着外来宗教身份而非正统，因而应与其划分界线。再有就是受佛教自身原因所限，其遁世离群的修行方式，很难与儒家入世救世之忧患担当之任相提并论，此亦是朱子排斥佛教的客观社会原因。

继续明初之整体学术氛围，由于明早期的学术承继朱子学，因而明初士人在学问理路上对佛教认知很大程度承继了朱子对佛教的态度。即明早期士人大都本着维护儒家正统地位、谨守朱学的学术精神而对佛教有排斥、批判的思想倾向。明前期儒者吴与弼即谨遵朱子"存天理，灭人欲"之道，认为"圣贤所言，无非存天理，去人欲。圣贤所行亦然。学圣贤者，舍是何以哉？"① 因此，其在学问上亦重视恭行克谨、身心修为，其在《日录》中有言：

> 病体衰惫，家务相缠，不得专心致志于圣经贤传，中心益以鄙诈而无以致其知，外貌日以暴慢而何以力于行！岁月如流，岂胜痛悼，如何，如何！②

也即在吴与弼处，其学问所向仍是以去除人欲、清苦自立为要，在工夫上注重践履与内心上的修为。正以其如此之治学态度而禀守理学，因而其对佛教亦不免有激愤之言，他认为：

① 黄宗羲：《明儒学案》，第17页。
② 影印文渊阁《四库全书·康斋集》卷十一，第5～6页。

宦官，释氏不除，而欲天下之治，难矣。①

吴与弼将对佛教的态度与现实的宦官、政治联系起来，从国家治乱的角度阐释佛教之危害，确实是延续了传统儒家士大夫为维护统治而痛击佛教的一贯立场。与吴与弼立场相似，对佛教持批判、反对态度的还有儒者曹端，他认为：

佛氏以空为性，非天命之性。老氏以虚为道，非率性之道。②

从此可推论，以朱子理学为学问所向的明初儒者，其对佛氏的观点态度不可避免地会有以儒家正统之接续为己任，进而有排佛反佛的思想倾向。亦如薛瑄所言：

天下无性外之物，而性无不在。君臣父子夫妇长幼朋友皆物也，而其人伦之理即性也。佛氏之学曰"明心见性"者，彼即举人伦而外之矣，安在其能明心见性乎？若果明心见性，则必知天下无性外之物，而性无不在，必不举人伦而外之也。今既如此，则偏于空寂，而不能真知心性体用之全，审矣。③

因此从上述明初儒者对佛教排斥、反对之态度，可归结原因有三：首先，学术承继上的原因，由于明之前的元蒙之治虽是异族统治中原，然而其在统治政策以及文化宣传上不得不借鉴、遵循宋朝的治国方略。因此，作为以汉文化之力而得统治权的明朝，上层知识分子阶层本着其特有的文化归属感，自觉地以宋朱子理学作为儒学正统之接续，因而也导致了明代早期学术思想氛围有失活泛的平庸现实。然就其在对佛教的态度上，此种学术上的接续与承继亦在很大程度上影响了明初儒释的关系发展。其次，从政治方面而言，虽然开国文臣宋濂亦从维护统治的立场上主张儒释融通，以佛教之因果报应来辅助统治，然而作为传统士大夫，其问题视角自然不同于政治家的视角，其亦本着儒家思想作为传统政治正统地位的立场，而试图以排佛反佛的方式巩固儒家在国家政治上的角色地位。再次，

---

① 张廷玉：《明史》，第 2323 页。
② 张廷玉：《明史》，第 2323 页。
③ 黄宗羲：《明儒学案》，第 162 页。

学理上的差分，儒释理论概念的差分也即是前文所述朱子学与佛家思想在根本理论建构基石上的不同，诸如本体论、心性论、工夫论上的不同，明初学者士人亦执此朱子之理据以反对佛学。

第三，近佛、近禅论者。受明代早期学者士人在学问理路上承继朱子学的影响，使得早期的学术氛围整体上呈现出注重工夫践履、传注、记诵，而少有新说之平庸状况。因而当王阳明的"良知"说推出，因着其简易直接的本体思想与发明本心的易简工夫而受到众多学者的拥护。亦使得王学极其迅速地在上层知识分子中传播开来，成为当时较朱子学的显学。然王阳明"无善无恶心之体，有善有恶意之动，知善知恶是良知，为善去恶是格物"的王门"四句教"，由于其后学弟子对其理解的思想分歧，而对其后直至晚明的整体学术潮流有较大的影响，特别是相比于早期对佛教的批判与排斥，阳明后学至晚明时期，居士佛教盛行，使得儒释二教整体上呈现出融合的学术特征。黄宗羲即有言：

> 明初以来，宗风寥落。万历间，儒者讲习遍天下，释氏说遂有紫柏、憨山因缘而起。至于密云、湛然，则周海门、陶石篑为之推波助澜，而儒释几如肉受串，处处同其义味矣。①

然就具体对于"四句教"的理解上，阳明弟子王龙溪认为，既然心体是无善无恶的，则为学之工夫也应是本体自然之流行，而不用为善去恶、复心性本体，也即在为学工夫上不需要人为勉强或私意安排。然王阳明在评判王龙溪此观点时认为，利根之人，世所难遇，一般人在求学方面都有利欲之习心，因而都需要在良知上做为善去恶的工夫，否则只是凭借单纯一本体，就会"养成一个虚寂"②。也即在王阳明的学问认知中，其致良知说毕竟不同于禅，其实质的学问面向仍是广大普通下根之人，因此在工夫践履上仍需要不断地为善去恶，而非单凭一良知之本体。然王龙溪作为阳明弟子，在对"四句教"的理解基础上进一步延伸其对心学"即本体便是工夫"的把握与理解，认为应"即念而离念"：

---

① 黄宗羲：《明儒学案》，第 455 页。
② 王阳明：《王阳明全集》卷三，第 118 页。

圣狂之分无他，只在一念克与妄之间而已。一念明定，便是缉熙之学。一念者，无念也，即念而离念也。故君子之学，以无念为宗。然此非见解所能臆测，气魄所能承当，须时时从一念之微归根反证，不作些自漏泄。动静二相了然不生。有事时主宰常寂，自不至逐物；无事时主宰惺惺，自不至着空。时时习静，察识端倪，泠然自照，自然畅达，自然充周。①

王龙溪此"即念而离念"与禅宗所倡"无住、无相、无念"，"于念上不起念"不得不说有极大相似之处，更发展至其"四无"说，认为：

心意知物只是一事。若悟得心是无善无恶之心，意即无善无恶之意，知即无善无恶之知，物即无善无恶之物。盖无心之心则藏密，无意之意则应圆，无知之知则体寂，无物之物则用神。天命之性粹然至善，神感神应其机自不容已。无善可名，恶固本无，善亦不可得而有也，是谓无善无恶。②

也即在龙溪看来，所谓"四无"即是"无心之心""无意之意""无知之知""无物之物"，此即"良知能备万物之变"而纯任主观。在阳明处，其所谓的良知只具有分辨善恶的能力，然在龙溪处，良知已然是无所不能、无所不知。且在工夫上，龙溪认为欲"良知能备万物之变"，关键在于"无著"，阳明总结其为"顿悟"之说。不得不说，王龙溪本身对于良知本体、修养方法的理解，得益于禅宗者较大，而不能否认其为近禅之说。龙溪此观点亦遭到许多儒家学者批评，刘宗周就认为：

先生（王龙溪）独悟其所谓无者，以为教外之别传。而实亦并无是无。有无不立，善恶双泯，任一点虚灵知觉之气纵横自在，头头明显，不离着于一处，几何而不蹈佛氏之坑堑也哉！③

龙溪其后之泰州学派之李贽，亦有言：

① 吴震校：《王畿集》，凤凰出版社，2014，第 440 页。
② 王畿：《王龙溪先生全集》卷一，国家图书馆出版社，2014，第 455 页。
③ 黄宗羲：《明儒学案》，第 8 页。

若无山河大地，不成清净本原矣，故谓山河大地即清净本原可也。若无山河大地，则清净本原为顽空无用之物，为断灭空不能生化之物，非万物之母矣，可值半文钱乎？然则无时无处不是山河大地之生者，岂可以山河大地为作障碍而御去之也？……原无有，是以谓之清净本原也。清净者，本原清净，是以谓之清净本原也。岂待人清净之而后清净耶？①

李贽此处之"清净本原"，也即佛教禅宗所谓的"本心"，在李贽，此心就是"我"的心，而山河大地则皆为我心中所显现的虚幻假象。然李贽又认为"清净本原"就是"山河大地"，"山河大地"就是"清净本原"，此仍旧没有逃脱禅宗修行上"悟"的精神体验。

对于龙溪、李贽的近禅思想，黄宗羲认为：

阳明先生之学，有泰州、龙溪而风行天下，亦因泰州、龙溪而渐失其传。泰州、龙溪时时不满其师说，益启瞿昙之秘而归之师，盖跻阳明而为禅矣。②

从上述阳明后学的发展个案可以看出，明代早期盛行朱子学使得整体的学术氛围呈现出理学中的教条主义特点。因此，当阳明心学一旦开出来，其易简直截的学问特点便得到广泛的传播与接收，而学人亦渴望突破理学之框架与戒律，因此阳明学的飞速发展亦可视为上层知识分子阶层对朱子学的挣脱与突破。然而阳明"致良知"之说则为其后学弟子一定程度上提供了近禅之思想基础，亦使得晚明之阳明学流于空疏。然就王龙溪与李贽及其后学者所开创的近禅之心学理论，可以看出，学问发展至此处，心学家也需要以禅家之理论辅助自身思想以达到自身的学术目的，此亦是学术交流的必然。

此学问之倾向在一定程度上亦开启了明中叶及至晚明时期学者士人的居士佛教之路向。因此亦可说，正是阳明心学的兴起及其门人后学在学问路向上的近禅论调，给此时的佛教提供了一个良好的发展契机与开创了一

---

① 李贽：《焚书续焚书》，第 204 页。
② 黄宗羲：《明儒学案》，第 703 页。

个较为宽泛的发展空间。陈永革在其《晚明佛教思想研究》一书中即言：

> 阳明本体良知之学致使晚明社会思潮中普遍盛行着向佛、学佛之风，致良知的主体性真理深入晚明学人文士之心，而程朱性本于天的理学权威性真理则进一步被消解，生命理想的终极表达和重建社会秩序的现实理想，被落归于主体性的生命意义的价值追寻中。①

而此后晚明居士佛教的盛行及其对于现世人生的关怀亦在很大程度上起到了匡持佛教的作用，部分儒者亦本着佛教的立场而表现出了对于佛教经世理念的信崇，追随憨山德清的钱谦益就认为：

> 居今之世，而欲树末法之津梁，救众生之狂易，非反经明教，遵古德之遗规，其道无由也。夫佛法如大地之载众生，从地倒者须从地起；经教为药草之疗百病，中药毒者还用药攻。②

从以上对于明代士人之对佛教态度的个案梳理，可以看出其间经历了三个主要的发展历程，首先，以宋濂为代表的明代早期学者儒释融通时期为开端，此时期的文化政策很大程度出于政治上的考量。其次，是学者反佛排佛的态度，此时期对佛教观点的态度亦受学术本身承继于朱子学的影响，出于维护儒家的正统地位的目的，传统士大夫诸如吴与弼、曹端、薛瑄等人往往本着担当救世之精神而对佛教采取排斥这一传统儒家学者一以贯之的态度；明中期随着阳明心学的发展，使得士大夫上层知识分子得以冲破传统理学之禁锢，而直任本心。然而由于阳明心学其理论与佛教禅宗思想之自然的相通点，一定程度上导致了其后学进一步向佛家禅学思想的偏斜与靠拢，因而明中后期，居士佛教盛行，出儒入禅的士大夫众多，此亦为明中后期佛教自身的发展提供了一个契机。因而，憨山德清处此晚明之历史思想发展的关键点，亦由于学术交汇融合的原因而为佛教的发展提供了一良好客观的社会环境；加之明代中期由于经济的发展、思想的变化，使得统治阶层对社会大众的思想控制、文化把控不能维持其开国初期

---

① 陈永革：《晚明佛教思想研究》，第249页。
② 钱谦益，钱仲联：《牧斋初学集·憨山大师庐山乳峰塔铭》，上海古籍出版社，2008，第1565页。

的严格政策，此亦为佛教发展提供了一个必要的政治环境。因此，在政治与社会的客观因素都较为齐备的情况下，憨山德清得以借助《庄子内篇注》来阐释其佛教思想，以达其弘扬佛法之目的。因此亦可说，明代士人对佛教态度的变化为憨山德清《庄子内篇注》之著成提供了一个良好的条件与平台。

综上而言，对于憨山德清《庄子内篇注》一书所成之外在动因，可归结为三点。首先，憨山德清借助《庄子》文本的原因，除其自身对于老庄思想的学术所好，一重要原因就在于明代士人对于《庄子》之喜好，使得《庄子》得以在上层知识分子阶层中流通，此即憨山大师《庄子内篇注》得以成书之文本原因。其次是对于问题回应的必要，也即由于陆西星之《南华真经副墨》以佛典印证庄子思想，而造成了二者理论不清的状况，使得憨山德清认为应正本清源，借助《庄子》文本，通过以佛通庄之方法理路，而还原二者思想的真实意涵，此即憨山大师《庄子内篇注》得以成书之学理原因。再次，明代学术整体走向是由前期对于朱子学的承继而至中后期阳明心学的大发展，然二者学术走向的不同也在很大程度上影响着学者士人对佛教态度的转变，以至于影响着儒释二者在学术上的交流，而阳明后学的近禅思想以及居士佛教的盛行也为佛教提供了一个良好的发展平台与契机，此即是憨山大师《庄子内篇注》得以成书之环境原因。综此文本、学理、环境上的三大因素，也即为憨山德清《庄子内篇注》成书之外在动因。

第二节　憨山德清注庄之内在动因

不得否认一切事物所成的外在动因必然相应伴随着其内在动因，外在动因之所以为外在动因，原因就在于有其内在动因的穿插导引，此对于憨山德清的《庄子内篇注》亦是如此。对于憨山德清而言，其早年便有"他日长养，头角峥嵘，终当遂此振兴之愿"的大志向，然在当时的社会环境下，其亦认识到若想振兴佛教、弘扬佛法，必须"长养""峥嵘"，而不得不结交上层、游走宫廷，因此彼时的憨山德清亦是众多"走京僧"中的一员。或许由于憨山德清本身的交游能力，其很快得到上层统治者的信任。

然政治毕竟是政治，憨山德清也毕竟是佛家僧人，也许是由于其遂愿之心切而忘记政治之残酷，他在不自知的情况下由于派系交争而陷入囹圄。但是此争斗之经历使憨山德清身心俱疲的同时亦坚韧了遂愿的意志。《庄子内篇注》历时三十二年之久而著成亦不得不说是憨山德清洗尽铅华后的力作，其在深究当时社会、学术、世风等客观环境的基础上，以《庄子》为注疏文本对象，坚禀其沟通佛庄、正本清源之佛学担当精神，以达成其振兴佛教、矫正人心的目的。因此可以说，憨山德清《庄子内篇注》一书所成之振兴佛教、矫正人心的内在动因一直伴随着其客观外在动因，正是二者的高度融合使得《庄子内篇注》得以真正沟通佛庄、正本清源。

一　内在动因之根源

憨山德清注庄之内在动因即为振兴佛教、矫正人心。然处晚明之时，佛教之所以需要振兴，亦必由于佛教本身的问题，即由于佛教作为宗教本身的地位旁落而亟须复兴使然。然憨山德清所欲矫正之人心，亦必是受佛教影响下的人心。因此，无论是佛教之振兴还是人心之矫正，其根源都本之于佛教。探讨晚明佛教自身所存在的问题，也就是憨山德清所著《庄子内篇注》内在动因之根源。

前文已有阐述，即一宗教特别是作为外来宗教的佛教，在中国的发展很大程度上要受制于中国传统儒、道文化之限制，然此文化上的限制于佛教而言并不是最根本的，历史证明，佛教在中国化的过程中亦能够通过采取与儒家、道家思想相沟通、相融合的方式取得儒、道二者的让步，以寻找其在社会文化层面的发展空隙而拓宽其发展空间。对于任何一种宗教，能够影响甚至决定其发展的根本因素于中国这一封建国家而言始终落脚于政治。一国统治集团上层的宗教政策甚或个人的宗教喜好往往能够左右一宗教发展的兴衰起落，此于晚明的佛教亦是必然。也即佛教自身虽然存在问题，然问题的受制因素仍然不可避开政治的影响，且由于佛教的发展必须依赖外在的政治环境，因而探讨佛教自身的问题也必然要从政治环境入手。因此，可以说晚明佛教自身发展的问题，亦绝大程度受制于晚明统治集团上层的佛教政策，虽然晚明时期的宗教政策较明初趋于松弛亦有朝令夕改之弊而落后于社会经济与文化发展的速度，然不可否认，晚明的佛教发展仍然离不开政治的左右，否则，憨山德清亦不会有"长养""峥嵘"

之志而游走于宫廷权贵之间。因此可以说，憨山德清欲借《庄子内篇注》而达成沟通佛庄、弘扬佛法、振兴佛教之目的，其内在动机的根源即是由于佛教于晚明朝廷已然失去了其作为宗教用以辅助朝纲的利用价值，因此，憨山德清只能在客观条件即外在动因得以满足的情况下，通过宣扬佛教的经世指向与现世关怀，挺立起其在广阔社会大众心目中的价值与地位。因此，晚明统治者对佛教政策的变化使得佛教自身的流弊尽显，也是憨山德清著成《庄子内篇注》内在动机之根源。

本书第二章已对憨山德清所处晚明时代的政治背景做了部分介绍，也即万历朝之前，由于嘉靖皇帝对道教的信崇，佛教在很长时间内受到冷落。直至万历时期，由于仁寿皇太后及万历生母慈圣皇皇太后对佛教的信仰，此时的很多宗教政策有利于佛教的发展，佛教很多寺庙亦在此时得以建立，五台山在万历前期即因皇太后的关系而大肆重建，憨山德清"走京僧"经历亦在此时期。然而由于万历帝宗教信仰不定，其在位期间，亦崇佛、亦崇道，甚至对晚期之天主教亦多有暗中扶持，因此，如若统治者上层之佛教的主要信仰者辞世，则佛教亦失却了助推其发展的强大支撑。而憨山德清所著《庄子内篇注》成书于其"走京僧"、身陷囹圄之后，因而此时的晚明佛教亦失却了政治上引领的航向，而处于游离状态。且由于前期广建寺庙的庞大支出，亦遭到朝廷重臣的反对而警惕教事之泛滥，因此佛教此时的形象亦变得不定而混乱，《明实录》即有"缘此辈有白莲、明宗、白云诸教，易以惑世生乱"① 的记载，一定程度上反映了晚明朝臣对佛教的反对态度。

由于晚明佛教与政治的勾连，晚明佛教丛林不可避免地受到现实政治的影响，寺庙包括寺庙之中的僧侣则或多或少地沾染世俗利益与权力争斗的冲突。因此，晚明时期，政治的影响与作用使得佛教在人间社会的形象大打折扣。禅宗"只贵知见，不尚操履"的修行工夫亦使得晚明佛教更加虚浮玄空，其舍弃言教的工夫修为亦使得受到世俗利欲熏染的佛教僧人更加游谈无根、沦于表面。因此，总体来说，由于受到政治与其自身流弊的双重作用，晚明佛教在自身生存与发展问题上都面临问题与危机。

---

① 《明实录·神宗实录》卷二百三十四，中华书局，2016。

二　佛教内部之回应

面对问题的尖锐性与自身存在的危机性，佛教内部也为此做出了回应。

首先，就内在向度讲，是文字禅的回归。湛然圆澄在对当时佛教丛林流弊的深刻揭露中认为：

> 今时流辈，虽获出家，身杂异俗，或名利所牵者，或住持所拘者，或世情有关者，或衣食所苦者。如是等辈，尚杂于日用，何心于道乎？①

对于佛教丛林内部僧人游谈无根的状况，紫柏真可认为：

> 凡佛弟子，不通文字般若，即不得观照般若；不通观照般若，必不能契会实相般若。实相般若，即正因佛性也；观照般若，即了因佛性也；文字般若，即缘因佛性也。今天下学佛者，心欲去其文字，一超直入如来地，志则高矣，吾恐画饼不能充饥也。且文字，佛语也；观照，佛心也。由佛语而达佛心，此从凡而至圣者也；由佛心而达佛语，则圣人出无量义定，放眉间白毫相光，而为文字之海。②

也即，面对晚明佛教丛林整体素质下滑的情况，在佛教内部有担当的佛学大师的带领下，紫柏真可主张以文字禅代替玄虚而不立文字的禅宗修养工夫，亦主张禅教一致、禅教合一，以使浮躁的晚明丛林能够立定脚跟而重塑其在人间社会中的形象与地位。因此，晚明佛教大师强调经籍文字的重要性，倡导出家僧人能够充分重视文字般若的正法功能，紫柏真可在其《石门文字禅序》中，明确阐述其重视文字禅的见地，他认为：

> 盖禅如春也，文字则花也。春在于花，全花是春；花在于春，全春是花。而曰：禅与文字有二乎哉？德山、临济，棒喝交驰，未尝非文字也；清凉天台，疏经造论，未尝非禅也。而曰：禅与文字有二乎

---

① 蓝吉富主编《禅宗全书·续藏经》，第 2006 页。
② 紫柏大师：《紫柏老人集》，第 645 页。

战？逮于晚近，更相笑而相非，严于水火矣。宋寂音尊者忧之，因名其所著，曰《文字禅》。①

即在紫柏真可看来，禅与文字是春与花的关系，二者是相即不离的关系，因此经籍文字与禅门修法之间并非水火不容、相互排斥。对于晚明佛教文字禅的回归，圣严法师在其《明末佛教研究》绪言中，亦总结道：

> ……自古以来，"从禅出教"，"藉教悟宗"，是相互为用的。唯有真的实践，始能产生真的智慧，而为大众说出究竟清净的不思议法，也唯有依靠正确的教义之道，始能实践正法，而明其自心见其本性。因此，中国禅宗，虽以"不立文字"为其特色，它所留下的禅籍，反而是中国佛教的诸宗派中最丰富的一流。从禅宗史上看，凡是一流的禅士辈出的时代，几乎也是禅宗典籍的丰收之际，尤其到了明末的中国，产僧及禅宗的居士们，凡是杰出而有影响力者，几乎都有相当分量及数量的著述，流传于后世。最难得的是，他们不仅重视禅宗的语录及史书的创作和编撰，而且从事禅宗以外的经律论的注释疏解。所以我们若将明末视为中国佛教复兴的时代，亦不为过。②

如果说晚明佛教丛林由于受政治上的影响与世俗牵绊，而使其佛教之为佛教的地位受到影响，则晚明文字禅的回归亦可说是晚明佛教在面对教内修习之玄虚、僧侣心境之浮躁的流弊上所做出的切实回应与改变。以晚明佛学四大师为首的领航者们本着振兴佛教与弘扬佛法的担当意识，在本教面对生存与发展危机的情况下，能够深探佛教存在的问题，为解决问题做出切实改变，其倡导文字禅、话头禅等修养工夫的回归在根本上体现了晚明佛教人士试图摆脱客观环境的影响与限制，而从自身学理的重建入手，以求得佛教之为佛教本身的主体自觉性。且晚明佛教诸大师不仅在教内倡导"禅净合流""禅教一致"，亦注重对禅宗外部经律论的阐释与注解。以憨山大师为例，其对儒道经典的注疏与思想解读，不仅在理论上有助于沟通儒释道三教，为佛教的发展创造一个良好的学理氛围，亦侧面反

---

① 紫柏大师：《紫柏老人集》，第873页。
② 圣严法师：《明末佛教研究·绪言》，宗教文化出版社，2006，第2页。

映了憨山大师立定佛教本身、根定思想与教义以扎实、重塑佛教形象的决心与意志。圣严法师对晚明佛学大师所做出的贡献予以了高度评价，他认为：

> ……明末诸大师，都有敞开胸襟、容受一切佛法、等视各宗各派的伟大心量，姑不论性相能否融会，显密是否一源，台贤可否合流，儒释道三教宜否同解，而时代潮流之要求彼此容忍，相互尊重，乃是事实。是故明末诸大师在这一方面的努力，确有先驱思想的功劳。①

其次，晚明佛学大师除从内向的角度试图从佛教本身的教义及修行工夫层面重新挺立与定义佛教之为佛教的宗教意义；就外在向度而言，晚明佛学大师进一步试图从与儒、道思想的融合上求取与重塑佛法在人间社会的世俗关怀形象。

由于政治政策上的限制，晚明佛教于人间社会中的影响与地位都有所旁落，加之佛教寺院及其僧人与政治、世俗勾连，使得佛教在社会大众中的形象整体上更是明显恶化。然而宗教之所以为宗教，除其本身需要有强大而坚实的理论支撑，更为重要的是其理论需要进一步下落至世俗阶层以寻求更为广泛的受众基础。然而，处于晚明的社会现实，由于佛教内部本身的流弊，其社会形象大打折扣，结果必然是人心的不稳，也即受众群的缩小。因此，晚明佛学大师为振兴佛教、弘扬佛法，面临着将佛教进一步世俗化的问题。此处的佛教世俗化，并非将佛教陷入世俗形态的利益冲突与权力交争，而是要将佛教进一步下落至更为广阔的社会大众之中，缩短教义与大众之间的距离而探求佛法的社会关怀，此也即是晚明佛教的人间指向。佛教中国化的结果也是佛教于教外、教内的双向圆融，而此圆融的进一步结果则是佛教的世俗化，因此人间佛教也就成了佛教在中国发展过程中的必然结果。

以晚明佛学大师憨山德清为例，其为振兴佛教、弘扬佛法，亦走向了人间佛教的价值路向，而此路向的理论基础则是憨山大师的儒、释、道三教会通思想。憨山德清以佛学之本位思想为理论基础，通过对儒家、道家经典的广泛注疏与诠释，试图抓住三者的会通点。在其《庄子内篇注》

---

① 圣严法师：《明末佛教研究·自序》，第2页。

中，憨山德清以佛教之"无碍解脱"阐释庄子之"逍遥"，认为如若人人认识到肉身之假有而摆脱生死之负累，则得断尽烦恼之解脱，亦可通庄子之"逍遥"：

> ……古今世人无一得逍遥者，但被一个血肉之躯、为我所累，故汲汲求功求名，苦了一生，曾无一息之快活；且只执着形骸，此外更无别事，何曾知有大道哉？唯大而化之之圣人，忘我、忘功、忘名，超脱生死，而游大道之乡，故得广大逍遥自在，快乐无穷。[1]

也即憨山德清在以佛通庄的阐释理路下，从文本之中透彻出其对于现实人生摆脱生死的救世悲愿，使得佛教思想在忘世的高度上有了对人、对社会的人文关怀。憨山德清亦借用儒家之伦理纲常为佛教建立其人道之基石，以使佛教能够真正从神坛走向民间。在《观老庄影响论》中，憨山德清认为：

> 嗟乎！吾人为佛弟子，不知吾佛之心；处人间世，不知人伦之事。与之论佛法，则笼统真如，瞒顸佛性；与之论世法，则触事面墙，几如梼昧；与之论教乘，则曰"枝叶耳，不足尚也"；与之言六度，则曰"菩萨之行，非吾所敢为也"；与之言四谛，则曰"彼小乘耳，不足为也"；与之言四禅八定，则曰"彼外道所习耳，何足齿也"；与之言人道，则茫不知君臣父子之分，仁义礼智之行也！[2]

因此，通过对三教的解读诠释，憨山德清认为，三者之于经世利生、对现实人生的情感关怀层面有着广泛的一致性。此问题在本书第二章做了着重探讨，在此处，笔者不再重复。因此，憨山德清通过在教外的广注经典而为佛教在世俗社会中的挺立寻找到了一个在理论上更为坚实、在情感上更为牢靠的突破口，此是憨山德清三教会通思想之目的意义所在。憨山德清以三教会通思想开启了晚明人间佛教的价值路向，亦为其后世人间佛教的发展带来了广泛的影响。

因此，综上而言，憨山德清注解《庄子内篇注》的内在动因即为其作

---

① 憨山德清：《庄子内篇注》，第 10 页。
② 憨山德清：《老子道德经解·观老庄影响论》，第 152 页。

为佛门僧人自觉的责任担当意识与价值追求指向，即振兴佛教、弘扬佛法。然究其所处之社会时代背景，憨山德清之所以有此内在动因，根源在于佛教存在于中国社会所必须依附的政治现实，也即统治者上层对于佛教的政策指向及其个人之喜好往往影响着佛教的发展走向。正因为晚明佛教发展受限于国家政治意志，佛教面临着严峻的生存危机。因此憨山德清本着其佛门僧人的自觉担当精神，试图通过注解经典，进而沟通经典的方式使佛教能够自然融入中国社会大众，而树立起佛教的世俗关怀形象，以为佛教发展寻求更为广阔的空间。憨山德清的《庄子内篇注》亦是本着此内在振兴佛教、沟通人心的原因而成。就宗教的发展而言，国家的政治效力往往在决定一宗教生存与否的层面上发挥着巨大的作用，然而当一宗教已然经历了长时期的存续与发展，能够阻碍其发展的因素除政治上的原因之外，世俗社会的取向亦上升成为一重要影响因素，在某一程度上，世俗社会的影响因素亦可能会超越政治上的决定因素。而晚明的佛教发展正面临着政治决定因素消沉与世俗社会影响因素上升的时代现实，因而，憨山德清得以在认清现实之后抓住佛教生存发展之机遇，通过三教会通的思想阐释，沟通儒释道三教，佛教亦在忘世的基础上有了对世俗人生的情感关怀指向，晚明佛教因此在出世与入世间畅通无阻。可以说，以憨山德清为代表的晚明佛学界人士通过在教内倡导禅教一致，使得佛教内部的空虚浮夸之风得以落实于教典之根本；在教外亦注重儒、道经典之注疏，使得三教得以沟通而为佛教树立起世俗关怀的价值指向。正是在教内与教外的双重作用下，晚明的佛教有了复兴之势。综上而言，憨山德清之《庄子内篇注》正是晚明时期佛教亟须振兴、佛法亟须弘扬之时代大背景下的必然产物，亦可说，受政治政策影响、以建立人间佛教为指向的晚明佛教之现状是憨山德清《庄子内篇注》成书之内在动因。

小　结

　　任何一种理论或学说的产生都必然有一定的因缘，因此探究其背后的动机与因缘也便有助于后世研究者更深刻地领会其理论或学说的思想内涵，在情感上达成古今之共鸣。憨山德清之《庄子内篇注》是其晚年历时三十二年之久写成之作，由其书酝酿之久、耗时之长，并参考憨山大师早年跌宕的人生际遇，可想见其在《庄子内篇注》中借《庄子》所寄寓的个人情感。其以以佛化庄、以佛通庄之方法理路所注成的《庄子》内七篇，在学理上使得佛、庄二者相得益彰，在精神上亦使得二者有浑然一体之气象，此亦是憨山大师得益于其深厚的佛学体悟功力而成，使得《庄子内篇注》毫无佛、庄贴合附会之感，其篇幅虽短，然意蕴深厚。因此探究憨山德清《庄子内篇注》的成书动机、因缘也便是本文继续之必然。

首先，就《庄子内篇注》成书之外在动因而言，也即就外部整体客观环境而言，总体有三大必须要素。其一，文本之可能。憨山德清之所以选择以《庄子》作为注疏蓝本，一主要原因是《庄子》在晚明士人阶层中极高的认可度与流传度，使得其在以佛化庄的方法理路下的思想诠释有了受众，且此受众集中在上层知识分子阶层，此对于佛教思想的弘扬有着关键意义。其二，学术之必要。陆西星《南华真经副墨》采用以佛解庄的路径，以佛教经典印证庄子思想，然在印证过程中难免有附会之嫌，因而造成了二者思想不清的后果。然憨山德清作为会通儒释道三家思想的佛学大师，本着对于学术的期许，其《庄子内篇注》于此亦有对佛庄二者正本清源之深意。其三，环境之成熟。明代是一个佛学逐渐复兴、儒释道三教思想逐渐会通融合的历史时期，历经朱子学与阳明学的交替使得思想界处于活跃状态，因此此时期，晚明士人对于佛教亦在整体上保持着开放心态，因此从《庄子内篇注》成书的客观环境上讲，此时期对于佛教思想的弘扬也较为有利。

其次，就《庄子内篇注》成书之内在动因而言。憨山德清以以佛化庄、以佛通庄之方法理路著成《庄子内篇注》，目的就在于弘扬佛法、振兴佛教。在封建王朝统治之下的中国社会，一宗教的存在与否和其发展状况的首要决定因素便是政治。处晚明之历史时刻，憨山德清之所以要振兴、弘扬佛教，一客观原因就是佛教地位的旁落，究其原因仍指向晚明的政治政策，因此对晚明万历时期宗教状况与政治政策的探讨也即是追究《庄子内篇注》内在动因之必然。受政治上的挤压，加之佛教内部本身存在的问题，佛教作为抚慰人心、安慰人性之精神良药与其作为受众基础的人间社会渐行渐远，而晚明诸佛学大师亦是本着其生命自觉的担当意识而对佛教所面临的生存与发展的危机状况做出了种种切实的考量与回应，憨山德清之《庄子内篇注》是对此危机状况回应的重要果实，亦是佛教世俗化的重要精神成果。

综上而言，憨山大师本着其敏锐的时代洞察力，亦由于其深厚的儒释道理论背景并其对于振兴佛教、弘扬佛法的坚定意志，著成的《庄子内篇注》深刻体现出了憨山大师浓烈的宗教情感。在内外动机的双重作用下，憨山大师抓住振兴佛教的时代机遇，以《庄子内篇注》作为连接佛教与人间的纽带，对晚明人间佛教的发展、对后世庄子学的发展都有着深刻而长远的影响与意义。

结语：憨山德清《庄子内篇注》之价值

任何一著作的完成，对完成者而言当然是希冀其能够通过著作而将自身的话语体系传达于大众，从思想进而行动上影响社会大众。而影响也是一种导向和示范，如若给予社会时代以积极的带动作用、给予大众以良好的行为引导，则此理论或著作除对完成者而言是一种自身价值的实现，对其所处时代整体而言亦是一种价值的外扩，由此而有的历史意义也是时间上的必然结果。就憨山德清所著《庄子内篇注》而言，其意在通过《庄子》文本而为晚明时期的佛教寻找生存的空隙与发展的空间；且其以审时度势之锐目抓住时代契机、融合学术潮流，亦符合佛教在晚明时期发展所应有的历史走向；其振兴佛教、弘扬佛法的历史使命更是憨山德清所处时代人文课题的映显。因此，憨山德清的《庄子内篇注》无论是就其自身还是就庄子学抑或就佛教意义而言，都有着极大的价值与历史意义。

第一，《庄子内篇注》对于憨山德清本人而言。憨山德清《庄子内篇注》是对《庄子》内七篇的注疏，就其文本本身来讲，此注疏是一部完成度很高且在内部结构上成体系的著作。就完成度来讲，《庄子内篇注》对《庄子》内七篇分别做了详细解读，其间连贯完整，就具体的概念都有完全的阐释，并未因为佛庄思想间的不同而刻意回避概念的差异。就佛庄不能会通处，憨山德清亦力求贴近庄子之真意而以庄解庄，因此，在思想理论的意义上，此《庄子内篇注》是一部完成度很高的著作。就结构来讲，憨山德清亦使得《庄子》内七篇在以佛通庄的诠释理路下、在彻悟庄子思想的前提下成为一个内在联系的整体，其在疏解《大宗师》一篇时，认为：

> 此大宗师，即《逍遥游》中之至人、神人、圣人；其不知为知，

即《齐物》之因是真知乃真宰，即《养生》之主；其篇中诸人，皆德充符者。总上诸意，而结归于大宗师，以全内圣之学也；下《应帝王》，即外王之意也。①

憨山德清以其早年对儒释道三教思想的学术积淀，致力于在以佛学理论阐释庄子思想方法理路的前提下，对庄子思想做出符合庄子精神的阐释，使得佛庄二者思想能够并行不悖而得益双彰。就《庄子内篇注》成书之整体而言、就憨山德清对庄子思想的解读而言，其确是以佛教思想会通庄子，而非简单进行概念的附会与思想的勾连。因此，就还原憨山德清写作此书之原发动机而言，《庄子内篇注》的完成亦是憨山德清个人思想价值的直接体现，而其精神动机与文本落实的深切契合亦是憨山德清在儒释道三教会通理论基础上的思想价值再现。

第二，《庄子内篇注》对于庄学史而言。自郭象以来，历代注庄者层出不穷，对于《庄子》思想之诠释亦各有特色。总其而言，有以儒解庄者、有以佛解庄者，亦有以道解庄者，虽然注庄者受自身思想背景或家学传承影响而对《庄子》多做出了不同角度的思想解读，然其所发掘出的思想相比前人亦多有所创见与突破，因此，从整体上讲，庄学史亦处于一个不断更替、不断淘洗的动态发展过程。憨山德清《庄子内篇注》处于此庄学史的动态发展链条之中，其内在方法理路即是以佛通庄，憨山德清以佛学思想而与庄子思想相沟通，在承认双方思想差异的前提下、在此思想的沟通中找寻思想的精神契合点，从而给庄子思想以新的诠释。从庄学史的发展链条而言，憨山德清之《庄子内篇注》亦有承上启下的接续价值。

在庄学史的发展中，憨山德清之前，以以佛解庄为方法理路的较为有代表性的注庄者有魏晋南北朝的佛教学者支遁，其引佛教般若性空之学来阐释《庄子·逍遥游》，突破了郭象足性逍遥理论上的缺失，而对庄子之《逍遥游》做出了"至人乘天正而高兴，游无穷于放浪"的思想总结，也即"夫逍遥者，明至人之心也。"在此支遁把妙悟性空、不物于物的佛学理论应用于对庄子学的阐释之中，一定程度上为庄子学的进一步发展开辟

---

① 憨山德清：《庄子内篇注》，第 129 页。

了新的途径。且作为佛教学者的支遁由阐扬佛理而著成《肇论》，亦不可否认其又大得《庄子》助力。因此就憨山德清而言，在认清其振兴佛教、弘扬佛理的历史使命的前提下，以佛教思想会通庄子理论亦不得不说是承接佛学前辈之精髓所在。且就憨山德清《庄子内篇注》的现实效用而言，其亦在客观上实现了对僧肇以佛解庄理路的思想继承。

　　明代庄子学的真正发展也是在晚明时期，此时期的庄子学著作频出，且此时期多有佛教学者疏解《庄子》。晚明亦处于一个儒释道三教思想会通而趋于融合的时期，因此此时期的佛教学者亦多在承认三教会通思想的基础上而展开自己的学术理论。憨山德清之后的晚明佛教学者，在阐释《庄子》思想的同时亦多以三教会通作为解读的理论基石。晚于憨山德清的僧人元贤即主张三教一理，他认为：

　　　　圣人因时势，察人情，为之说仁义，立纪纲，化之以礼乐，术之以刑罚，使不乱也。即使佛处震旦国，说经世法，又岂过于周公、孔子哉！然众生既束于儒典，执着名相，则名相之区，翻为桎梏之地，岂儒家圣人之意哉！由是老、庄出，而说虚无自然之道，使闻者闲旷超越，不为物累，庶几为入道之方便。①

　　元贤作为一名由儒入释的禅师，其在阐释三教时亦时有以儒家思想为本位，而认为三教皆是时势之下的必然产物，虽分于三教而实则归于一理。处于明末清初的恨亭净挺禅师著有《漆园指通》，其对《庄子》的阐释亦以会通庄佛为目的，在解读《逍遥游》中，其题解认为：

　　　　庄子游方之外者也，屈子远游未离于域内也。故夫驰域外之观者，则无往不适也，自适己适，而非适人之适者也。通云：踏毗卢顶上行，驾铁船入沧海。②

　　也即晚明时期的佛教学者除以佛解庄的传统阐释理路，亦受时代整体学术环境影响，在儒释道三教会通思想理论的基础上，而对《庄子》做出多角度的解读，使得思想更加融通。而憨山德清作为晚明佛学大师，由于

---

①　蓝吉富主编：《禅宗全书》，第 1767 页。
②　四库全书存目丛书编纂委员会：《四库全书存目丛书·漆园指通》，第 544 页。

其早年的儒道学术理论背景，他对于三教亦秉持会通融合之态度，对儒家、道家典籍多有注疏解读，且在其《庄子内篇注》中，除以佛教思想会通庄子，亦可见以儒家思想阐释庄子思想的篇节。而其后主要佛教学者的学问基础，以及阐释解读《庄子》的理路亦不可排除憨山德清的作用，此亦可视为憨山德清《庄子内篇注》的理论精神余绪和对后世佛教学者的影响。

因此，总体上讲，憨山德清的《庄子内篇注》对于整个庄学史而言有着不可或缺的接续价值，就晚明庄子学的发展而论，仍不失为一解庄佳作。其在佛理的基础上，寻找佛庄会通点，而在思想的交互中使得二者冥合相契，较憨山德清前期陆西星以佛解庄之《南华真经副墨》，亦在学术精神上有着较高的理论价值。因此可以说，憨山德清的《庄子内篇注》在前接续支遁以佛解庄之学术理趣与内在弘扬佛法之动机，在后又以三教会通之理论基石影响着晚明至清初的以佛注庄者，使得在以《庄子》为文本平台的基础上，多元思想得以融合交流，利于庄子学的永续发展。

第三，《庄子内篇注》对于佛教之弘扬而言。由本书第六章可知，憨山德清疏解《庄子》、著成《庄子内篇注》的根本动机在于受政治与佛门内部流弊的影响，佛教地位趋于旁落而直接影响着佛教的生存与发展。而憨山德清作为晚明佛学大师，在其求取头角峥嵘失败之后，立志从学术、思想上根本挺立佛教价值，而不再借助外在力量。因此《庄子内篇注》对于憨山德清在除其本身的理论旨趣外，有着更为长远、更为深刻的目的归旨，也即憨山德清希冀通过以佛教思想阐发庄子理论，而进一步厘清二者思想，以彰显佛教的现世作用与价值。而憨山德清《庄子内篇注》在实际文本上亦确乎秉持着此理论归旨，除以佛通庄之外，亦在理论上借庄子思想澄清了佛教的思想意涵，使得佛教在理论的高度上有着现世的人间价值，为佛教真正走下神坛而下贯至社会大众提供了理论上的确证与基础。

在世人所关心的生死问题上，憨山德清借庄子之《逍遥游》认为，世人执着于生死而不得解脱，往往是由于被一个"我"字拘碍，而只在自己一身上求功求名，因此"自古及今，举世之人，无不被此三件事，苦了一生，何曾有一息之快活哉？"① 而世人如若解脱，则需要不被一身假有之形

---

① 憨山德清：《庄子内篇注》，第3页。

骸、被我所累，需"忘我、忘功、忘名，超脱生死，而游大道之乡，故得广大逍遥自在，快乐无穷。"① 晚明时期，由于受上层统治者政策与个人喜好的影响，佛教在辅助王纲上的地位大不如前，佛教的政治地位因此而下落或让位于道教；长期与政治牵连，使佛教本身利欲习气较浓而进一步影响了佛教在大众中的宗教地位，即其教化人心、解脱灵魂的宗教影响力进一步下降；且佛门内部人士由于不尚修习，佛教理论也渐落儒道之后。受此佛教之主客观不利的双重影响，憨山德清欲使佛教振兴、佛法弘扬，就必须首先在社会大众中拯救佛教的宗教地位，而挺立起佛教作为安顿人心、安抚精神的宗教价值。因此，在《庄子内篇注》中，憨山德清以庄子之逍遥相契于佛教之解脱，在理论上再次确证佛教作为世人精神解脱良方的宗教作用，使得世人不再受生死之累而徘徊不前，使得世人亦能够通过去除名利的障碍而得解脱与逍遥。而安顿人心、安抚精神亦是重塑佛教宗教形象与地位而振兴佛教的重要前提。且生死问题亦涉及佛教之经世利生之层面，使得佛教在与受传统儒家思想习染的社会大众之中有了共同的价值认知。而处于社会转型与时代变迁之际的晚明社会亦亟须这一人间佛教挽救人们心中普遍存在的末世之感。

就佛教自身内部的修习而言，由本书第六章亦可知，晚明佛门由于自身的教门流弊，佛教僧人受利欲熏染而无心佛学理论本身；加之禅宗不尚文字、教外别传之规使得僧人愈发轻视文字、教典，晚明僧人元贤就禅学之流弊即言："禅学之弊，大都有二：一则失于笼侗，一则失于支离，而吾道丧矣。失于笼侗者，守着个颟顸佛性，一味虚骄，逢人则胡喝乱棒，强作主宰，于差别门庭全过不得，只成个担板俗汉。失于支离者，于本源中依旧黑如漆桶，只成个盐铁判官……"② 因此，憨山德清面对禅学内部积弊，亦在佛门中倡导文字禅与话头禅，使得佛门僧人重视文字教典的重要性，以提高僧人自身的佛学理论素养，此亦是与憨山德清同时期的晚明诸多佛学大师所共同倡导的禅学改革内容之一，此在第六章有论述，不多加重复。憨山德清亦在佛门之外倡导儒释道三教合一，其在《观老庄影响论·论学问》中认为："余每见学者披阅经疏，忽撞引及子史之言者，如

---

① 憨山德清：《庄子内篇注》，第 10 页。
② 蓝吉富主编《禅宗全书》，第 510～511 页。

拦路虎，必惊怖不前，及教之亲习，则曰：'彼外家言耳。'掉头弗顾。抑尝见士君子为庄子语者，必引佛语为证，或一言有当，且曰：'佛一大藏尽出于此。'嗟乎！是岂通达之谓耶？质斯二者学佛而不通百氏，不但不知世法，而亦不知佛法；解庄而谓尽佛经，不但不知佛意，而亦不知庄意，此其所以难明也。故曰：'自大视细者不尽，自细视大者不明。'余尝以三事自勖曰：'不知春秋，不能涉世；不知老庄，不能忘世；不参禅，不能出世。'知此，可与言学矣。"就憨山德清之《庄子内篇注》而言，其亦在文章之注疏中贯穿着其为学之理路与宗旨。其在对《应帝王》篇中的解读中，即以佛门之止观工夫阐释庄子之应世义，其有言："初偏于静，次偏于动。今则安心于极虚，动静不二。犹言止观双运，不二之境也。"①其亦有以佛家之破分别我障而解决庄子德与形的问题。在《庄子内篇注》的疏解中，处处流露出憨山德清对于佛家修习工夫的重视与肯定。憨山德清注疏之根本理论基础即是其三教会通思想，能够通过以佛化庄的方法理路而对《庄子》做出不失庄子精神的理论诠释，印证了其儒释道会通之理论思想基石，且其在注疏中亦有借儒家理论的阐释，此亦在一定程度上说明了憨山德清希冀通过《庄子》文本迎合中国受儒道传统思想影响下的上层士大夫与更加广阔的社会大众的心理，如此以有利于佛教之传播与佛法之弘扬。

因此，综合而言，憨山德清之《庄子内篇注》除以佛法阐释、沟通庄子思想的学理价值以外，就其成书动机而言，所达成的外在学术与社会价值更加凸显。首先，不可否认，理论与著作的完成本身即是对完成者自身价值的肯定，此即是对于憨山德清本身的价值而言。其次，就对于庄学史而言，其承担了晚明历史时期庄子学的上承与下启的接续价值，也即继承了支遁以佛解庄的方法理路，而希冀通过《庄子》达成如支遁弘扬佛法的目的；而对于后世佛教学者，在解庄的学术道路上，其亦有着引领学脉、下启学术的价值，《庄子内篇注》以儒释道三教会通思想为理论基础，一定程度亦影响着憨山之后的解庄学者，使得三教思想在《庄子》文本的基础上能够使思想交流沟通而利于庄子学的继续发展。再次，憨山德清《庄子内篇注》根本的价值指向在于振兴佛教、弘扬佛法，因而，其对于晚明

---

① 憨山德清：《庄子内篇注》，第136页。

佛教本身更是有着深刻的价值，其在疏解过程中透彻出的佛教经世利生的价值指向，使得其能够摆脱以往政治上的负累而以更加崭新的姿态下贯于更广阔的社会大众，为人间真正提供其安稳人心、抚慰精神的自由之所，以真正实现其宗教的普世功能与价值。

宗此三者，可以说憨山德清之《庄子内篇注》使得其个人价值与社会价值得到了完美的展现与深度的契合，愈发体现了憨山大师不朽的担当与精神力量。且通过《庄子内篇注》一书，中国传统的儒释道精神之理想人格亦在憨山大师身上得以完美再现，既有儒家沉稳内敛的济世之任，亦有老庄道家虚静飘逸的自由逍遥之气，更有佛家自然化世之无己无著之风，其内秉之精神与外在之文字融为一体，使得几百年前的大师形象跃然纸上而愈发立体。不论是其早年间的奔走于权贵、游走于宫廷，还是通过著书立说而为佛教之生存发展大声疾呼，都充分体现了憨山德清作为佛门僧人对振兴佛教、弘扬佛法的热忱与担当。我们不必苛责古人是非，亦不必评说古人功过，因为其立身行为本身就足以令我辈感叹与感动。

通过对憨山德清《庄子内篇注》的分析，通过对憨山德清著成《庄子内篇注》动机的考察，我对于憨山大师的认识也更加立体而丰富。首先，憨山德清是一位在学问上求真的大师。其通过以佛通庄、以佛化庄的方法理路阐释庄子思想，在思想的沟通中尊重二者的差异，亦在差异中找寻二者的契合处，使得思想在憨山德清的诠释下泾渭有分而又彼此流通。其次，憨山德清是一位在行动上务实的大师。其早年间为佛教发展奔走宫廷，虽不合其人生旨趣，然亦秉持着担当精神而勇往直前，其间虽有失意，然仍愈挫愈勇，在行动上振兴曹溪，在文字上著书立说，希冀通过思想的沟通而使佛门中人真正觉醒，亦使得其理论更加贴合社会大众，为佛教发展提供良好的生存空间。再次，憨山德清亦是一位在精神上坚忍的大师。晚明的佛教发展面临着生存与发展的困境，加之其本身境遇的艰难，使振兴佛教事业也有现实上的阻碍，然憨山德清在身陷囹圄之后，毅然承担起此时代之大任，历时三十二年之久克成《庄子内篇注》，为佛教的弘扬铺垫理论基础，然此无一不需要憨山德清坚韧的意志。因此，憨山德清凭此学问上的求真、行动上的务实、精神上的坚忍而一步一步完成了时代赋予他的使命，亦在这一步一步中锻造了自身、实现了自身，挺立了自身的价值。我在此对憨山大师致以深深敬意，感谢憨山大师在本书的写作过程中与我同行、伴我成长，我亦将沿着憨山大师的问学道路继续前行。

最后，以王维《终南别业》中的一句诗来结束我的写作，希望我在今后的人生道路中领受此世间最曼妙的风景，保有淡定与从容：

行至水穷处，坐看云起时。①

---

① 王志清撰《王维诗选》，商务印书馆，2015，第 166 页。

参考文献

B

班固：《汉书》，中华书局，2014。

C

崔撰：《庄子注》，中华书局，1983，《经典释文·庄子音义》引。

陈详道：《庄子注》，褚伯秀《庄子义海纂微》引。

陈景元：《庄子注》，明正统《道藏》本。

褚伯秀：《庄子义海纂微》，华东师范大学出版社，2014。

程俱：《庄子论》，《四部丛书》程俱《北山小集》本。

陈深：《庄子品节》，明万历十九年刊《诸子品节》本。

陈治安：《南华真经本义》，清道光十五年红兰山房重刊本。

程以宁：《南华真经注疏》，清光绪三十二年成都二仙庵重刊《道藏辑要》本。

陈寿昌：《南华真经正义》，清光绪十九年怡颜斋刊本。

陈柱：《庄子内篇学》，民国五年中国学术讨论社排印版。

陈柱：《阐庄》，民国二十四年刊《子二十六论》本。

陈永革：《晚明佛教思想研究》，宗教文化出版社，2007。

陈淳：《北溪字义》，中华书局，2011。

陈鼓应：《老子注译及评介》，中华书局，2014。

程俊英：《诗经译注》，上海古籍出版社，2015。

《楚辞》，北京燕山出版社，2014。

陈广忠校：《淮南子》，中华书局，2014。

陈士强著：《大藏经总目提要》，上海古籍出版社，2008。

陈启天：《庄子浅说》，台湾中华书局，1978。

程群：《摩诃止观》，上海古籍出版社，2008。

《仓颉篇》，中华书局，1985。

D

《大正藏》卷四十八，河北佛协出版社。

F

方以智：《药地炮庄》，华夏出版社，2016。

傅山：《庄子批点》，《晋阳学刊》1983 年第 3、4 期据山西省文物局藏傅山《庄子批点》过录本。

方正瑗：《方斋补正》，清光绪十四年刻《桐城方氏七代遗书本》。

方潜：《南华经解》，清光绪二十二年桐城方氏刊本。

方立天：《禅宗概要》，中华书局，2011。

方勇、陆永品：《庄子诠评》，巴蜀书社，2007。

方勇：《庄子学史》，人民出版社，2008。

《佛光大藏经》，佛光出版社，1999。

冯友兰：《中国哲学史新编》，人民出版社，2014。

G

郭象注，成玄英疏：《庄子注疏》，中华书局，2011。

葛洪：《抱朴子内篇校释》，中华书局，2014。

归有光、文震孟：《南华真经评注》，明天启四年竺坞刊《道德南华二经评注》本。

高秋月、曹同春：《庄子释意》，清康熙间刊本。

郭嵩焘：《庄子札记》，郭庆藩《庄子集释》引，中华书局，1986。

郭庆藩：《庄子集释》，中华书局，2015。

郭璞注：《尔雅》，浙江古籍出版社，2015。

顾野王：《大广益会玉篇》，中华书局，1987。

顾迁注译：《孝经》，中州古籍出版社，2013。

H

黄震：《读庄子》，影印文渊阁《四库全书》本《黄氏日抄》内。

黄庭坚：《庄子内篇论》，《黄庭坚集》引，凤凰出版社，2014。

憨山德清：《庄子内篇注》，崇文书局，2015。

憨山德清：《憨山大师全集》，河北禅学研究所，2005。

憨山德清：《中庸直指》，金陵刻经处印本。

憨山德清：《老子道德经解》，崇文书局，2015。

胡文英：《庄子独见》，清乾隆十六年三多斋刊本。

胡远濬：《庄子诠诂》，民国六年铅印本。

黄元炳：《庄子新疏》，民国二十二年上海医学书局排印本。

黄宗羲：《明儒学案》，中华书局，2008。

韩愈：《韩愈文集汇校笺注》，中华书局，2011。

慧能：《坛经》，中华书局，2010。

胡朴安：《胡朴安讲文献》，凤凰出版社，2011。

黄侃：《广韵校录》，中华书局，2016。

J

嵇康：《养生论》，人民文学出版社，1962年戴明扬校注本。

焦竑：《庄子翼》，影印文渊阁《四库全书·庄子翼》，台湾商务印书馆，1986。

觉浪道盛：《庄子提正》，台北修定中华大藏经会编《中华大藏经》本，1968。

金圣叹：《语录纂》，《金圣叹全集》引，凤凰出版社，2008。

蒋锡昌：《庄子哲学》，上海商务印书馆，民国二十六年初版排印本。

嵇文甫：《晚明思想史论》，北京出版社，2016。

江灿腾：《晚明佛教改革史》，广西师范大学出版社，2006。

纪晓岚，《四库全书总目》，中华书局，1965。

焦循：《孟子正义》，中华书局，2014。

L

陆德明：《经典释文》，上海古籍出版社，2013。

林自：《庄子注》，褚伯秀《庄子义海纂微》引。

林希逸：《庄子鬳斋口义校注》，中华书局，2012。

林希逸：《老子鬳斋口义》，华东师范大学出版社，2010。

罗勉道：《南华真经循本》，中华书局，2016。

刘辰翁：《庄子南华真经点校》，明刊刘须溪评点《三子》本。

李士表：《庄子十表》，影印文渊阁《四库全书》本焦竑《庄子翼》附录。

陆西星：《南华真经副墨》，中华书局，2016。

李贽：《焚书续焚书》，中华书局，2012。

李光缙：《南华肤解》，明万历二十一年《南华真经三注大全》引。

李腾芳：《说庄》，明天启四年青莲斋刊本。

俍亭净挺：《漆园指通》，《中华大藏经》，台北修定中华大藏经会，1968。

林仲懿：《南华本义》，清乾隆十六年刊本。

林云铭：《庄子因》，清乾隆间刊本。

陆树芝：《庄子雪》，华东师范大学出版社，2011。

刘大櫆：《庄子评点》，吴汝纶《庄子点勘》引，衍星社排印，清宣统二年。

林纾：《庄子浅说》，上海商务印书馆，民国十二年。

刘鸿典：《庄子约解》，清同治五年威邑吕仙岩玉成堂重刊本。

刘凤苞注，方勇点校：《南华雪心编》，中华书局，2013。

梁启超：《庄子天下篇释义》，《饮冰室合集》引，上海中华书局，民国二十五年。

刘师培：《庄子斠补》，《刘申叔先生遗书》引，民国二十五年。

刘文典：《庄子补正》，上海商务印书馆，民国三十六年。

郎擎霄：《庄子学案》，上海商务印书馆，民国二十三年。

刘孝标、刘义庆：《世说新语》，浙江古籍出版社，2011。

蓝吉富主编《禅宗全书》，北京图书馆出版社，2004。

梁启超：《中国近三年学术史》，上海古籍出版社，2014。

李大华：《自然与自由 庄子哲学研究》，商务印书馆，2013。

刘立夫、魏建中、胡勇译注：《弘明集（上）》，中华书局，2013。

刘笑敢：《庄子哲学及其演变》，中国人民大学出版社，2012。

《礼记》，中州古籍出版社，2015。

吕惠卿撰，汤君校：《庄子义集校》，中华书局，2009。

赖永海编，陈秋平注：《金刚经》，中华书局，2010。

李山译：《管子》，中华书局，2016。

吕友仁、李正辉注：《周礼》，中州古籍出版社，2014。

李泽厚：《中国古代思想史论》，三联书店，2008。

黎靖德编：《朱子语类》，中华书局，2015。

M

马总：《庄子钞》，《笔记小说大观》本《意林》引，民国上海进步书局。

马其昶：《庄子故》，清光绪三十一年集虚草堂刊本。

马叙伦：《庄子义证》，上海商务印书馆，民国十九年。

缪文远，缪伟，罗永莲：《战国策》，中华书局，2012。

《明实录》，中华书局，2016。

Q

钱澄之撰，殷呈祥校点：《庄屈合诂·庄子内七诂》，黄山书社，2014。

钱谦益，钱仲联：《牧斋初学集·憨山大师庐山乳峰塔铭》，上海古籍出版社，2008。

屈原等：《楚辞》，北京燕山出版社，2014。

R

阮籍：《阮籍集》，中华书局，1987。

阮毓崧：《庄子集注》，上海中华书局，民国二十五年。

S

司马彪：《庄子注》，中华书局1983年版《经典释文·庄子音义》引。

司马承祯：《坐忘论》，《全唐文》引，上海古籍出版社，1990。

四库全书存目丛书编纂委员会：《四库全书存目丛书·庄子集》，齐鲁书社，1997。

苏轼：《庄子祠堂记》，《苏轼文集》引，中华书局，1986。

宋濂：《宋濂全集》，人民文学出版社，2014。

释性通：《南华发覆·齐物论》，摘自方勇著《庄子学史》，人民出版社，2008。

沈一贯：《庄子通》，明万历二十四年八闽书林郑氏光裕堂刊本。

孙嘉淦：《南华通》，清乾隆刊本。

孙冯翼：《司马彪庄子注》，清嘉庆七年刊《问经堂丛书》。

孙星衍：《仓颉篇》，中华书局，1985。

孙诒让：《庄子札迻》，清光绪二十年刊《札迻》。

施章：《庄子新探》，国立中央大学出版部，民国十九年。

司马迁：《史记》，上海古籍出版社，2015。

《尚书》，中州古籍出版社，2015。

释窥基：《续修四库全书·成唯识论述记》，上海古籍出版社，1995。

圣严法师：《明末佛学研究》，宗教文化出版社，2006。

T

唐顺之：《南华经释略》，影印文渊阁《四库全书》引。

陶望龄：《解庄》，明天启元年吴兴茅兆河刊本。

谭元春：《庄子南华真经》，明崇祯八年刊本。

陶鸿庆：《读庄子札记》，《读诸子札记》引，待晓庐排印，民国八年。

《唐人书大般涅槃经》，中国书店出版社，2009。

《太上清净经》，蓬瀛仙馆，2000。

W

王先谦：《荀子集解》，中华书局，2013。

王先慎：《韩非子集解》，中华书局，2015。

王弼：《老子道德经注校释》，中华书局，2016。

王弼：《王弼集》，中华书局，1980。

魏徵：《庄子治要》，《四部丛刊初编》本《群书治要》引。

王安石：《王安石全集》，东方文学社，1935。

王雱：《南华真经新传》，明正统《道藏》本。

王应麟：《庄子逸篇》，《四部丛刊三编》本王应麟《困学纪闻》引。

吴澄：《吴文正集》，影印文渊阁《四库全书》本吴澄《吴文正集》引。

王世贞：《读庄子》，影印文渊阁《四库全书》本王世贞《读书后》引。

王世贞：《南华经评点》，明刻五色套印本沈汝绅辑《南华经集评》引。

王夫之著，王孝鱼点校：《老子衍庄子通庄子解》，中华书局，2016。

吴世尚：《庄子解》，刘氏唐石簃刊《贵池先哲遗书》，民国九年。

吴汝纶：《庄子点勘》，清宣统二年衍星社排印《桐城吴先生点刊七子》引。

王懋竑：《庄子存校》，清同治十一年福建抚署刊《读书论疑》引。

王念孙：《庄子杂志》，清同治九年金陵书局重刊《读书杂志》引。

王念孙：《广雅疏证》，中华书局，2014。

王闿运：《庄子王氏注》，清同治八年长沙王氏刊本。

王叔岷：《庄子校释》，上海商务印书馆，民国三十六年。

闻一多：《庄子内篇校释》，《闻一多全集》引，开明书店，1949。

王阳明：《王阳明全集》，上海古籍出版社，2015。

王阳明：《传习录》，中州古籍出版社，2013。

王水照选注：《苏轼选集》，上海古籍出版社，2014。

王钟翰主编《四库禁毁书丛刊》，北京出版社，2000。

王治心：《庄子研究及浅释》，摘自方勇著，《庄子学史》，人民出版社，2008。

王博：《庄子哲学》，北京大学出版社，2014。

王利器：《文子疏义》，中华书局，2012。

王世贞：《王世贞文选》，苏州大学出版社，2001。

吴震校：《王畿集》，凤凰出版社，2014。

王畿：《王龙溪先生全集》卷一，国家图书馆出版社，2014。

王志清：《王维诗选》，商务印书馆，2015。

X

向秀：《庄子注》，《经典释文·庄子音义》引，中华书局，1983。

徐廷槐：《南华简钞》，清乾隆六年刊本。

宣颖著，曹础基校：《南华经解》，广东人民出版社，2008。

奚侗：《庄子补注》，江苏省立官纸印刷厂，民国六年。

许慎：《说文解字》，中华书局，2013。

萧统编，李善注：《文选》，上海古籍出版社，1986。

许维遹：《吕氏春秋》，中华书局，2015。

Y

杨起元：《南华经品节》，明刊本。

杨慎：《庄子解》，清道光二十四年影明版重刊本《升庵外集》引。

袁宏道：《广庄》，《袁宏道集间校》引，上海古籍出版社，1981。

袁宏道：《袁中郎随笔·汤义仍》，中华工商联合出版社，2016。

袁中道：《导庄》，《珂雪斋集》引，上海古籍出版社，1989。

姚鼐：《庄子章义》，清光绪五年桐城徐氏集刊《惜抱轩遗书三种》

本引。

俞樾：《庄子平议》，清光绪十一年刊《春在堂全书》引。

严复：《庄子评点》，福建人民出版社，2009。

杨文会：《南华经发隐》，清光绪三十年金陵刻经处刊《杨仁山居士遗书》引。

叶国庆：《庄子研究》，《国学小丛书》引，民国二十五年。

扬雄：《法言》，中华书局，2012。

杨伯峻译注：《论语译注》，中华书局，2014。

Z

赵以夫：《庄子内篇注》，褚伯秀《庄子义海纂微》引。

朱得之：《庄子通义》，明嘉靖四十四年浩然斋刊《三子通义》引。

周拱辰：《南华真经影史》，清道光二十七年刊《周孟侯先生全书》引。

章炳麟：《庄子解故》，浙江图书馆刊《章氏丛书》引，民国六年。

章炳麟：《齐物论释》，浙江图书馆刊《章氏丛书》引，民国六年。

朱桂曜：《庄子内篇证补》，《国学小丛书》引，上海商务印书馆，民国二十四年。

朱文熊：《庄子新义》，无锡国学专修学校丛书，民国二十三年。

张默生：《庄子新释》，东方书社，民国三十七年。

紫柏大师：《紫柏老人集》卷九，北京图书馆出版社，2005。

朱熹：《四书章句集注·中庸章句》，中华书局，2008。

智旭：《蕅益大师全集·灵峰宗论》，巴蜀书社，2013。

张岱年：《中国古典哲学概念范畴要论》，中国社会科学出版社，1989。

宗文点校：《长阿含经》，宗教文化出版社，2011。

张学智：《中国儒学史·明代卷》，北京大学出版社，2011。

张廷玉：《明史》，中华书局，2015。

期刊论文：

H

韩焕忠：《高僧能解南华意——憨山德清的〈庄子内篇注〉》，见《五台山研究》2010 年第 2 期。

L

罗安宪：《庄子"吾丧我"义解》，见《哲学研究》2013 年第 6 期。

罗安宪：《敬、静、净：儒道佛心性论比较之一》，见《探索与争鸣》2010 年第 6 期。

罗安宪：《"有用之用""无用之用"以及"无用"——庄子对外物态度的分析》，见《哲学研究》2015 年第 7 期。

罗安宪：《道家天命论的精神追求》，见《中国人民大学学报》2007 年第 3 期。

李曦：《释德清〈庄子内篇注〉研究》，见《五台山研究》1994 年第 3 期。

李霞：《论明代佛教的三教合一说》，见《安徽史学》2001 年第 1 期。

李大华：《论憨山德清的庄子学》，见《学术研究》2014 年第 4 期。

刘海涛：《〈周秦汉魏诸子知见书目〉明代〈庄子〉书目匡补》，见《图书管理杂志》2009 年第 5 期。

刘海涛：《丛林论〈庄〉与明代学风》，见《海南大学学报》（人文社会科学版）2008 年第 3 期。

P

彭永捷：《认识儒教》，见《社会科学》2011 年第 11 期。

皮朝纲：《憨山德清对禅宗美学的贡献及其学术意义》，见《华中师范大学学报》（人文社会科学版）2001 年第 1 期。

W

王红蕾：《缘起于本根：佛教与道教宇宙观的冲突与调和——憨山德清〈庄子内篇注·齐物论〉研究》，见《哲学研究》2007 年第 4 期。

王红蕾：《从憨山德清的交往看晚明丛林与士林的思想互动》，见《南开学报》（哲学社会科学版）2007 年第 3 期。

王双林：《明末三教融合思潮之原因再剖析——以憨山德清注解三教经典为例》，见《理论界》2014 年第 2 期。

王双林：《憨山大师的判教思想论略》，见《河北师范大学学报》（哲学社会科学版）2014 年第 2 期。

X

向世陵：《明代的宗教与三教合一》，见《长春市委党校学报》1999年第 4 期。

向世陵：《宋代儒佛的"一心"说辩》，见《中国人民大学学报》2009年第 5 期。

向世陵：《儒佛之际与宋初性无善恶说》，见《东岳论丛》2005 年第1 期。

夏清瑕：《憨山德清的三教一源论》，见《佛学研究》，2002。

夏清瑕：《从憨山和王阳明的〈大学〉解看晚明儒佛交融的内在深度》，见《河南师范大学学报（哲学社会科学版)》2001 年第 6 期。

Z

张洪兴：《论明代中后期庄子学的勃兴及其表现特征》，见《兰州学刊》2012 年第 1 期。

附录 明朝以前主要注庄方法梳理表

人物	朝代	著作	注疏方法	文本举例
王弼	三国曹魏	《老子注》《周易注》等	创造性继承超越庄子思想	《老子注》十六章中，有："无之为物，水火不能害，金石不能残。用之于心，则虎兕无所投其爪牙，兵戈无所容其锋刃，何危殆之有乎？" 《周易注》，有："以文明之极，而观至秽之物，睽之甚也。……至睽将合，知殊将通，恢诡谲怪，道将为一。"
阮籍	魏	《达庄论》《大人先生传》	继承、超越庄子思想	《达庄论》有："天地生于自然，万物生于天地。自然者无外，故天地名焉；天地者有内，故万物生焉。……天地合其德，日月顺其光，自然一体，……故曰：自其异者视也，则肝胆楚越也；自其同者视之，则万物一体也。" 《大人先生传》有："必超世而绝群，遗俗而独往，登乎太始之前，览乎汋漠之初，虑周流于无外，志浩荡而自舒，飘飖于四运，翻翱翔乎八隅。"
嵇康	魏	《养生论》《难自然好学论》	继承与超越庄子的思想	《养生论》中，有："清虚静泰，少私寡欲。知名位之伤德，故忽而不营，非欲而强禁也；识厚味之害性，故弃而弗顾，非贪而后抑也。外物以累心不存，神气以醇白独著，旷然无忧患，寂然无思虑。又守之以一，养之以和，和理日济，同乎大顺。" 《难自然好学论》中，有："昔鸿荒之世，大朴未亏，君无文于上，民无竞于下，物全理顺，莫不自得，饱则安寝，饥则求食，怡然鼓腹，不知为至德之世也。若此，则安知仁义之端，礼律之文？"
司马彪	晋	《庄子注》	训释字义句意	《逍遥游》"羊角"："风曲上行若羊角"。 《逍遥游》题解："言逍遥无为者，能游大道也"。 《人间世》"山木自寇也"："木生斧柄，还自伐"。
崔撰	晋	《庄子注》	训释字词、音义	"鲲"，"当为鲸"。 "鹏"，"音凤，即古凤字，非来仪之凤也"。 "学鸠"，"学，读为滑。滑鸠，亦名滑雕"。

续表

人物	朝代	著作	注疏方法	文本举例
向秀	晋	《庄子注》	训释文字；发明义理；调和儒道	《庚桑楚》"二子者"："尧舜也"。 "达耳矣"："仅达耳，未彻入于心"。 《胠箧》篇，"圣人已死，则大盗不起，天下平而无故矣！圣人不死，大盗不止。""事业日新，新者为生，故者为死，故曰圣人已死也。乘天地之正，御日新之变，得实而损其名，归真而忘其途，则大盗息矣。圣人不死，言守故而不日新，牵名而不造实也，大盗不止，不亦宜乎？" 《世说新语・文学》中《向秀别传》有："到京师，诣大将军司马文王，文王问曰：'闻君有箕山之志，何能自屈？'秀曰：'常谓彼人不达尧意，本非所慕也。'"
郭象	晋	《庄子注》	重义理发挥与创造性诠释	《南华真经序》，有"（庄生）通天地之统，序万物之性，达死生之变，而明内圣外王之道，上知造物无物，下知有物之自造也。……是以神器独化于玄冥之境而渊源流长也。"
支遁	晋	《逍遥论》（见刘文典《庄子补正》）	训释名物词义、阐释义理；引佛教般若性空理论解释《庄子・逍遥游》	"坳堂"："谓有坳垤形也。" "抢"："抢，突也。" "莽苍"："冢间也。" "朝菌"："一名舜英，朝生暮落。" "征"："成也。" "六气"："天地四时之气"。 《世说新语・文学》刘孝标注引支遁《逍遥论》，有"夫逍遥者，明至人之心也。庄生建言大道，而寄指鹏鷃。鹏以营生之路旷，故失适于体外；鷃以在近而笑远，有矜伐于心内。至人乘天正而高兴，游无穷于放浪，物物而不物于物，则遥然不我得，玄感不为，不疾而速，则逍遥靡不适。此所以为逍遥也。若夫有欲，当其所足，足于所足，快然有似天真，犹饥者一饱，渴者一盈，……苟非至足，岂所以逍遥乎？"
葛洪	晋	修撰《庄子》十七卷；《抱朴子》	以道教思想解读庄子思想	《抱朴子内篇・塞难》有："道者，万殊之源也。" 《抱朴子内篇・畅玄》有："夫玄道者，得之乎内，守之者外，用之者神，忘之者器，此思玄道之要言也。得之者贵，不待黄钺之威。体之者富，不须难得之货。高不可登，深不可测。乘流光，策飞景，凌六虚，贯涵溶。出乎无上，入乎无下。经乎汗漫之门，游乎窈眇之野。逍遥恍惚之中，徜徉仿佛之表。咽九华于云端，咀六气于丹霞。"

续表

人物	朝代	著作	注疏方法	文本举例
陆德明	唐	《经典释文·庄子音义》	收录前人训释；训释、校正、音注《庄子》文本	《应帝王》"日中始"："崔本无'日'字"。 《逍遥游》"狸"："力之反"。 《庚桑楚》"因以死偿节"："谓杀身以成名节，成而身死，故曰以死偿节也。"
成玄英	唐	《庄子疏》	以佛教理论方法疏解老庄思想	《齐物论疏》中，有："彼此是非，相因而有；推求分析，即体皆空也。"① 《养生主》有疏："始学屠宰，未见间理，所睹惟牛。亦犹初学养生，未照真境，是以触途皆碍。操刀既久，顿见间理，所以才睹有牛，已知空却。亦犹服道日久，智照渐明，所见尘境，无非虚幻。……经乎一十九年，合阴阳之妙数，率精神以会理，岂假目以看之？亦犹学道之人，妙契至极，推心灵以虚照，岂用眼以取尘也？" 《德充符疏》，有："至人道迈三清而神游六合，故蕴智以救狭孽，约束以检散心，树德以接苍生，工巧以利群品"。 《大宗师疏》，有："真人应世，……虚心慈爱，常善救人，量等太虚，故莫知其极。" 《齐物论疏》，有："玄悟之人，……内蕴慈悲，外宏接物，故能府顺尘俗，慧救苍生，虚己逗机，终无忤逆。" 《秋水疏》："大圣慈悲，兼怀庶品，平往而已，终无偏爱，谁复有心拯救而接承扶翼者也？"
魏徵	唐	《庄子治要》	节录《庄子》中有关"无为而治"的思想，以辅助政治效用	《天道》有："夫天地者，古之所大也，而黄帝、尧、舜之所共美也。故古之王天下者，奚为哉？天地而已矣！" 《知北游》有："圣人行不言之教，……损之又损，以至于无为，无为而无不为也。"
文如海	唐	《庄子正义》	以儒家经世思想解读《庄子》思想	《盗跖》有"五纪"："天为地纪，日为星纪，君为臣纪，父为子纪，夫为妻纪。" 《天地》篇，"天尊地卑，乾坤所以列位；君上臣下，贵贱所以崇班。天地均化于无心，君臣股肱于一体，故得陶钧万类，康济苍生，九有宅心，万方乐业，野老不知于帝力击壤，岂识于尧年变浇俗之颓风、归淳素于上古？此所以合《天地》之旨也。"

---

① 郭象注，成玄英疏：《庄子注疏》，第35页。

续表

人物	朝代	著作	注疏方法	文本举例
张九垓	唐	《庄子指要》	文佚	
马总	唐	《庄子钞》①	抄录删减《庄子》文本，以利于时事	
司马承祯	唐	《坐忘论》	对《大宗师》的"坐忘"做出道教思想的阐释	对于"坐忘"，他认为："夫信者道之根，敬者德之蒂，……如人有闻坐忘之法，信是修道之要，敬仰尊重，决定无疑者，加之勤行，得道必矣。故庄周云：'堕肢体，黜聪明，离形去智，同于大通，是谓坐忘。'夫坐忘者，何所不忘哉！内不觉其一身，外不知乎宇宙，与道冥一，万虑皆遗，故庄子云'同于大通'。"
吕惠卿	唐	《庄子义》	以易学理论解读庄子思想；以儒家经典阐释《庄子》，调和儒道	"通天下一气也。阳极生阴，阴极生阳，如环之无端，万物随之以消息盈虚者，莫非是也。北冥之鲲化为南冥之鹏，由阴入阳也。阴阳之极，皆明于天而已。'三千''九万'皆数之奇，'六月'则子与巳、午与亥之相距也。言鹏之数奇而去以六月息，则鲲之数耦而去以六月消可知也。" 《大宗师》"真人"："真人与物有义而非朋，盛德若不足而不承也。先圣尝叹'觚不觚'，真人之觚觚矣，与世推移，非坚而不能自举者也。……克己复礼，则视听言动，莫非礼也。" 《胠箧》："庄子所谓绝圣弃智者，非灭典籍、弃政教也，不以生于心而已。……或者谓庄子真欲掊击圣人、纵舍盗贼、殚残法度者，岂可与之微言乎？"
王安石	宋	《庄周论》	以儒家思想推求《庄子》之意，以化解儒道之矛盾	"读《庄子》者，善其为书之心，非其为书之说，则可谓善读矣。此亦庄子之所愿于后世之读其书者也。今之读者，挟庄以谩吾儒曰：'庄子之道大哉，非儒之所能及知也。'不知求其意，而以异于儒者为贵，悲夫！"

---

① 按方勇《庄子学史》，亦名其为《庄子钞》。

人物	朝代	著作	注疏方法	文本举例
苏轼	宋	《庄子祠堂记》	以儒家思想解读庄子	"谨按《史记》，庄子与梁惠王、齐宣王同时，其学无所不窥，然要本归于老子之言。故其著书十余万言，大抵率寓言也。作《渔夫》《盗跖》《胠箧》，以诋訾孔子之徒，以明老子之术。此知庄子之粗者。余以为庄子盖助孔子者，要不可以为法耳。" "其论天下道术，自墨翟、彭蒙、慎到、田骈、关尹、老聃之徒，以至于其身，皆以为一家，而孔子不与，其尊之也至矣。"
陈详道	宋	《庄子注》	以《周易》《论语》《孟子》《列子》等典籍阐释庄子思想	阐释《天道》篇："盖圣人之于天下，达则为帝王之德，穷则为玄圣之道。《书》称尧以帝德广运而终于为天下君，此帝道运而天下归也；孟子称孔子东西南北，无思不服，此圣道运而海内服也。"
林自	宋	《庄子注》	以儒家、《周易》思想解读《庄子》	阐释《人间世》，"圣人当有道之时，则制礼作乐，成功于当世；当无道之时，则全身远害，以保其生。圣人非有系乎生也，欲其身存，垂法后世，谓之成可也。周公之于周，圣人之成也；孔子之于鲁，圣人之生也。" 阐释《在宥》，"此论圣人之业。……乐其意然后能颂，得其理然后能论。孟子曰：'惟圣人可以践行'，言可言者仅可也。庄子论'神人则颂论形躯，合乎大同'，与孟子相表里。" 阐释《逍遥游》，"《易》'鼓万物而不与圣人同忧'者，神也。圣人之功以神为体，神何尝有功哉！唯尧也吉凶与民同患，故不免于有为，有为之极复归无为，所以让天下于由也。"
王雱	宋	《南华真经新传》	以《周易》、儒家思想解读庄子思想，缓和儒道矛盾；阐发义理；探究人名、地名之用意	阐释《逍遥游》，"圣则吉凶与民同患，而神则不与圣人同忧。尧之初治天下也，则天之大而化于民，其忧乐与天下共，所谓有为之时也。及其化极而至于变，则鼓舞万物而不知其所然，所谓无为之时也。无为出于有为，而无为之至则入神矣。夫圣人之功待神以立，而功既极神，则固宜全神，此尧之所以让天下也。" 阐释《德充符》，"哀骀它者，丑恶之名也。以其德充而形恶，故制其丑恶之名矣。"

续表

人物	朝代	著作	注疏方法	文本举例
陈景元	宋	《庄子注》《南华真经章句音义》《南华真经章句余事》《庄子阙误》	道教思想倾向	阐释《大宗师》，"有情而无为，有信而无形，所以可传不可受，可得不可见也。鬼为阴主，帝为阳君。阴阳之所以不测者，为其有神也；天地之所以生生者，为其有道也。道之高深、久老，固不可以心思言议，而无所不在焉。老君自天地、谷神、万物、侯王而言得一，漆园自狶韦至傅说皆言得之，斯又忘其一矣。是以道之通变千圣莫穷也。"
林希逸	宋	《庄子口义》	以儒学、佛学思想解读庄子思想	阐释《逍遥游》，"游者，心有天游也；逍遥，言优游自在也。《论语》之门人形容夫子只一'乐'字；《三百篇》之形容人物，如《南有樛木》、如《南山有台》曰'乐只君子'，亦只一'乐'字。此之所谓逍遥游，即《诗》与《论语》所谓'乐'也。一部之书，以一'乐'字为首，看这老子胸中如何?"① 阐释《齐物论》，"有好有恶，在我则爱，而在物则恶，佛氏所谓爱河是也。" 阐释《在宥》，"赵州见投子买油而归，州云：'久闻投子，今见买油翁。'投子曰：'油！油！'看禅宗此事，便见云将曰'游'，乃是庄子形容鼓舞处。'油'字与'游'字不同，非以'油'为'游'也。"
褚伯秀	宋	《庄子义海纂微》	以道家学说即老子、庄子思想解读《庄子》；其中亦不乏道教思想	阐释《德充符》，"太上云：'上德至德，孔德玄德'，皆德之充者。善结无绳约，天下将自宾，不召自来，有德司契，皆符之谓也。而南华发挥为尤详，至取残兀厉恶之人，以摽论本，盖所以为尚形骸、外德性者之戒云。" 阐释《天下》，"古者圣王之为治也密，其忧民也深，非唯求理于一时，直欲为法于万世。自'道志'至'名分'，皆圣人致治之迹也，施之天下而效有浅深，见之事为而政有治乱者，为圣贤之指不明，道德之归不一，学者徒贵已陈之刍狗，治莫致而妖异兴焉，各得一端而自以为大全，无异指蹄涔为东海也。"

---

① 林希逸：《庄子鬳斋口义校注》，中华书局，2012，第 1 页。

人物	朝代	著作	注疏方法	文本举例
罗勉道	宋	《南华真经循本》	摒除儒学、佛学思想附会《庄子》，然又以道教思想对庄子思想加以阐释；对行文加以考证阐释	《德充符》"登假"："登假，犹言升仙，升至于天也。"阐释《逍遥游》"故曰至人无己，神人无功，圣人无名"，"旧解以此三句为上文结句，不知乃是下文起句。上既次两等人，化之小者；此却次三等人，化之大者。大而化之谓圣，圣而不可测之谓神，至者神之极。三等亦自有浅深，无功则事业且无，何有名声？无己则并己身亦无，何有事业？下文逐一证之：许由，圣人也；藐姑射，神人也；四子，至人也。"
刘辰翁	宋	《庄子南华真经点校》	不以训诂，而以自由随意的方式点评《庄子》	评《德充符》篇"物视其所一而不见其所丧，视丧其足犹遗土也。"评之曰："语奇。"
李士表	宋	《庄子十论》	对寓言故事重点讨论论述，不重训诂	阐释《养生主》"庖丁解牛"篇，认为："物本无物，其体自离；道无不通，安所用解？庄子所谓'解牛'者，离物冥心而未尝见牛，乘虚顺理而未尝经刀，是亦解乎无解耳。……一身已幻，孰为奏之刀？万物皆安，孰为可解之牛哉？物我既忘，能所斯泯，故未尝批而大却自离，未尝导而大窾自释。奏刀騞然，而无应物之劳；释刀而对，而无留物之累。其终也善刀而藏之，复归无用矣。"①
程俱	宋	《庄子论》	以儒家思想解读《庄子》	阐释《大宗师》，有"孟子之称孔子曰集大成。其言曰：'集大成者，金声而玉振之也。始条理者，圣之事也；终条理者，智之事也。圣，譬则力也；智，譬则巧也。'然后知庄子所谓圣人之道与夫圣人之才，判然白也。庄子所谓圣人之道，非孟子所谓圣欤？庄子之所谓圣人之才，非孟子所谓智欤？道可以学而至，才非学而至也。譬之钧石之弓，可以岁月习也，进退弛张，可以度数得也，然不知所以然而然。此力也，犹之道也，由学而后至焉故也。至于发矢复杳，方矢复寓，括相属，犹衔弦然。此巧也，犹之才也，非学到而言传者也。夫射一事也而有力巧之殊，圣人一道也而有才与道之间，非孟子之善譬与夫庄子之善说也，乌识其所以为才与道哉！此南伯子葵所以又问于女偶也。"

① 褚伯秀：《庄子义海纂微》，华东师范大学出版社，2014，第 90 ~ 91 页。

续表

人物	朝代	著作	注疏方法	文本举例
赵以夫	宋	《庄子内篇注》	以儒解庄	阐释《应帝王》，有"庄子论《应帝王》而言此者，盖有深意。夫为国在仁义礼乐，今乃泯然不见其迹，人以为国将亡矣。乃发政施令，犁然当于人心，又以为国将兴矣。至于寓威武于文德之中，行爵赏于刑罚之外，则觇国者不可得而测识矣。此圣人治天下之妙道而托之于神巫之相也。"
王应麟	宋	《困学纪文》《庄子逸篇》	阐释义理；收集佚文	"《齐物论》非欲齐物也，盖谓物论之难齐也。是非毁誉，亦付于物，而我无与焉，则物论齐矣。邵子诗谓'齐物到头争'，恐误。张文潜曰：'庄周患夫彼是之无穷，而物论之不齐也，而托之于天籁。'其言曰：'吹万不同，而使其自已也。'此言自以为至矣，而周自未离夫万之一也，曷足以为是非之定哉！虽然，如周者，亦略税驾矣。" 佚文："惠子始与庄子想见而问乎庄子，曰：'今日自以为见凤凰，而徒遭燕雀耳。'坐者俱笑。"
黄震	宋	《黄氏日抄》	对庄子思想采取否定态度	"《庄子》之可录者固过于《老子》，然其悖理者则又甚于《老子》。盖《老子》隐士之书，而《庄子》乱世之书也。"
吴澄	宋	《吴文正集》之《庄子叙录》	对内、外、杂篇有独特见解	"庄氏书内篇，盖所自著。外篇，或门人纂其言以成书，其初无所谓杂篇也。"
苗善时	元	《玄教大公案》之《南华真经》	以道教、儒家、佛教思想阐释庄子思想	"南华老仙《齐物》篇，首以二子答问三籁始，言人籁、地籁之不齐。便是孟子云：'物之不齐，物之情也。'末言天籁云：'吹万不同，而使其自已。'谓众窍怒息，万籁澄虚时，是谁耶？前言情，后言理，理一分殊，宾主自别，不齐之齐矣。就中广喻，以明物之生化无穷，万化一化皆神。"
黄庭坚	宋	《庄子内篇论》	儒学化倾向明显	"庄周内书七篇，法度甚严。彼鲲鹏之大，鸠鷃之细，均为有累于物而不能逍遥。唯体道者，乃能逍遥耳，故作《逍遥游》。物之不齐，物之情也。大块噫气，万窍殊声，吾是以见万物之情状。俗学者，心窥券外之有，企尚而思齐，道之不著，论不明也，故作《齐物论》。生生之厚，动而之死地。立于羿之彀中，其中也，因论以为命；其不中也，因论以为智。养生者，谢养生而养其生之主，几乎无死地矣，故作《养生主》。上下四方，古者谓之宇；往来不穷，古者谓之宙。以宇观人间，以宙观世，而我无所依。彼推也，

人物	朝代	著作	注疏方法	文本举例
				故去；挽也，故来。以德页与彼有者，而我常以不材，故作《人间世》。有德者之验，如印印泥。射至百步，力也；射中百步，巧也。箭锋相直，岂巧力之谓哉！子得其母，不取于人而自信，故作《德充符》。族则有宗，物则有师，可以为众父父，故作《大宗师》。尧舜出而应帝。彼求我以是，与我此名。彼俗学者，因以尘埃粃糠，据见四子，故作《应帝王》。二十六篇者，解剥斯文尔。由庄周以来，未见赏音者。晚得向秀、郭象，陷庄周为齐物之书，潜潜以至今，悲夫！"
宋濂	明	《庄子辨》	尚孔孟之道，对庄子学说采取批判态度	"然（庄子）所见过高，虽圣帝经天纬地之大业，曾不满其一哂，盖仿佛所谓古之狂者。""孔子百代之标准，周何人，敢掊击之，又从而狃侮之，自古著书之士，虽甚无顾忌，亦不至是也。"
朱得之	明	《庄子通义》	以儒解庄	阐释《大宗师》，有："请从而后，正尼父忘己好学之实，于此可见孔、颜之所谓忘，亦可以见庄子笃信孔、颜处。"阐释《德充符》，有："此借王骀以发孔子状圣之旨。观首句，则当时尊信孔子之风可见矣。"
杨起元	明	《南华经品节》	吸收林希逸、陆西星庄子学著作成果，以佛解庄，杂有心学思想	《知北游》"是天地之委形也"："人之一身，乃地、火、风、水四大假合而成，乃天地强阳气所积聚耳，故曰委形。"阐释《则阳》，有："……当人欲横流之中而良知之天犹有觉悟，是以谧也。"
王世贞	明	《读庄子》《南华经评点》	辨析老庄之关系；作文学欣赏上的点评	"余读《庄子》而叹曰：嗟乎！世固未有尊老子如庄子者也。"
唐顺之	明	《南华经释略》	佛理化思想倾向	《人间世》"徇耳目内通而外于心知"："耳目内通，与《首楞严》'耳根圆通'同意。"

人物	朝代	著作	注疏方法	文本举例
归有光、文震孟	明	《南华真经评注》	归纳、阐释义理	《天道》"本在于上，末在于下"："荀子讥庄子'蔽于天而不知人，观此，则庄子岂不知人欤?'"
杨慎	明	《庄子解》	节选各家注解	
释性通	明	《南华发覆》	以庄（老）解庄	阐释《逍遥游》，"逍遥游者，游于道也。唯道集虚，人能虚己游世，其孰能害之? 人之所以不得逍遥者，只为有己私己爱，是以触处挂碍。惟至人乘天地之正，游于无何有之地，是以好恶不惊，死生不变，解脱无碍，入出自由，此其所以逍遥游也。" 阐释《齐物论》，"物本自齐，人以我故而有是非彼此分别。物之不齐，盖缘于此。若悟此身空洞无物，元无有我，则知一生死，不虚诞，齐彭殇，不妄作也。人道之要，莫先于丧我，必须立论以明之，是为《齐物论》。" 阐释《养生主》，"欲得逍遥，先须忘我，故言齐物。物既自齐，要当养其生之主。主者即真宰也，所谓主人公也。世人但知养形全生，而不知养其生之主，故养逾至而生逾丧矣。善养生者，处于虚无恬淡，勿以好恶经心，勿以劳虑累形，使之神不伤而道气常存在者，此所谓善养者也。盖人处世，心不能不应物，特不为物所伤，便是养也。"
陆西星	明	《南华真经副墨》	以道教、佛教思想阐释《庄子》思想，佛理化倾向明显	阐释《养生主》，有"人生百年为期，会有涯尽，而心之思虑，千变万化，则无涯尽。此个思虑，禅家谓之识神，播弄主人，无有休歇。永嘉禅师有云：'损财法，灭功德，莫不由他心意识痴。人唤作本来元神，认作贼子，害事多矣。'" 阐释《德充符》，有："当时西竺之经未至，而佛法已在中国。" 阐释《大宗师》之"坐忘"，有："心斋坐忘，别是庄子一段学问，如今所谓禅家者流，大率类是。"
沈一贯	明	《庄子通》	以佛教思想、儒家思想解庄	阐释《胠箧》，有"庄子归罪于仁义，迂矣!" 阐释《至乐》，有："人胥知生之乐，未知生之苦；知老之惫，未知老之佚；知死之恶，未知死之息也。庄子此论，与佛氏轮回之说异，至理自当如是。若佛氏轮回，真是粘皮带骨之论，未足信也，庄、佛不同处在此。"

人物	朝代	著作	注疏方法	文本举例
释德清	明	《观老庄影响论》《庄子内篇注》	以佛通庄，佛道互融	阐释《逍遥游》，有："逍遥者，广大自在之意，即如佛经无碍解脱。佛以断尽烦恼为解脱，庄子以超脱形骸、泯绝智巧，不以生人一身功名为累为解脱，盖指虚无自然为大道之乡，为逍遥之境。" 阐释《德充符》，有"盖忘形骸，一心知，即佛说破分别我障也。"
焦竑	明	《庄子翼》	以儒家、佛教思想阐释《庄子》思想	"夫老之有庄，犹孔之有孟也。老子与孔子同时，庄子又与孟子同时，孔、孟未尝攻老、庄也。世之学者，顾诸诸然沸不少置，岂以孔孟之言详于有，而老庄详于无。疑其有不同者欤？嗟乎！" 阐释《徐无鬼》，有"以目视目，不以我视也；以耳听耳，不以我听也；以心复心，不以我复也。人惟有我，则不能循物，而失其平者多矣。耳、目、心皆任之，而一无所用，《列子》所谓'废心而用形'者也。有不如绳之平，惟变之循着乎？变，言物之万变也。心与耳、目并言，即释典以意与眼、耳、鼻、舌、身为六根同意。"
李贽	明	《庄子解》	对《庄子》思想独立思考，做出创新性阐释	阐释《逍遥游》，有"夫目之所不见，耳之所不闻者，古今何多也，读鲲鹏乎哉？闻之而不闻，见之而不见者，古今何多也，况藐姑射之山乎哉？故斥鴳见鹏飞而窃笑，肩吾闻接舆而大惊，亦以耳目之拘耳。是故言其所见则以为寻常，言及所不见则以为语怪，听其所知则以为至极，听其所不知则以为无当。呜呼，是尚可以语逍遥也乎哉！" 阐释《齐物论》，有"天地间一大是非耳，未有能听之者。听之则是非蜂起，不听则闷然无当。听与不听又自有是非矣，何时一欤？"
袁宏道	明	《广庄》	发挥庄子思想，并引用佛教思想阐释《庄子》思想	阐释《逍遥游》，有"圣人知一己之情量，决不足以穷天地也，是故于一切物，无巨细见；于古今世，无延促见；于众生相，无彼我见。殇可寿，巨可细，短可长，我可彼，智可蒙。……正倒由我，顺逆自彼，游戏根尘无罣碍，尽是人者，岂有三头九臂，迥然出于人与虫之外哉？惟能安于人虫之分，而不以一己之情量与大小争，斯无往而不逍遥矣。" 阐释《养生主》，有"圣人之于生也，无安排，无取必，无徼倖，任天而行，修身以俟，顺生之自然，而不与造化者忤，是故其下无伤生损性之事，而其上不肯为益生葆命之行。"

续表

人物	朝代	著作	注疏方法	文本举例
袁中道	明	《导庄》	以佛教思想阐释《庄子》思想	阐释《齐物论》，有"何者，天地之间，无一非物。身之与心，皆物也。忻情而言，千差万别，以智照之，自能冥会。……故在《庄》则曰'齐物'，在《华严》则曰'事事无碍'，其实无碍，即齐也。如此则天下之物皆齐矣。而以为不齐者，情使之也。"
陶望龄	明	《解庄》	带有佛理化倾向	阐释《天下》，有"（老子）为溪为谷，虚静不积，近二乘圣人之学；（庄子）无门无房，四达皇皇，近一乘圣人之学。"
谭元春	明	《庄子南华真经》	带有佛理化、儒学化倾向	阐释《马蹄》，有"庄子非不知圣人者，观其'六合之外，圣人存而不论，六合之内，圣人论而不议，《春秋》经世先王之志，圣人议而不辩'，其踪迹圣人至矣。" 阐释《德充符》，有"水停之盛，不形之德，始名全德，此与《楞严》月光童子入定化水何异？"
方以智	明	《药地炮庄》	以儒家、易学、佛教思想阐释《庄子》	阐释《逍遥游》，有"或问药地曰：大有人怕'无'字，何以炮之？曰：塞乎天地，谓之无天无地可乎？惟天下至诚为能化，谓惟天下至诚为能空也可乎？以无而空有，以有而空无，以不落而双空，以法位而空其不落，有知'一用二，二即一'之妙叶本'冥'者乎？" 阐释《大宗师》，有"儒者以修身为本，至能易箦启手足，为全而归之。若庄子则以外生为宗，即天地覆坠，不与之变，撄而常宁，疑而无始，佛法未来，乃有创见，安得不谓儒宗之别传乎？" "《庄》是《易》之变。" "无内外而有内外，故先以内摄外。内篇凡七，而统于游。愚者曰：游即息也，息即无息也。太极由于六十四，乾游于六龙，庄子之御六气，正抄此耳。" "姑以表法言之，一一游六者也。《齐》《主》《世》如内三爻，《符》《宗》《应》如外三爻。各具三谛，《逍遥》如见群无首之用。六龙收尾，蟠于潜、亢，而见飞于法界，惕跃为几乎！六皆法界，则六皆蟠皆几也。"

人物	朝代	著作	注疏方法	文本举例
王夫之	明	《庄子解》	以庄解庄，贴近《庄子》本意；亦带有儒家思想倾向	阐释《逍遥游》，有"无待者，不待物以立己，不待事以立功，不待实以立名。小大一致，休乎天均，则无不逍遥矣。道者，向于消也，过而忘也；遥者，引而远也，不局于心知之灵也。" "视尧舜之治迹，一尧舜之尘垢糠粃也，非尧舜之神所存也。所存者，神之凝而已矣。" 阐释《大宗师》，有"吾者非吾也，与人相耦谓之吾，则亦梦而已矣。故忘其所谓吾者，则哀乐无可施之地，一水之不能濡空宇，火之不能热块土也。……坐忘，则非但忘物，而先自忘其吾。""故我丧而偶丧，偶丧而我丧，无则俱无，不齐者皆齐也。" 阐释《养生主》，有"大名之所在，大刑之所婴，大善大恶之争，大险大阻存焉，皆大轵也。而非彼有必触之险阻也，其中必有间矣。所患者，厚其情，厚其才，厚其识，以强求入耳。避刑则必失其名，求名则必蹈乎刑。名者众之所聚争，肯綮之会，即刑之所自召也。"
陈深	明	《庄子品节》	汇总前人注疏	
李光缙	明	《南华肤解》	佛理化倾向	阐释《齐物论》，有"因是明者，空中自现，本体明妙，释氏言：'慧觉'是也；因者，空中自然，真性如如，禅宗言'净因'是也。明非寂照，因非缘假。明是因处明，因是明处因。明如镜像，因如法身。明从虚生，故得其环中；因则无二，故知通为一。"
李腾芳	明	《说庄》	佛理化倾向	阐释《养生主》，有"'为善无近名'，近名则以善累其生矣；'为恶无近刑'近刑则以恶累其生矣。生之理未尝有善有恶也，而况于名与刑乎？此二句乃庄子养生之大旨。六祖慧能明曰：'不思善，不思恶，正恁么时，那个是明上坐本来面目？'有引此语以解此者，余窃谓不同。今须知祖意与庄子下落处：祖意直指性体，故唤以本来面目；庄子之意却向在作用上，故云'可以保身，可以全生，可以养亲，可以尽年'。"
陈治安	明	《南华真经本义》	以庄解庄，亦带有佛理化倾向	"解《庄》而不得本意，虽欲藉为通晓，只增结塞耳！故吾谓其为悖谬者，非敢以己意解《庄子》而谓人悖谬，即取庄子所自为解者以解《庄子》，而知人之以己意解者，多悖谬也，甚矣。" "极庄子之清净已全体似佛，佛则并空天地。"

人物	朝代	著作	注疏方法	文本举例
周拱辰	明	《南华真经影史》	佛理化倾向	"《逍遥游》即'圆通大自在'也,《齐物论》即'诸相非相'也,《养生主》即'不思善,不思恶'也,《人间世》即'调御丈夫'也,《德充符》即'妙庄严'也,《大宗师》即'首楞严王'也,《应帝王》即'毗卢遮那身摄化三千大千'也。"
程以宁	明	《南华真经注疏》	以道解庄	"《南华》即《道德》之英华也。又何以云真经?天地以南北为经,东西为纬。丹经云:'天上太阴一月一度而与太阳会,此常经也。人间少阴一月一经而癸水至,此真经也。'……庄老题为《南华真经》者,所以点破流戌,就己取坎填离之妙窍耳!"
觉浪道盛	明	《庄子提正》	以儒家思想阐释庄子思想	"庄周,战国之隐者,能以古今之大道自任,又不甘于流俗,悯世道交衰之心独切,不可以自禁,乃敢大言而无惭。之人也,予读其所著《南华》,实儒者之宗门,犹教外之别传也。" "盖其旨也,妙于以神化而移人心之天也。神之于天,则自然矣。自然者,天之别名,化之无迹者也。究之不外于慎独致中和而冥声臭,是彼固能先任天真之自然,而同人物冥于自然之天真也。" "予读《庄子》,乃深知为儒宗别传。……以《大宗师》为孔颜,以《应帝王》归尧舜,《应帝王》之学即《大宗师》之道。此庄生之所立言之真孤,虽天地覆坠,不能昧灭也。" "庄子实以内圣外王之道为主,而具经济天人之全机大用。内七篇始《逍遥》,终《应帝王》,盖妙于移神化自然之旨,而归于尧、舜、孔、颜者也。"
俍亭净挺	明	《漆园通指》	以佛教思想阐释《庄子》思想	阐释《逍遥游》,有"庄子游方之外者也,屈子远游未离域内也。故夫驰域外之观者,则无往不适也,自适己适,而非适人之适者也。通云:踏毗卢顶上行,驾铁船入沧海。"
钱澄之	明	《庄子诂》	以易学思想阐释《庄子》思想	"自庄子以《诗》《书》《礼》《乐》及《易》《春秋》列为道术后,遂有《六经》之称,而其称《易》也曰'《易》以道阴阳',则一语以抉其奥矣。吾观其书,其言内圣外王之道,则一本于《易》。夫《易》之道,惟其时而已。庄子以自然为宗,而诋仁义、斥礼乐、訾毁先王之法者,此矫枉过正之言也。彼盖以遵其迹者,未能得其意,泥于古者,不能适于今,名为治之,

续表

人物	朝代	著作	注疏方法	文本举例
				适以乱之，因其自然，惟变所适，而《易》之道在是矣。" 阐释《逍遥游》，有"应而不藏，此其所以为游，此其所以逍遥欤？" 阐释《大宗师》，有"真人之知，一因自然，故能登假于道。"
傅山	明	《庄子批点》	阐释庄子思想，推出新意，亦每引佛语	阐释《逍遥游》，有"读过《逍遥游》之人，自然是以大鹏自勉，断断不屑蜩与学鸠，为榆枋间快活矣。一切世间荣华富贵，那能看到眼里！所以说金屑虽贵，著之眼中，何异砂石？奴俗龊龊意见，不知不觉打扫干净。莫说看今人不上眼，即看古人上眼者有几个？" 阐释《天地》"泰初有无"，有"生生世世，业识识业，日远于德，故循性而修之，以反于得以生之德。"

图书在版编目（CIP）数据

人间·庄子：憨山德清《庄子内篇注》研究／郎宁
著 . -- 北京：社会科学文献出版社，2019.9
ISBN 978 - 7 - 5201 - 5479 - 6

Ⅰ.①人… Ⅱ.①郎… Ⅲ.①道家 ②《庄子》- 研究
Ⅳ.①B223.55

中国版本图书馆 CIP 数据核字（2019）第 190281 号

人间·庄子
　　——憨山德清《庄子内篇注》研究

著　　者／郎　宁

出 版 人／谢寿光
组稿编辑／袁清湘　张馨月
责任编辑／张馨月　赵怀英

出　　版／社会科学文献出版社·联合出版中心（010）59367202
　　　　　地址：北京市北三环中路甲 29 号院华龙大厦　邮编：100029
　　　　　网址：www. ssap. com. cn
发　　行／市场营销中心（010）59367081　59367083
印　　装／三河市尚艺印装有限公司

规　　格／开　本：787mm × 1092mm　1/16
　　　　　印　张：16.5　字　数：268 千字
版　　次／2019 年 9 月第 1 版　2019 年 9 月第 1 次印刷
书　　号／ISBN 978 - 7 - 5201 - 5479 - 6
定　　价／98.00 元